Mme Mary Robinson

écrite par elle-même, avec la vie des duchesses de Gordon et de Devonshire

Mary Robinson, Mme AT Thomson

Philip Wharton

Writat

Cette édition parue en 2024

ISBN : 9789359942155

Publié par
Writat
email : info@writat.com

Contenu

INTRODUCTION À L'ÉDITION ORIGINALE

Les brefs mémoires suivants d'une femme belle, engageante et, à bien des égards, très douée nécessitent peu d'introduction. Bien que nous puissions déceler la même petite malhonnêteté négative chez l'écrivain, en ce qui concerne l'aveu dû de ses propres défauts, il reste suffisamment de faits incolores pour montrer la situation exposée d'une beauté non protégée - ou, ce qui est pire, d'une femme de taille moyenne. grande attirance personnelle et naturelle, exposé aux regards du rang et de la mode libertins, sous la simple tutelle nominale d'un mari négligent et débauché. Les autobiographies de cette classe sont parfois dangereuses ; il n'en est pas de même de Mme Robinson, qui ne cache pas les épines inhérentes aux sentiers le long desquels le vice disperse extérieurement les roses ; Au reste, la disposition des établissements princiers en matière d'amour est agréablement peinte dans ce bref volume, qui à bien des égards n'est pas sans morale. L'une au moins est suffisamment évidente, et on la trouvera dans la négligence froide qu'une femme aux attirances mentales et personnelles les plus fascinantes peut rencontrer de la part de ceux dont l'hommage n'est que sensuel et dont l'admiration n'est qu'un piège.

PRÉFACE DE L'ÉDITEUR

L'auteur de ces mémoires, Mary Robinson, était l'une des femmes les plus marquantes et les plus belles de son époque. De la description qu'elle donne de son apparence personnelle, nous déduisons que son teint était sombre, ses yeux grands, ses traits expressifs de mélancolie ; et cette esquisse verbale correspond à son portrait, qui présente un visage à la fois grave, raffiné et charmant. Sa beauté, en effet, était de nature à attirer, entre autres, l'attention des lords Lyttelton et Northington, du combattant Fitzgerald, du capitaine Ayscough et enfin du prince de Galles ; tandis que ses talents et sa conversation lui assuraient l'amitié et l'intérêt de David Garrick, Richard Brinsley Sheridan, Charles James Fox, Joshua Reynolds, Arthur Murphy, le dramaturge et divers autres hommes au talent distingué.

Bien que ses mémoires soient brièvement esquissées, elles sont suffisamment vivantes pour nous présenter diverses images de la vie sociale de la période dont elle était le centre . On la retrouve maintenant au Panthéon, avec ses lampes colorées et sa musique brillante, évoluant au milieu d'une foule à la mode, où abondaient de grands cerceaux et de hautes plumes, elle-même vêtue d'un habit de satin rose pâle bordé de zibeline, attirant l'attention des hommes de mode. De nouveau, elle est entourée d'amis à Vauxhall Gardens et échappe de justesse à un complot astucieux visant à l'enlever, un complot dans lequel des pistolets chargés et un carrosse en attente figurent en bonne place ; tandis qu'une autre fois elle est à Ranelagh, où, au cours de la soirée, une demi-douzaine de galants « ont manifesté leurs attentions » ; et finalement elle fait sa première apparition comme actrice sur la scène de Drury Lane, devant une brillante maison, David Garrick, aujourd'hui à la retraite, qui la regarde depuis l'orchestre, pendant qu'elle joue Juliette en satin rose richement pailleté d'argent, la tête ornée de plumes blanches.

Le fait qu'elle devienne actrice marque un tournant dans sa vie ; c'est pendant qu'elle jouait Perdita dans "Le Conte d'Hiver" devant la royauté qu'elle attira le prince de Galles, plus tard George IV, qui était alors dans sa dix-huitième année. Les incidents qui suivent sont si brièvement traités dans les mémoires que des explications sont nécessaires à ceux qui veulent suivre le récit de sa vie.

La représentation de la pièce dans laquelle le prince la vit probablement pour la première fois eut lieu le 3 décembre 1779. Ce n'est que quelques mois plus tard, au cours desquels le prince et Perdita correspondirent, qu'elle consentit à le rencontrer. à Kew, où son éducation se poursuivait et où une surveillance stricte était exercée sur sa conduite. Au cours de l'année 1780, il pressa son père de lui donner une commission dans l'armée, mais, redoutant la liberté qui résulterait d'une telle démarche, le roi refusa cette demande. Il fut cependant jugé opportun de fournir au prince un petit établissement séparé dans une aile de Buckingham House ; cet arrangement ayant lieu le 1er janvier 1781.

Devenu désormais son propre maître, le prince devint un homme de la ville, assista aux déroutes, aux mascarades, aux courses de chevaux, s'identifia aux hommes politiques détestés du roi, fonda un établissement pour Mme Robinson, joua, but et, en une seule année, dépensé dix mille livres en vêtements. Il apparaissait maintenant ouvertement en compagnie de Perdita dans les lieux publics et de divertissement ; elle, magnifiquement vêtue, conduisant un splendide équipage qui lui avait coûté neuf cents guinées, et entourée de ses amis. On lit que : « Aujourd'hui, c'était une *paysanne* , avec son chapeau de paille noué à l'arrière de la tête. Hier, elle avait peut-être été la belle habillée de Hyde Park, taillée, poudrée, rapiécée, peinte avec la plus grande puissance de rouge. et de la céruse ; demain, elle serait l' amazone cravate du manège ; mais, quoi qu'elle fasse, les chapeaux des promeneurs à la mode balayaient le sol à son passage.

Cette vie dura environ deux ans, lorsque, juste au moment où le prince, devenu majeur, était sur le point de prendre possession de Carlton House, pour recevoir 30 000 £ de la nation pour payer ses dettes et une rente de 63 000 £, il s'absenta. lui-même de Perdita, la laissant dans l'ignorance de la cause de son changement, qui n'était autre qu'un intérêt pour Mme Grace Dalrymple Elliott.

Dans la première ferveur de son imagination, il avait assuré à Mme Robinson que son amour resterait immuable jusqu'à la mort, et qu'il se révélerait inaltérable à sa Perdita tout au long de sa vie. De plus, sa générosité étant chauffée par la passion, il lui donna une caution promettant de lui verser 20 000 £ à sa majorité.

Lorsque le prince se sépara d'elle, Perdita se retrouva endettée d'environ 7 000 £ envers des commerçants, qui réclamèrent à grands cris leur argent, sur quoi elle écrivit à son amant royal, qui ne lui prêta aucune attention ; mais bientôt elle reçut la visite de son ami, Charles James Fox, lorsqu'elle accepta de renoncer à sa caution en échange de recevoir une rente de 500 £ par an.

Elle aurait volontiers remonté sur scène si elle ne craignait l'hostilité de l'opinion publique. Peu de temps après, elle se rend à Paris et, à son retour en Angleterre, se consacre à la littérature. C'est à peu près à cette époque qu'elle entra en relation avec le colonel, plus tard sir Banastre, Tarleton, né la même année qu'elle, et qui avait servi dans l'armée américaine de 1776 jusqu'à la capitulation de Yorktown, au cours de laquelle il retourna en Angleterre. Pendant de nombreuses années, il a siégé au Parlement en tant que représentant de Liverpool, sa ville natale ; et en 1817, il obtint le grade de lieutenant-général et fut créé baronnet. Son amitié avec Mme Robinson dura environ seize ans.

C'est en entreprenant un voyage pour son compte, à une époque où il se trouvait dans des difficultés pécuniaires, qu'elle contracta la maladie qui lui fit perdre l'usage actif de ses membres inférieurs. Cela ne l'empêche pas de travailler et elle publie des romans, des poèmes, des essais sur la condition des femmes et des pièces de théâtre. Une communication écrite par elle à John Taylor, propriétaire du journal *Sun* et auteur de divers épilogues, prologues, chansons, etc., donne un aperçu de sa vie. Cette lettre, maintenant publiée pour la première fois, est contenue dans la célèbre collection de lettres autographes Morrison et est datée du 5 octobre 1794.

"J'étais vraiment heureux de recevoir votre lettre. Votre silence m'a causé un certain malaise et j'ai commencé à penser qu'un démon avait brisé les maillons de cette chaîne qui, j'espère, nous unissait dans une amitié pour toujours . La vie est une telle scène de trouble et de déception que l'esprit sensible puisse difficilement supporter la perte de toute consolation qui le rend supportable. Comment donc est-il possible que nous renoncions, sans un chagrin sévère, à la première de toutes les bénédictions humaines, l'ami que nous aimons. Ne me donne plus jamais raison, je t'en conjure, de supposer que tu m'as complètement oublié.

"Maintenant, je vais vous confier un secret qui ne doit pas être révélé. Je pense que avant le 10 décembre prochain, je quitterai définitivement l'Angleterre . Mon cher et précieux frère, qui est maintenant dans le Lancashire, souhaite me persuader, et la méchanceté du monde ne tend pas à favoriser ses espérances. Je n'ai pas de relations en Angleterre, à l'exception de ma fille chérie, et, je le crains, peu d'amis. Pourtant, mon cher Juan, j'éprouverai une très dure lutte à quitter ces sentiers. de fantaisie que j'ai été assez enfantine pour admirer, — de fausses perspectives m'ont conduit dans l'espoir vain que la renommée accompagnerait mes travaux , et que mon pays serait ma fierté. Comment ai-je été traité ? Je n'ai qu'à vous renvoyer aux critiques. du mois dernier, et vous m'absoudrez d'instabilité déraisonnable. Quand je quitterai l'Angleterre, adieu à la muse pour toujours , je ne publierai plus jamais une autre ligne tant que j'existe, et même ces manuscrits maintenant terminés, je les détruirai.

"Peut-être que ce ne sera pas une perte pour le monde, mais je peux regretter les nombreuses heures infructueuses que j'ai employées à fournir des occasions de malveillance et de persécution.

"Dans tous les domaines de la vie, j'ai été également malheureux, mais ici s'arrêteront mes plaintes.

"Je reviendrai à St. James's Place pendant quelques jours ce mois-ci pour rencontrer mon frère, qui se rend ensuite à York pour une très courte période, et après son retour (fin novembre), je pars. Cela doit être secret, car pour mes autres malheurs , le dérangement financier n'est pas le moindre. Laissons le bon sens juger comment je peux subsister avec 500 £ par an, alors que ma voiture (une dépense nécessaire) me coûte à elle seule 200 £ . mes éditeurs. Mes ouvrages se sont vendus généreusement, mais les bénéfices leur appartiennent.

" N'ai-je pas raison d'être dégoûté quand je vois celui à qui je devrais chercher plus de fortune, prodiguant des faveurs sur des objets indignes, satisfaisant l'avarice de l'ignorance et de l'ennui , tandis que moi, qui ai sacrifié la réputation, une profession avantageuse, des amis, du patronage, les heures brillantes de la jeunesse et le plaisir conscient d'une conduite correcte, sont-ils condamnés au maigre salaire accordé à chaque page indifférent qui brandit son train d'hermine de cérémonie ?

"Vous direz : 'Pourquoi me déranger avec tout ça ?' Je réponds : « Parce que, lorsque je serai en paix, vous pourrez connaître mes véritables sentiments et défendre ma cause alors que je n'aurai pas le pouvoir de le faire.

"Ma comédie est depuis longtemps entre les mains d'un directeur, mais si elle sera un jour avancée, c'est le temps qui décidera. Vous savez, mon cher ami, quel genre d'auteurs ont récemment été patronnés par les directeurs; leurs pièces ont été présentées au public, avec tous les avantages de la splendeur ; pourtant je suis obligé d'attendre deux longues années sans un seul espoir qu'un procès soit accordé. Oh, je suis fatigué du monde et de toutes ses mortifications, je vous promets que cela clôturera mes chapitres de plaintes. . Gardez-les et rappelez-vous à quel point j'ai été traité.

Huit jours plus tard, elle écrivit au même ami :

"Dans un esprit misérable, je vous ai écrit la semaine dernière une lettre des plus mélancoliques. Votre aimable réponse m'a consolé. Le baume de l'amitié pure et désintéressée ne manque jamais de guérir les maladies de l'esprit, surtout lorsqu'elles proviennent du dégoût de l'ingratitude du monde."

La pièce à laquelle elle faisait allusion était probablement celle mentionnée dans la suite de ses mémoires, qui fut malheureusement un échec. Il est à noter que le personnage principal de la farce était joué par Mme Jordan, qui deviendra plus tard la victime d'un prince royal, qui la laissa mourir dans la pauvreté et l'exil.

La lettre d'une autre grande actrice, Sarah Siddons, écrite à John Taylor, fait preuve de gentillesse et de compassion envers Perdita.

"Je suis très reconnaissante à Mme Robinson", dit Mme Siddons, "pour l'attention polie qu'elle a eue en m'envoyant ses poèmes. Dites-le-lui, je vous prie, avec mes compliments. J'espère que la pauvre et charmante femme s'est tout à fait remise de sa chute. Si elle est à moitié aussi aimable que ses écrits, j'aspirerai à la possibilité de la connaître, je dis la possibilité, parce que toute la vie d'une personne est un sacrifice continuel d'inclinations, auxquelles se livrer, aussi louables ou innocents soient-ils, attirerait. la méchanceté et les reproches de ces gens prudents qui ne font jamais de mal, « mais se nourrissent, dorment et observent le rituel périmé d'une cérémonie pittoresque ». La charmante et belle Mme Robinson : je la plains du fond de l'âme."

Presque jusqu'à la fin, elle conserva sa beauté et aimait à recevoir ses amis et à apprendre d'eux des nouvelles du monde dans lequel elle ne pouvait plus évoluer. Allongée sur son canapé dans le petit salon de sa maison de St. James's Place, elle était au centre d'un cercle qui comprenait beaucoup de ceux qui l'avaient entourée à l'époque de son éclat, parmi lesquels le prince de Galles et son frère le duc d'York.

Peut-être, pour la première, le souvenir lui prêtait-il un charme que les années n'avaient pas complètement manqué de dissiper.

J. Fitzgerald Molloy.

MME. MARIE ROBINSON

A l'époque où l'ancienne ville de Bristol était assiégée par l'armée de Fairfax, les troupes étant stationnées sur un terrain élevé dans le voisinage des faubourgs, une grande partie du vénérable ministre fut détruite par la canonnade avant que le prince Rupert ne se rendit à l'ennemi ; et la belle structure gothique, qui remplit en ce moment l'esprit contemplatif d'un respect mélancolique, n'a été réduite qu'à un peu plus de la moitié du tissu original. A côté de la colline consacrée, dont la tour antique résiste aux outrages du temps, se trouvait autrefois un monastère de moines de l'ordre de Saint-Augustin. Ce bâtiment faisait partie des vastes limites qui tombèrent devant les attaques de l'ennemi et devint une partie de la ruine, qui ne fut jamais réparée ni rehaussée pour retrouver ses anciennes splendeurs gothiques .

A cet endroit a été construite une maison privée, en partie d'architecture simple et en partie d'architecture moderne. La façade faisait face à un petit jardin dont les portes s'ouvraient sur le Minster Green (maintenant appelé College Green) ; le côté ouest était délimité par la cathédrale et l'arrière était soutenu par l'ancien cloître du monastère Saint-Augustin. Il est difficile de trouver un endroit plus propre à inspirer à l'âme une triste méditation parmi les monuments de l'antiquité.

Dans ce vénérable manoir, il y avait une chambre dont la construction lugubre et singulière ne laissait aucun doute sur le fait qu'elle faisait partie du monastère primitif. Elle était soutenue par les voûtes moisies du cloître, sombres, gothiques et ouvrant sur le sanctuaire de la cathédrale, non seulement par des fenêtres à battants qui répandaient une pénombre de midi, mais par un étroit escalier en colimaçon, au pied duquel une pointe de fer. La porte menait au long chemin sombre de la solitude cloîtrée. Cet endroit est resté dans la situation dans laquelle je le décris en 1776, et peut probablement, dans un état plus ruiné, le rester jusqu'à cette heure.

Dans cette demeure impressionnante, que j'appellerai désormais la Minster House, au cours d'une nuit orageuse, le 27 novembre 1758, j'ouvris pour la première fois les yeux sur ce monde de duplicité et de douleur. J'ai souvent entendu ma mère dire qu'elle ne se souvenait jamais d'une heure orageuse. Le vent sifflait autour des sombres pinacles de la tour de la cathédrale, et la pluie battait à torrents contre les battants de sa chambre. Tout au long de ma vie, la tempête a suivi mes pas, et j'ai vainement cherché un court intervalle de repos dans la persévérance du chagrin.

Du côté masculin, je descends d'une famille respectable d'Irlande, dont le nom original était MacDermott. D'un domaine irlandais, mon arrière-grand-père l'a changé pour celui de Darby. Mon père, né en Amérique, était un homme doté d'un esprit fort, d'un esprit élevé et d'une grande intrépidité personnelle. De nombreuses anecdotes, bien authentifiées, et qui, étant irréfragables, sont enregistrées comme de justes hommages à sa renommée et à sa mémoire, viendront, au cours de ces mémoires, confirmer cette affirmation.

Ma mère était la petite-fille de Catherine Seys, l'une des filles et co-héritières de Richard Sey, Esq., du château de Boverton , dans le Glamorganshire. La sœur de mon arrière-grand-mère, nommée Anne, épousa Peter, Lord King, qui était le neveu, en ligne féminine, du savant et véritablement illustre John Locke, nom qui a acquis une célébrité qui n'admet aucun panégyrique augmenté.

Catherine Seys était une femme d'une grande piété et d'une grande vertu, caractère qu'elle a transmis à sa fille et qui a également été reconnu comme dû à juste titre à sa sœur, Lady King.[1] Elle a quitté cette vie lorsque ma grand-mère était encore une enfant. , laissant une fille unique, dont le père est également décédé alors qu'elle était en bas âge. Par cette privation des soins paternels, ma grand-mère devint l' *élève* du père de sa mère et passa la première partie de sa vie au château familial du Glamorganshire. Depuis cette période jusqu'au mariage de ma mère, je ne peux donner qu'un bref récit. Tout ce que je sais, c'est que ma grand-mère, bien que malheureuse, était, à la dernière période de son existence, une femme aux manières aimables et simples, à la piété sans affectation et à la vertu exemplaire. Je me souviens bien d'elle; et je parle non seulement d'après un rapport, mais d'après ma propre connaissance. Elle est décédée en 1780.

Ma grand-mère Elizabeth, que je peux, sans la vanité de la consanguinité, qualifier de très bonne femme, a consacré au début de sa vie une grande partie de son temps à l'étude de la botanique. Elle passait fréquemment plusieurs mois successifs avec Lady Tynt , de Haswell, dans le Somersetshire, qui était sa marraine et qui était la Lady Bountiful des villages environnants. Animée par un exemple si distingué, la jeune Elizabeth, qui était remarquablement belle,[2] prenait un plaisir particulier à rendre visite aux vieillards, aux indigents et aux infirmes, résidant à plusieurs milles d'Haswell, et à préparer les médicaments utiles à les maladies de la paysannerie. Elle était la médecin du village et, avec sa digne marraine, elle passait rarement une journée sans montrer la bienveillance de sa nature.

Ma mère est née à Bridgwater, dans le Somersetshire, dans la maison près du pont, qui est maintenant occupée par Jonathan Chub, Esq., parent de mon parent bien-aimé et déploré, et gentleman qui, grâce à sa valeur reconnue et à sa puissante compréhension, ajoute une prétention supérieure à l'attention par toutes les connaissances d'un érudit et d'un philosophe.

Ma mère, qui n'a jamais été ce qu'on peut appeler une belle femme, avait néanmoins, dans sa jeunesse, une taille particulièrement soignée et une vivacité de manières qui lui valurent de nombreux prétendants. Entre autres, un jeune gentilhomme de bonne famille, du nom de Storr, payait ses adresses. Mon père était l'objet du choix de ma mère, bien que ses parents souhaitaient plutôt qu'elle forme une alliance matrimoniale avec MS. Le conflit entre l'affection et le devoir se décida enfin en faveur de mon père, et l'amant rejeté partit désespéré. pour Bristol. De là, quelques jours après son arrivée, il prit la route sur un navire marchand pour une partie éloignée du globe ; et à partir de cette heure, aucune nouvelle n'est jamais arrivée sur son sort ou sa fortune. J'ai souvent entendu ma mère parler de ce monsieur avec regret et tristesse.

Ma mère avait entre vingt et trente ans au moment de son mariage. La cérémonie a eu lieu à Dunyatt , dans le comté de Somerset. Mon père s'est installé peu de temps après à Bristol, et au cours de la deuxième année après leur union, un fils est né pour les bénir et les honorer .[3]

Trois ans après que ma mère eut donné naissance à une fille, nommée Elizabeth, qui mourut de la variole à l'âge de deux ans et dix mois. Au deuxième hiver qui suivit cet événement qui affligea profondément les parents les plus affectueux, je suis né. Elle eut ensuite deux fils : William, décédé à l'âge de six ans ; et George, qui est maintenant un marchand respectable à Livourne, en Toscane.

Tous les enfants de mes parents étaient, dans leur enfance, d'une beauté rare, à l'exception de moi. Les garçons étaient blonds et vigoureux, avec des cheveux auburn, des yeux bleu clair et des visages particulièrement animés et charmants. J'étais basané ; mes yeux étaient singulièrement grands en proportion de mon visage, qui était petit et rond, présentant des traits particulièrement marqués de l'air le plus pensif et le plus mélancolique.

La grande différence entre mes frères et moi, au point de vue de la beauté personnelle, tendait beaucoup à me faire aimer de mes parents, particulièrement de mon père, auquel je ressemblais beaucoup. Les premières tendances de ma vie étaient teintées de caractères romantiques et singuliers ; dont je mentionnerai ici quelques-unes, comme preuves que l'esprit ne doit jamais être détourné de sa tendance originelle, et que chaque événement de ma vie a été plus ou moins marqué par les maux progressifs d'une sensibilité trop aiguë.

La crèche où je passais mes heures d'enfance était si près de la grande allée de la cathédrale, que l'orgue, qui répétait ses sons graves, accompagnés du chant des choristes, se faisait entendre distinctement à l'office du matin et du soir. Je me souviens avec quel plaisir j'écoutais, et combien j'étais ravi chaque fois qu'on me permettait de m'asseoir sur les marches sinueuses qui conduisaient du bas-côté au cloître. Je peux à ce moment me rappeler les sensations que j'éprouvais alors - les tons qui semblaient vibrer dans mon cœur, le désir que j'éprouvais d'unir ma faible voix à l'hymne complet, et l'impression terrible mais sublime que le service religieux n'avait jamais eu. Je n'ai pas réussi à comprendre mes sentiments. Pendant que mes frères jouaient sur le green devant le ministre, le domestique qui nous accompagnait m'a souvent, par mes instances pressantes, permis de rester sous le grand aigle qui se tenait au centre de l'allée, pour soutenir le livre d'où le clergé lire les leçons du jour ; et rien ne pouvait m'éloigner, même dans les saisons les plus froides, que les regards sévères d'un vieil homme, que j'appelais Black John à cause de la couleur de sa barbe et de son teint, et dont les occupations dans l'enceinte sacrée étaient celles d'un sonneur de cloches. et sacristain.

Dès que j'eus appris à lire, mon grand plaisir fut celui d'apprendre les épitaphes et les inscriptions monumentales. Une histoire d'une portée mélancolique ne manquait jamais d'exciter mon attention ; et avant l'âge de sept ans, je pouvais répéter correctement les « Lignes à la mémoire d'une malheureuse dame » de Pope ; "Élégie sur la mort de la belle comtesse de Coventry" de Mason et de nombreux poèmes plus petits sur des sujets similaires. J'avais alors été fréquenté pendant deux ans par différents maîtres. M. Edmund Broadrip m'a appris la musique, mon père m'ayant offert l'un des plus beaux clavecins de Kirkman, pour inciter à l'émulation. Même là, ma disposition d'esprit naturelle s'est manifestée. La seule mélodie qui me plaisait était celle qui était triste et touchante. Deux de mes premiers favoris étaient la célèbre ballade de Gay, commençant par « C'était quand la mer rugissait » et les simples strophes pathétiques de « The Heavy Hours », du poète Lord Lyttelton . Bien que la nature ne m'ait donné que peu de voix, je pouvais, à sept ans, les chanter d'une manière si pathétique que ma mère, jusqu'aux dernières heures de sa vie, ne pouvait jamais supporter d'entendre ces dernières répéter. Ils lui ont rappelé des chagrins pour lesquels j'ai depuis douloureusement appris à sympathiser .

Les premières heures de mon pensionnat, je les passai sous la direction des demoiselles More, sœurs de la dame de ce nom dont les talents ont été si souvent célébrés.[4] L'éducation de leurs jeunes élèves était assurée par les cinq sœurs. "Dans mon esprit", je les vois maintenant devant moi ; tandis que chaque circonstance de ces premiers jours est gravée minutieusement et de manière indélébile dans ma mémoire.

Je me souviens de la première fois que j'assistais à une représentation dramatique : c'était le bénéfice de ce grand acteur[5] qui progressait rapidement vers les plus hauts chemins de la gloire, lorsque la mort baissa le rideau inconscient et ferma la scène pour toujours. . Le rôle qu'il jouait était celui du roi Lear ; sa femme, plus tard Mme Fisher, joua Cordélia, mais pas avec suffisamment *d'éclat* pour faire de la profession un objet pour ses efforts futurs. Toute l'école était présente, les deux filles de M. Powel étant alors les élèves des Miss More. Mme John Kemble, alors Miss P. Hopkins, était également une de mes camarades d'école, tout comme la fille de Mme Palmer, anciennement Miss Pritchard, et plus tard de Mme Lloyd. Je mentionne ces circonstances uniquement pour prouver que la mémoire ne me trompe pas.

À mes débuts, mon père était prospère et ma mère était la plus heureuse des épouses. Elle adorait ses enfants ; elle se dévouait et partageait ses affections entre eux et le plus tendre des maris. Leurs esprits sont maintenant, j'espère, dans des régions plus heureuses, bénies et réunies pour toujours .

S'il y avait un défaut dans la conduite de ma mère envers ses enfants, c'était celui d'une indulgence trop illimitée, de soins trop tendres, qui ne servaient guère à armer leur poitrine contre les flèches perpétuelles des vicissitudes mortelles. Les affaires commerciales de mon père furent couronnées de prospérité. Sa maison était ouverte par l'hospitalité, et sa générosité n'avait d' égale que la libéralité de la fortune : chaque jour augmentait ses succès ; chaque heure semblait augmenter sa félicité domestique, jusqu'à ce que j'atteigne ma neuvième année, lorsqu'un changement se produisit aussi soudain que malheureux, à un moment où chaque luxe, chaque bonheur, non seulement égayait le présent, mais promettait une félicité future. . On suggéra à mon père un projet aussi sauvage et romantique que périlleux à risquer, qui n'était rien de moins que celui d'établir une pêcherie à la baleine sur la côte du Labrador et de civiliser les Indiens Esquimaux, afin de les employer dans le commerce. vaste entreprise. Pendant deux ans, ce projet excentrique occupa ses pensées le jour, ses rêves la nuit : tous les sourires de la prospérité ne purent calmer l'esprit inquiet, et tandis qu'il espérait acquérir la gloire, il ne songeait guère aux périls qui accompagneraient sa fortune.

Ma mère (qui, contente de l'aisance et heureuse de voir la prospérité de ses enfants, tremblait de la crainte de les mettre en danger), essaya en vain de dissuader mon père de mettre en pratique son projet favori . Dans la première partie de sa jeunesse , il avait été habitué à la vie marine et, étant né américain, son esprit agité était toujours occupé à des projets visant à accroître la richesse et l'honneur de son pays natal, dont la renommée et les intérêts étaient alors unis. à ceux de la Grande-Bretagne. Après bien des rêves de succès et bien des conflits entre la prudence et l'ambition, il résolut de mettre son projet à exécution ; la puissante sorcellerie possédait son cerveau, et tous les pouvoirs de persuasion de la raison reculèrent devant sa magie.

Plein d'affaires importantes, mon parent égaré s'est rendu dans la métropole et, à son arrivée, a présenté le plan au regretté comte de Hilsborough , Sir Hugh Palliser, au regretté comte de Bristol, Lord Chatham (père de l'actuel M. William Pitt). , le chancelier Lord Northington, qui fut mon parrain, et plusieurs autres personnages également distingués ; qui non seulement approuvèrent le plan, mais louèrent l'esprit louable et public qui poussa mon père à le suggérer. Les perspectives semblaient pleines de promesses et la pêche à la baleine du Labrador devait être aussi productive que celle du Groenland. Les relations commerciales de mes parents étaient de la plus haute respectabilité, tandis que sa propre réputation de valeur et d'intégrité conférait une puissante sanction à cette entreprise excentrique.

Afin de faciliter ce projet, mon père jugeait absolument nécessaire de résider au moins deux ans en Amérique. Ma mère, qui éprouvait une invincible antipathie pour la mer, entendit sa détermination avec tristesse et horreur. Toutes les puissances persuasives de l'affection n'ont pas réussi à le retenir ; tous les arguments de la raison, de la prudence, d'une épouse aimante et d'une jeune famille se révélèrent inefficaces. Mon père était déterminé à partir, et la timidité invincible de ma mère l'empêchait d'être la compagne de son voyage. De cette époque je date les chagrins de ma famille.

Il a navigué pour l'Amérique. Son fils aîné, John, était auparavant placé dans une maison marchande à Livourne. Mes jeunes frères et moi sommes restés avec ma mère à Bristol. Deux ans furent le temps limité de son absence, et, à son départ, le chagrin de mes parents fut réciproque. Le cœur de ma mère éclatait presque d'angoisse ; mais même la mort lui aurait été préférable aux horreurs de traverser un océan tumultueux et d'abandonner ses enfants, mon père ayant résolu de nous laisser, mes frères et moi, en Angleterre pour faire nos études.

Pourtant le confort et même le luxe de la vie distinguaient notre habitation. La tendresse de l'affection de ma mère la rendait prodigue de toutes les élégances ; et les chéris de son sein étaient habillés, servis, surveillés et se livraient avec un degré de tendresse confinant à la folie. Mes vêtements ont été envoyés de Londres ; ma fantaisie était livrée à la mesure de ses caprices ; J'ai été flatté et félicité en me faisant croire que j'étais un être d'ordre supérieur. Chanter, jouer du clavecin, réciter une élégie et faire des vers doggerels, augmentaient l'étendue de mes occupations, tandis que ma personne s'améliorait, et l'indulgence de ma mère était presque sans exemple.

Mon père, plusieurs années avant son départ pour l'Amérique, avait quitté la Minster House et résidait dans une maison plus grande et plus pratique pour sa famille élargie. Cette habitation était élégamment disposée ; tout le luxe de l'argenterie, des meubles en soie, des vins étrangers, etc., témoignait de sa connaissance de ce qui valait la peine d'être apprécié et déployait cette chaleureuse hospitalité qui est souvent la caractéristique d'un marchand britannique. Cette disposition pour les bonnes choses du monde influença même la disposition du confort de ses enfants. Le lit dans lequel je dormais était du damas cramoisi le plus riche ; les robes que nous portions étaient de la plus belle batiste ; pendant les mois d'été, nous étions envoyés à Clifton Hill pour bénéficier des avantages d'un air plus pur ; et je n'ai jamais eu le droit de pensionner à l'école, ni de passer une nuit de séparation de la plus tendre des mères.

Plusieurs mois s'écoulèrent, et ma mère continua à recevoir les lettres les plus aimables de ce mari dont le projet téméraire remplissait son cœur de regret et d'appréhension. Enfin les intervalles devinrent plus fréquents et plus longs. Les professions d'estime, ne venant plus du cœur, prirent un style laborieux , et semblaient plutôt les efforts d' un sentiment honorable que le langage involontaire d'une affection confidentielle. Ma mère a senti le changement et son affliction était infinie.

Enfin un silence total de plusieurs mois réveilla son esprit aux douleurs de l'abandon, aux tourments de la componction ; elle déplorait maintenant la timidité qui l'avait éloignée du sein d'un mari, l'affection naturelle qui l'avait liée à ses enfants ; car tandis que son cœur saignait de chagrin et palpitait d'appréhension, le terrible secret était dévoilé, et la cause du silence de mon père se révéla être un nouvel attachement — une maîtresse, dont les nerfs résistants pouvaient braver l'océan tumultueux, et qui avait consenti à rester deux ans avec lui dans les contrées sauvages et gelées de l'Amérique.

Cette intelligence faillit anéantir ma mère, dont l'esprit, quoique peu organisé , était tendrement susceptible. Elle s'est résignée au chagrin. J'étais alors en âge de ressentir et de participer à ses chagrins. Je pleurais souvent en la voyant pleurer ; J'ai essayé toutes mes petites habiletés pour la calmer, mais en vain ; le premier choc fut suivi de calamités d'une autre nature. Le plan dans lequel mon père avait engagé sa fortune échoua, les Indiens se soulevèrent en masse, incendièrent sa colonie, assassinèrent un grand nombre de ses habitants et jetèrent le produit de leur labeur à la dérive sur le vaste et impitoyable océan. Les nobles patrons de son projet le trompèrent dans leurs assurances de protection maritime, et l'île de la promesse présenta un théâtre de désolation barbare. Ce malheur fut rapidement suivi d'autres pertes commerciales ; et pour achever les chagrins qui pesaient lourdement sur ma mère, son téméraire mari donna un acte de vente de tous ses biens, par l'autorité duquel nous fûmes obligés de quitter notre maison et d'endurer ces vicissitudes accumulées pour lesquelles il ne semblait y avoir aucun remède. .

C'est à cette période d'épreuve que ma mère put prouver, par cette pierre de touche infaillible qu'est l'adversité, qui étaient ses amis réels et désintéressés. Beaucoup, avec une commisération affectée, versèrent une larme, ou plutôt semblèrent en verser une, sur les déceptions de notre famille ; tandis que d'autres, avec un triomphe malin, condamnaient le style coûteux dans lequel mon père avait élevé ses enfants, l'élégance étudiée qui avait caractérisé la tenue vestimentaire et l'habitation de ma mère, et l'hospitalité, qui était maintenant marquée par l'épithète ingrate de luxuriance prodigue, mais ce qui avait démontré la libéralité ouverte du cœur de mon père.

A cette époque, mon frère William mourut. Il n'avait que six ans, mais c'était un enfant prometteur et très charmant. Sa mort subite, suite à la rougeole, faillit priver ma mère de la raison. Elle en fut profondément affectée ; mais elle trouva, au bout de quelque temps, cette consolation qui, venant du sein d'un aimable ami, soulageait doublement ses afflictions. Cette femelle était une des plus estimables de son sexe ; elle avait été la veuve de Sir Charles Erskine, puis l'épouse d'un médecin respectable qui résidait à Bristol.

Dans la société de Lady Erskine, ma mère retrouva peu à peu sa sérénité d'esprit, ou plutôt la trouva adoucie en une résignation religieuse. Mais l'événement de la perte de son foyer par la mort fut moins douloureux que celui qu'elle ressentit dans l'aliénation des affections de mon père. Elle apprit fréquemment qu'il résidait en Amérique avec sa maîtresse, jusqu'à ce qu'au bout d'un an encore, elle reçoive une convocation pour le rencontrer à Londres.

Le langage ne pouvait que faiblement décrire les diverses émotions qui se débattaient dans son sein. À cette époque intéressante, elle se préparait à affronter le mépris glacial ou les regards contrits d'un mari dont elle était séparée ou repentant ; dans les deux cas, sa situation était remplie de chagrins attendus, car elle l'aimait trop tendrement pour ne pas participer même à l'angoisse de ses remords. Sa lettre, froidement civile, demandait notamment que les enfants fussent les compagnons de son voyage. Nous sommes partis pour la métropole.

Je n'avais pas encore dix ans, quoique si grand et si bâti dans ma personne que j'en aurais pu passer pour douze ou treize. Mon frère George avait quelques années de moins. A notre arrivée à Londres, nous nous rendîmes au logement de mon père à Spring Gardens. Il nous reçut, après trois ans d'absence, avec un mélange de douleur et de plaisir ; il nous embrassait avec des larmes et sa voix était à peine articulée. L'agitation de ma mère était indescriptible ; elle reçut une froide étreinte lors de leur rencontre – c'était la dernière qu'elle reçut de son mari aliéné.

Dès que les premiers conflits semblèrent s'apaiser, mon père informa ma mère qu'il était déterminé à nous placer, mon frère et moi, dans une école des environs de Londres ; qu'il avait l'intention de retourner très prochainement en Amérique, et qu'il serait prêt à payer la pension de ma mère dans n'importe quelle famille privée et respectable. Cette information semblait être un coup mortel pour leurs espoirs domestiques. Une séparation glaciale, formelle et préméditée d'une femme qui n'était coupable d'aucun crime, qui était aussi innocente qu'un ange, semblait être l'étendue même d'une misère décidée. C'était en vain que ma mère essayait de changer sa résolution et d'influencer son cœur en prononçant un jugement plus doux : mon père était tenu par une fascination fatale ; il était l'esclave d'une femme jeune et rusée, qui avait profité de sa solitude américaine pour miner son affection pour sa femme et le bonheur de sa famille.

Cet écart par rapport à la foi domestique était la seule nuance sombre qui marquait le caractère de mon père. Il possédait une âme courageuse, libérale, éclairée et naïve. Il sentait l'inconvenance de sa conduite. Pourtant, quoique son esprit fût fortement organisé , si son entendement vaste et son sens de l'honneur délicat jusqu'à la minutie, il restait la dupe de ses passions, la victime d'un attachement malheureux.

Quelques jours après notre arrivée à Londres, nous fûmes placés pour nos études dans une école de Chelsea. La maîtresse de ce séminaire était peut-être une des femmes les plus extraordinaires qui aient jamais honoré ou déshonoré la société ; elle s'appelait Méribah Lorrington . Elle était la femme la plus accomplie que j'ai jamais rencontrée ; ses pouvoirs mentaux n'étaient pas moins capables d'être cultivés que cultivés de manière supérieure. Son père, qui s'appelait Hull, avait été dès son enfance maître d'une académie à Earl's Court, près de Fulham ; et peu de temps après son mariage, perdant sa femme, il résolut de donner à sa fille une éducation masculine. Méribah fut très tôt instruit de toutes les réalisations modernes, ainsi que des connaissances classiques. Elle était maîtresse des langues latine, française et italienne ; On disait qu'elle était une parfaite arithmétique et astronome, et qu'elle possédait l'art de la peinture sur soie à un degré de perfection exquise. Mais hélas! avec tous ces avantages, elle était adonnée à un vice, qui absorbait parfois si complètement ses facultés qu'il la privait de tout pouvoir, soit mental, soit corporel. Ainsi, jour et heure, ses connaissances supérieures, sa compréhension éclairée cédaient à l'intempérance de son engouement dominant, et toute puissance de réflexion semblait perdue dans une propension non féminine.

Tout ce que j'ai appris, je l'ai acquis auprès de cette femme extraordinaire. Aux heures où ses sens n'étaient pas enivrés, elle se plaisait à m'instruire. Elle n'avait que cinq ou six élèves, et c'était mon lot d'être sa préférée . Elle m'appelait toujours, en dehors de l'école, sa petite amie, et ne se faisait aucun scrupule de converser avec moi (parfois la moitié de la nuit, car je dormais dans sa chambre), des affaires domestiques et confidentielles. J'éprouvais pour elle une affection très sincère et j'écoutais avec une attention particulière toutes les leçons qu'elle m'inculquait. Une fois, je me souviens qu'elle avait mentionné le défaut particulier qui déshonorait un être si intelligent. Elle invoqua, pour excuse, le regret inimitable d'un cœur veuf, et déclara avec componction qu'elle volait vers l'ivresse comme seul refuge contre les affres du chagrin dominant. J'ai continué pendant plus de douze mois sous la garde de Mme Lorrington , période pendant laquelle ma mère a pensionné dans une famille d'ecclésiastique à Chelsea. Je m'appliquai avec rigueur aux études, et pris un goût pour les livres qui, depuis lors, ne m'a jamais abandonné. Mme Lorrington me lisait fréquemment après les heures de classe, et moi à elle. Je me livrais parfois à ma fantaisie en écrivant des vers ou en composant des rébus, et ma gouvernante ne manquait jamais d'applaudir les compositions juvéniles que je lui présentais. Quelques-uns d'entre eux, que j'ai conservés et imprimés en petit volume peu après mon mariage, ont été écrits alors que j'avais entre douze et treize ans ; mais comme l'amour était le thème de mes fantaisies poétiques, je ne les montrais à ma mère que lorsque j'étais sur le point de les publier.

J'avais l'habitude, tous les dimanches soir, de boire du thé avec ma mère. Au cours d'une de ces visites, un capitaine de la marine britannique, un ami de mon père, devint si sensible à ma personne et à mes manières qu'une demande en mariage suivit peu après. Ma mère fut étonnée en l'entendant, et, aussitôt revenue de sa surprise, demanda à mon prétendant quel âge il me trouvait ; sa réponse fut : « Environ seize ans ». Ma mère sourit et lui dit que je n'avais alors pas encore treize ans. Il parut sceptique à ce sujet, jusqu'à ce qu'il en soit de nouveau assuré, lorsqu'il prit congé avec un chagrin évident, non sans exprimer l'espoir qu'à son retour en Angleterre, car il partait pour deux ans. 'expédition, je serais encore dégagé. Son navire sombra en mer quelques mois après, et cet aimable et vaillant officier périt.

J'étais resté un an et deux mois avec Mme Lorrington , lorsque des dérangements pécuniaires l'obligèrent à abandonner son école. Les manières de son père étaient singulièrement dégoûtantes, tout comme son apparence ; car il portait une barbe argentée qui lui arrivait jusqu'à la poitrine ; et une sorte de robe persane qui lui donnait l'apparence extérieure d'un nécromancien. Il était de conviction anabaptiste et si sévère dans sa conversation que les jeunes élèves étaient exposés à une terreur perpétuelle. Ajouté à ces circonstances, la défaillance de sa fille devenait si évidente que, même pendant les heures de classe, elle se trouvait fréquemment dans un état d'ivresse avérée. Ces événements conspirèrent à briser l'établissement, et peu après je fus transféré dans un pensionnat à Battersea.

La maîtresse de ce séminaire, Mme Leigh, était une femme vive, sensée et accomplie ; sa fille n'avait que quelques années de plus que moi et était extrêmement aimable et adorable. Ici, j'aurais pu être heureux, mais la négligence de mon père dans l'envoi de fournitures pécuniaires et la crainte de ma mère des inconvénients pécuniaires l'ont incitée à m'éloigner ; mon frère restait néanmoins toujours sous la garde du révérend M. Gore, à Chelsea.

Plusieurs mois se sont écoulés et aucun versement n'est arrivé de mon père. J'avais alors près de quatorze ans, et ma mère commençait à entrevoir les vicissitudes auxquelles ma jeunesse pourrait être exposée, sans protection, avec une éducation tendre et sans les avantages de la fortune. Le projet irréalisable de mon père avait appauvri sa fortune et privé ses enfants de cette richesse qui, dans leur vie , en imagination , on leur avait appris à espérer. Je ne peux pas parler de ma propre personne, mais mes amis partiels étaient trop enclins à me flatter. J'étais naturellement d'un caractère pensif et mélancolique ; mes réflexions sur les changements de fortune me donnaient souvent un air de découragement qui marquait peut-être un intérêt au-delà de ce qu'aurait pu éveiller la vivacité ou l'épanouissement de la jeunesse.

J'adorais ma mère. Elle était la plus douce et la plus inoffensive des mortelles existantes ; son caractère était joyeux, comme son cœur était innocent ; elle voyait ses enfants comme orphelins de père, et elle résolut, par des moyens honorables , de les entretenir. Dans ce but, une maison commode fut louée à Little Chelsea et aménagée pour un pensionnat pour femmes. Des assistants de toutes sortes étaient engagés, et j'étais jugé digne d'un métier qui flattait mon amour-propre et impressionnait mon esprit par une sorte de conséquence domestique. La langue anglaise était mon département au séminaire, et j'avais le droit de choisir des passages en prose et en vers pour les études de mes élèves en bas âge. J'avais aussi pour occupation de surveiller leurs garde-robes, de les voir habillés et déshabillés par les domestiques ou les pensionnaires, et de lire les leçons sacrées et morales les jours de fête et les dimanches soirs.

Peu après que ma mère s'était établie à Chelsea, un soir d'été, alors que j'étais assis à la fenêtre, j'entendis un profond soupir, ou plutôt un gémissement d'angoisse, qui attira soudain mon attention. La nuit approchait rapidement, et je regardai vers la porte devant la maison, où j'aperçus une femme qui travaillait manifestement dans une affliction excessive ; Je suis immédiatement descendu et je me suis approché d'elle. Elle fondit en larmes et me demanda si je ne la connaissais pas. Sa robe était déchirée et sale ; elle était presque nue ; et un vieux bonnet, qui lui cachait presque le visage, défigurait si complètement ses traits, que je n'avais pas la moindre idée de la personne qui alors faillit sombrer devant moi. Je lui ai donné une petite somme d'argent et lui ai demandé la cause de son apparente agonie. Elle prit ma main et la pressa contre ses lèvres. " Chérie, " dit-elle, " tu es toujours l'ange que je t'ai toujours connu ! " J'étais epoustouflé. Elle souleva son bonnet et ses beaux yeux sombres rencontrèrent les miens. C'était Mme Lorrington . Je l'ai conduite dans la maison ; ma mère n'était pas à la maison. Je l'ai emmenée dans ma chambre et, avec l'aide d'une dame qui était notre professeur de français, je l'ai habillée et réconfortée. Elle refusa de dire pourquoi elle se trouvait dans une situation aussi déplorable et prit congé. C'est en vain que je la suppliai, que je la conjurai de me faire savoir où je pourrais lui envoyer. Elle a refusé de me donner son adresse, mais m'a promis que dans quelques jours elle me reviendrait. Il est impossible de décrire l'apparence misérable de cette femme accomplie ! Le défaut auquel elle avait cédé maintenant, comme à un monstre qui voulait la détruire, était évident au moment même où elle me parlait. Je ne l'ai plus vue ; mais, à mon infini regret, j'appris quelques années après qu'elle était morte, martyre d'une décadence prématurée, provoquée par l'indulgence de sa propension à l'ivresse, dans l'hospice de Chelsea !

Le nombre des élèves de ma mère en quelques mois s'élevait à dix ou douze, et juste à une époque où une indépendance honorable promettait de réjouir les jours d'un parent sans exemple, mon père revint inopinément d'Amérique. L'orgueil de son âme était profondément blessé par la démarche qu'avait faite ma mère ; il était offensé au-delà même des limites de la raison : il considérait son nom comme déshonoré, sa réputation conjugale ternie, par la manière publique qu'avait adoptée sa femme de révéler au monde sa situation sans protection. Jamais cœur plus fier n'a palpité dans la poitrine d'un homme que celui de mon père : tenace de la renommée, ardent à la poursuite de projets visionnaires, il ne pouvait supporter la révélation de sa fortune altérée ; tandis que l'Espérance le séduisait encore avec sa promesse flatteuse que le temps favoriserait ses projets, et que la fortune, dans l'avenir, le récompenserait du succès.

Au bout de huit mois, ma mère, sur l'ordre positif de mon père, démantela son établissement et retourna à Londres. Elle s'engagea dans un logement dans le quartier de Marylebone. Mon père résidait alors à Green Street, Grosvenor Square. Ses provisions pour sa famille étaient maigres et ses visites peu nombreuses. Il avait un nouveau projet en cours concernant la côte du Labrador, dont je ne me souviens pas des détails, et tout son zèle, uni à tout son intérêt, fut employé à en favoriser la réalisation. Ma mère, sachant que mon père résidait publiquement avec sa maîtresse, n'espérait même pas son retour d'affection. Elle se dévoua à ses enfants et supporta ses chagrins avec la patience d'une rectitude consciente.

A cette époque, mon père nous rendait fréquemment visite et m'accompagnait souvent pendant que nous nous promenions dans les champs près de Marylebone. Sa conversation était généralement de nature domestique, et il déplorait toujours cet attachement fatal, qui était maintenant trop fortement cimenté par le temps et les obligations pour être jamais dissous sans une provision suffisante pour Elenor, qui était le nom de la maîtresse de mon père. Au cours d'une de nos promenades matinales , nous rendîmes visite au comte de Northington, mon père ayant des affaires commerciales à communiquer à sa seigneurie. Lord Northington résidait alors à Berkeley Square, à deux portes de Hill Street, dans la maison qui est aujourd'hui occupée par Lord Robert Spencer. Nous fûmes reçus avec la plus grande attention et la plus grande politesse (on me présenta comme la filleule du défunt chancelier lord Northington), et mon père fut invité à dîner avec Sa Seigneurie quelques jours après. À partir de cette époque , je vis fréquemment Lord Northington et j'éprouvais toujours de sa part la courtoisie la plus flatteuse et la plus gratifiante. J'étais alors un enfant, âgé de quatorze ans au plus.

J'ai terminé mes études à Oxford House, Marylebone. J'étais à cette époque à peine âgé de quinze ans, grand et presque tel que mes amis partiels, les rares dont l'affection m'a suivi depuis l'enfance, se souviennent de moi. Mon amour précoce pour l'harmonie lyrique m'avait conduit à un penchant pour les scènes les plus sublimes de la poésie dramatique. J'ai profité de chaque moment de loisir pour écrire des vers ; J'ai même cru que je pourrais composer une tragédie, et j'ai tenté plus d'une fois sans succès cette entreprise ardue.

Le maître de danse d'Oxford House, M. Hussey, était alors maître de ballet au Covent Garden Theatre. Mme Hervey, la gouvernante, lui parla de moi comme possédant un génie extraordinaire pour les expositions dramatiques. Ma silhouette était imposante pour mon âge, et (les embarras pécuniaires de mon père s'ajoutant à l'échec d'un autre projet américain) ma mère fut consultée sur l'opportunité de faire de la scène mon métier. Beaucoup ont cité des exemples de femmes qui, même dans cette situation périlleuse et ardue, ont conservé une renommée intacte, l'ont incitée à écouter la suggestion et à me permettre de consulter quelque maître de l'art sur ma capacité à devenir un ornement pour le théâtre. .

Avant cette idée, mon père avait de nouveau quitté l'Angleterre. Il a laissé sa femme avec des assurances de bonne volonté, ses enfants avec toutes les angoisses du regret parental. Lorsqu'il prit congé de ma mère, ses paroles emphatiques furent celles-ci, je ne les oublierai jamais : « Prenez garde qu'aucun déshonneur ne tombe sur ma fille. Si elle n'est pas en sécurité à mon retour, je vous anéantirai ! Ma mère entendit l'injonction sévère et trembla tandis qu'il la répétait.

J'ai été, en conséquence de mon désir de paraître sur scène, présenté à M. Hull,[6] du Covent Garden Theatre ; il résidait alors à King Street, Soho. Il m'entendit réciter quelques passages du personnage de Jane Shore et parut ravi de ma tentative. Peu de temps après, un ami de ma mère me présenta à M. Garrick ; M. Murphy, le célèbre poète dramatique, était de la partie , et nous passâmes la soirée chez le britannique Roscius. dans les Adelphi. C'est au cours de la dernière année qu'il a honoré la profession par son apparition publique. Les éloges de M. Garrick étaient des plus gratifiants. Il a décidé qu'il jouerait dans la même pièce que moi lors du procès du premier soir ; mais quel rôle choisir pour mes débuts était une question difficile. J'étais trop jeune pour autre chose qu'un caractère de jeune fille, et la dignité de la tragédie n'offrait que peu d'occasions de déployer des talents aussi juvéniles. Après quelques hésitations mon tuteur s'est décidé du côté de Cordélia. Son propre Lear ne pourra jamais être oublié.

Ce ne fut qu'au moment où tout fut arrangé pour ma comparution que la dernière injonction solennelle, si énergiquement prononcée par mon père, faillit paralyser la résolution de ma mère. Elle redoutait les périls, les tentations auxquelles une jeune fille sans protection serait exposée dans une situation aussi publique ; tandis que mon imagination ardente s'occupait à contempler mille triomphes dans lesquels ma vanité serait publiquement satisfaite sans le moindre sacrifice de mon caractère privé.

Alors que ce plan était en cours d'élaboration, j'étais un soir au Drury Lane Theatre avec ma mère et un petit groupe de ses amis, lorsqu'un officier entra dans la loge. Ses yeux étaient fixés sur moi, et son attention persévérante faillit enfin me submerger de confusion. L'animation étant terminée, nous sommes partis. L'étranger nous a suivi. A cette époque, ma mère résidait dans les bâtiments de Southampton, Chancery Lane, pour la protection qu'offrait un ami vénérable et respectable à un moment où cela était si nécessaire. Cet ami était feu Samuel Cox, Esq., l'ami intime de M. Garrick, et un honneur pour les lois dont il était un professeur distingué.

C'était la demande particulière de M. Garrick que je fréquente le théâtre autant que possible jusqu'à l'époque fixée pour mon apparition sur scène. Je venais de terminer ma quinzième année, et mon petit cœur battait d'impatience à l'idée de l'heure de l'épreuve. Mon tuteur était très optimiste quant à mes attentes quant à ma réussite, et chaque répétition semblait renforcer son opinion flatteuse.

Il arriva que, plusieurs soirs après, l'officier étranger, dont je m'abstiens de mentionner le nom, par délicatesse envers sa famille, me suivit au théâtre. C'était en vain qu'il offrait ses attentions dans la loge ; le froncement de sourcils et les soins assidus de ma mère les repoussèrent effectivement. Mais la persévérance d'un mauvais esprit dans l'accomplissement d'une mauvaise action ne doit pas être maîtrisée. Une lettre m'a été écrite et transmise par les mains d'une servante ; Je l'ai ouvert; J'ai lu une déclaration d'amour le plus ardent. L'écrivain s'avoua fils de Lady... et proposa le mariage ; il était gracieux et beau. J'ai immédiatement remis la lettre à ma mère et, peu de temps après, une connaissance lui a présenté une cérémonie convenable.

L'idée de mon apparition sur scène semblait distraire ce prétendant accompli. Ma mère, qui n'approuvait qu'à moitié une vie dramatique, était plus qu'à moitié encline à favoriser les discours du capitaine…. L'injonction de mon père s'imprimait d'heure en heure plus indélébile dans sa mémoire ; elle connaissait trop bien son sens de l'honneur austère et invincible pour risquer l'idée de l'éveiller à la vengeance.

Peu de temps après, l'ami qui avait présenté le capitaine…, alarmé pour ma sécurité et animé d'un désir libéral de me défendre contre les artifices de son associé, se rendit chez ma mère et, après quelques hésitations, l'informa que mon l'amant était déjà marié ; qu'il avait une jeune et aimable épouse dans un royaume frère, et qu'il craignait quelque stratagème diabolique pour captiver mon honneur . La consternation de ma mère était infinie. L'important secret m'a été communiqué, et je n'ai ressenti que peu de regrets de la perte d'un mari en pensant qu'une alliance matrimoniale m'aurait obligé à renoncer à ma profession de théâtre.

J'avais aussi, à cette époque, un autre admirateur déclaré, homme d'une fortune splendide, mais presque assez âgé pour être mon grand-père. Ce costume, je ne l'écouterais jamais; et le drame, le drame délicieux, semblait le critère même de tout bonheur humain.

Je me trouvais désormais un objet d'attention chaque fois que je me produisais au théâtre. J'avais été trop souvent en public pour ne pas être remarqué, et on disait que j'étais l'élève juvénile de Garrick, la Cordélia promise. Ma personne s'améliorait de jour en jour ; cependant une sorte d'air digne, que j'avais acquis dès mon enfance, me protégeait efficacement des accès d' impertinence ou de curiosité. Garrick était ravi de tout ce que je faisais. Il dansait tantôt un menuet avec moi, tantôt me demandait de chanter les ballades préférées du jour ; mais ce qui lui plaisait le plus était le ton de ma voix, dont il me disait souvent qu'il ressemblait beaucoup à celui de <u>son</u> Cibber préféré .

Jamais je n'oublierai les heures enchanteresses que j'ai passées dans la société de M. Garrick ; il m'est apparu comme quelqu'un qui possédait plus de pouvoir, à la fois pour impressionner et pour attirer, que n'importe quel homme que j'ai jamais rencontré. Son sourire était fascinant, mais il avait parfois une mauvaise humeur inquiète qui affectait excessivement ses auditeurs ; au moins, cela m'a touché pour que je ne l'oublie jamais.

En face de la maison dans laquelle je résidais vivait John Vernon, Esq., un éminent notaire. J'ai observé un jeune détenu de son habitation qui me regardait fréquemment avec une attention plus qu'ordinaire. Il était beau en personne, et sa physionomie était voilée par une sorte de langueur, effet de maladie, qui le rendait particulièrement intéressant. Souvent, lorsque je m'approchais de la fenêtre de notre salon, ce jeune observateur s'inclinait ou se détournait avec une émotion évidente. Je racontai la circonstance à ma mère, et depuis lors les volets inférieurs de nos fenêtres furent perpétuellement fermés. Le jeune avocat excitait souvent ma gaieté et l'indignation de ma mère ; et l'injonction de mon père était fréquemment répétée par elle, avec en plus son souhait, que je sois « une fois bien marié ».

Chaque attention qu'on me prêtait maintenant augmentait les appréhensions de ma chère mère. Elle imaginait que chaque homme était un séducteur, et que chaque heure était une heure de périls accumulés ! Je sais ce qu'elle était destinée à ressentir, car cet Être qui a formé mon cœur sensible et perpétuellement douloureux sait que je l'ai ressenti depuis.

Parmi les autres amis qui avaient l'habitude de rendre visite à ma mère, il y en avait un, un certain M. Wayman, un avocat dont elle avait la plus haute opinion. Il se distinguait par le patronage de M. Cox, et sa réputation n'exigeait aucune autre preuve. Un soir, un groupe de six personnes fut proposé pour le dimanche suivant ; avec beaucoup de persuasion, ma mère consentit à y aller et à permettre que je la soigne aussi. Greenwich était le lieu fixé pour le dîner, et nous préparâmes pour la journée de récréation. C'était alors la mode de porter des soieries. Je me souviens que je portais une chemise de nuit bleu pâle lustrée , avec un chapeau en écailles bordé de rubans de la même couleur . Jamais je n'ai été habillé si parfaitement à ma propre satisfaction ; Je m'attendais à une journée d'admiration. Le ciel peut témoigner que ce fut pour moi un jour de victoire fatale !

Lors de notre arrêt au « Star and Garter », à Greenwich, la personne qui est venue me chercher depuis la voiture était notre voisin d'en face dans les bâtiments de Southampton. J'étais confus, mais ma mère était indignée. M. Wayman a présenté son jeune ami, cet ami qui était destiné à être mon mari !

Notre groupe dîna et tôt dans la soirée nous retournâmes à Londres. M. Robinson est resté à Greenwich pour profiter de l'air, récemment remis d'une crise de maladie. Pendant le reste de la soirée, M. Wayman a parlé des nombreuses qualités de son ami M. Robinson : il a parlé de ses attentes futures en tant que vieil oncle riche ; de son avancement probable dans sa profession ; et, plus que tout, de son admiration enthousiaste à mon égard.

Quelques jours après, M. Robinson rendit visite à ma mère. Nous étions maintenant transférés sur Villars Street, dans les bâtiments York. Le penchant de ma mère pour les livres à caractère moral et religieux n'a pas échappé à mon nouvel amant, et les éditions élégamment reliées des « Méditations » d'Hervey, ainsi que quelques autres d'une description similaire, ont été présentées comme de petits témoignages d'admiration et de respect. Ma mère fut séduite par ces petites attentions intéressantes, et commença bientôt à éprouver une forte prédilection pour M. Robinson.

Chaque jour, une nouvelle marque de respect augmentait l'opinion favorable de ma mère ; jusqu'à ce que M. Robinson devienne un si grand favori qu'il lui parut le plus parfait des êtres existants. Juste à cette époque, mon frère George tomba malade de la variole ; ma mère l' idolâtrait ; il était dangereusement malade. M. Robinson était infatigable dans ses attentions, et mon apparition sur scène fut ajournée jusqu'à l'époque de son parfait rétablissement. Jour et nuit, M. Robinson se consacrait à la tâche de consoler ma mère et de s'occuper de son garçon chéri ; Toutes les heures, et même momentanément, les louanges de M. Robinson étaient réitérées avec enthousiasme par ma mère. Il était « le plus gentil, le meilleur des mortels ! » le moins adonné aux folies du monde, et l'homme, entre tous, qu'elle devrait adorer comme un gendre.

Mon frère s'est rétabli au moment où je suis tombé malade à cause de l'infection de sa maladie. J'éprouvais peu de terreur à l'approche d'une maladie dangereuse et déformante ; car, je ne sais pourquoi, mais la beauté personnelle n'a jamais été pour moi un objet de sollicitude matérielle. C'était alors que M. Robinson déployait toute son assiduité pour gagner mon affection ; c'est lorsqu'un désordre destructeur menaçait mes traits et les quelques grâces que la nature leur avait prêtées, qu'il professait une tendresse désintéressée ; chaque jour, il servait avec le zèle d'un frère, et ce zèle faisait dans mon cœur une impression de gratitude, qui fut la source de toutes mes douleurs ultérieures.

Pendant ma maladie, M. Robinson a si puissamment travaillé sur les sentiments de ma mère, qu'elle m'a convaincu de promettre, au cas où je guérirais, de lui donner ma main en mariage. Les paroles de mon père étaient fréquemment répétées, non sans quelques insinuations selon lesquelles je refusais mon consentement immédiat à une union avec M. Robinson par partialité aveugle envers le capitaine libertin…. Pressé à plusieurs reprises et rappelé à chaque heure du vœu de mon père, j'ai finalement consenti, et les bans ont été publiés alors que j'étais encore allongé sur un lit de maladie. Je n'étais alors que quelques mois en avance dans ma seizième année.

Ma mère, dont l'affection pour moi était sans bornes, malgré ses espoirs de me voir former une alliance productive de félicité, éprouvait encore la plus vive douleur à la pensée de notre séparation prochaine. Elle était éloignée des affections de son mari ; elle avait mis toutes ses plus belles espérances dans la société d'une fille unique ; elle savait qu'aucun plaisir terrestre ne peut compenser la perte de cette douce sympathie qui est le lien d'union entre l'enfant et le parent. Ses regrets étaient infinis autant qu'évidents, et M. Robinson, pour écarter tout obstacle que cette considération pouvait jeter sur la voie de notre mariage, proposa volontairement qu'elle réside avec nous. Il me représentait comme trop jeune et inexpérimenté pour diriger les affaires domestiques ; et s'il flattait *l'armure propre* de ma mère , il lui demandait son aide plutôt comme un sacrifice à son intérêt que comme une obligation qui lui était conférée.

Les bans furent publiés trois dimanches successifs à l'église Saint-Martin, et le jour fut fixé pour notre mariage, le 12 avril. Ce n'est que lorsque tous les préliminaires furent réglés que M. Robinson, avec beaucoup d'agitation apparente, suggéra la nécessité de garder notre union secrète. J'ai été étonné de la proposition; mais deux raisons furent avancées pour justifier ce choix, toutes deux paraissant plausibles ; la première était que M. Robinson avait encore trois mois à servir avant l'expiration de ses articles auprès de MM. Vernon et Elderton ; et la seconde était l'espoir qu'une jeune dame nourrissait de former une union matrimoniale avec M. Robinson dès que ce moment serait arrivé. Cette dernière raison m'a alarmé, mais j'ai été très solennellement assuré que toute l'affection était de la part de la dame ; que M. Robinson était particulièrement opposé à l'idée d'un tel mariage, et que dès qu'il serait majeur, son indépendance le placerait hors du contrôle de qui que ce soit.

Je proposai maintenant de reporter le jour de notre mariage à cette époque. Je plaidai que je me croyais trop jeune pour affronter les soucis et les devoirs importants de la vie domestique ; Je reculais devant l'idée de tout ce qui était clandestin et j'anticipais mille conséquences néfastes qui pourraient résulter d'un mariage caché. Mes scrupules ne semblaient qu'augmenter l'impatience de M. Robinson pour cette cérémonie qui devait me faire sienne pour toujours . Il représenta à ma mère la désapprobation que mon père ne manquerait pas de manifester à l'idée que j'adoptais une vie théâtrale plutôt que de m'engager dans une relation honorable et prospère. Il a si puissamment travaillé sur la crédulité de ma mère bien-aimée qu'elle s'est convertie résolument à ses opinions. Ma jeunesse, ma personne, il les représentait comme des pièges destinés à mon honneur sur une scène publique, où tous les attraits de la scène mimique se réuniraient pour faire de moi un objet fascinant. Il la persuada également que ma santé souffrirait des fatigues et des efforts de la profession, et que je pourrais probablement être amenée à épouser un homme qui n'approuverait pas qu'une mère fasse partie de notre établissement domestique.

Ces circonstances ont été maintes fois invoquées en faveur du syndicat. J'éprouvais pourtant une répugnance presque instinctive à l'idée d'un mariage clandestin. Ma mère, dont l'affection parentale veillait toujours à ma sécurité, s'imaginait maintenant que mes objections provenaient d'une partialité fixe envers le capitaine libertin..., qui, bien qu'il n'eût pas la témérité de se présenter devant ma mère, persistait à m'écrire. , et en me suivant chaque fois que j'apparaissais en public. Je ne lui ai jamais parlé après que l'histoire de son mariage ait été racontée à ma mère ; Je n'ai jamais correspondu avec lui, mais j'éprouvais une indignation décidée et fière chaque fois que son nom était prononcé en ma présence.

Mon apparition sur scène avait été retardée de temps en temps, jusqu'à ce que M. Garrick s'impatiente et demande à ma mère de l'autoriser à fixer la nuit d'un procès important. C'est alors que M. Robinson et ma mère s'unirent pour me persuader d'abandonner mon projet ; et si perpétuellement, pendant trois jours, je fus tourmenté à ce sujet, si ridiculisé pour avoir permis la publication des bans, et hésitant ensuite à remplir mon contrat, que j'y consentis et me mariai.

Dès que le jour de mon mariage fut fixé, il fut jugé nécessaire qu'une révolution totale s'opérait dans mon apparence extérieure. J'avais jusque-là porté l'habit d'un enfant, et l'habit de femme, si soudainement pris, me tombait plutôt mal à l'aise. Pourtant, mon apparence était si juvénile que, même deux ans après mon union avec M. Robinson, j'étais toujours abordée avec l'appellation de « Miss » chaque fois que j'entrais dans un magasin ou que j'étais en compagnie d'étrangers. Mes manières n'étaient pas moins enfantines que mon apparence ; trois mois seulement avant de devenir épouse , j'avais habillé une poupée, et mon aversion pour l'idée d'une alliance matrimoniale était telle que la seule circonstance qui m'a poussé à me marier était celle d'être encore autorisée à résider avec ma mère et à vivre séparée, au moins pour un certain temps, de mon mari.

Mon cœur, même lorsque je m'agenouillais devant l'autel, était aussi libre de toute impression tendre qu'il l'avait été au moment de ma naissance. Je ne connaissais la sensation d'aucun sentiment autre que celui de l'estime ; l'amour était encore étranger à mon sein. Je n'avais donc jamais vu l'être qui était destiné à inspirer une pensée qui pût influencer mon imagination ou exciter un intérêt dans mon esprit, et je me souviens bien que, même pendant que je prononçais le vœu de mariage, mon imagination s'égarait involontairement vers cet être. scène où j'avais espéré subvenir à mes besoins avec *éclat* et réputation.

La cérémonie a été célébrée par le docteur Saunders, le vénérable vicaire de Saint-Martin, qui, à la fin de la cérémonie, a déclaré qu'il n'avait jamais auparavant exercé l'office pour une si jeune épouse. Le greffier officiait en père ; ma mère et la femme qui ouvrait les bancs étaient les seules témoins de cette union. J'étais vêtu de l'habit d'un Quaker, société à laquelle, dans ma prime jeunesse, j'étais particulièrement favorable. De l'église nous nous rendîmes chez une amie, où nous attendait un splendide petit déjeuner ; J'ai changé ma robe pour une robe de mousseline blanche, un chapeau en écailles orné de rubans blancs, un manteau-écharpe en sarsnet blanc et des pantoufles de satin blanc brodées d'argent. Je mentionne ces circonstances insignifiantes parce qu'elles en amènent d'autres plus importantes.

De la maison de l'amie de ma mère , nous partîmes pour l'auberge de Maidenhead Bridge, M. Robinson et moi dans un phaéton, ma mère dans une chaise de poste ; nous étions également accompagnés d'un gentleman du nom de Balack, connaissance très intime et camarade d'école de mon mari, qui n'était pas au courant de notre mariage, mais qui considérait néanmoins M. Robinson comme mon prétendant avoué.

Lors de sa première visite, il a remarqué que j'étais « habillée comme une mariée ». Cette observation m'a submergé de confusion. Dans la journée, j'étais plus que songeur, j'étais mélancolique ; Je considérais tout ce qui s'était passé comme une vision, et j'avais peine à me persuader que l'union que j'avais laissée se célébrer était indissoluble. Ma mère remarquait souvent mon chagrin évident ; et le soir, pendant que nous nous promenions ensemble dans le jardin qui était en face de l'auberge, je lui dis, avec un torrent de larmes, les garanties de ma sincérité, que j'étais le plus misérable des mortels ! que j'avais pour M. Robinson l'estime la plus parfaite, mais que, selon mes idées du bonheur domestique, il devait y avoir une union d'âmes chaleureuse et puissante, à laquelle j'étais encore totalement étranger.

Pendant mon absence de la ville, une lettre fut écrite à M. Garrick, l'informant qu'un mariage avantageux (car ma mère considérait M. Robinson comme l'héritier légal d'une belle fortune, ainsi que d'un domaine dans le sud du Pays de Galles) m'avait incité à renoncer à mes perspectives théâtrales ; et quelques semaines après, rencontrant M. Garrick dans la rue, il me félicita de mon union et m'exprima les vœux les plus chaleureux pour mon bonheur futur.

Le lendemain de notre mariage, M. Robinson a proposé de dîner à Henley-upon-Thames. Ma mère ne voulut pas s'aventurer dans le phaéton, et M. Balack occupa la place qu'elle refusa. En prenant place entre Robinson et moi, il remarqua : « Si vous étiez marié, je penserais au saint anathème : Maudit soit celui qui sépare l'homme et la femme. Mon visage fut soudain imprégné de l'écarlate le plus profond ; Je cachai soigneusement l'effet que ses remarques avaient produit, et nous continuâmes notre voyage.

En descendant une colline escarpée, entre Maidenhead Thicket et Henley, nous rencontrâmes un troupeau de bœufs. L'opéra-comique du "Cadenas" était alors très célèbre, et notre facétieux petit ami me déconcerta une seconde fois en me disant, selon les mots de Don Diego : "Je n'aime pas les bœufs, j'aurais aimé qu'ils soient un troupeau de mouton!" Je commençais alors à découvrir la variété des sensations désagréables qui, même involontairement, doivent naître d'une conversation, en présence de ceux qui se sont mariés clandestinement. Je tremblais aussi d'appréhension, à l'idée que quelque chose de honteux ne s'attachât à ma renommée, en étant vu dans des circonstances douteuses dans la société de M. Robinson.

A notre retour à Londres, après dix jours d'absence, une maison fut louée dans Great Queen Street, Lincoln's Inn Fields. C'était un grand manoir à l'ancienne, situé à l'endroit où la taverne des francs-maçons a été érigée depuis. Cette maison était la propriété d'une dame, connaissance de ma mère, veuve de M. Worlidge , artiste d'une grande célébrité. Elle était joliment meublée et contenait de nombreux tableaux précieux de divers maîtres. Je vivais avec ma mère ; M. Robinson a continué chez MM. Vernon et Elderton, dans les bâtiments de Southampton.

Le temps de dissimulation indiqué s'est écoulé, et mon mari était toujours perpétuellement dans les appartements de Lincoln's Inn. Pourtant, il était évidemment sous le contrôle de ses articles et désirait toujours que notre mariage reste secret. Ma mère commença à éprouver une grande inquiétude à ce sujet ; d'autant plus qu'elle a été informée que M. Robinson n'était pas exactement dans l'état d'attente qu'il avait représenté. Elle trouva qu'il était déjà majeur et qu'il lui restait encore quelques mois à faire son stage. Elle apprit aussi qu'il n'était pas le neveu et l'héritier, mais le fils illégitime de celui dont il attendait une belle fortune ; bien qu'il ait un frère aîné, l'actuel commodore William Robinson, qui se trouvait alors en Inde, récoltant les fruits de l'industrie sous le patronage de Lord Clive.

C'était maintenant pour la première fois que ma mère se repentait de l'influence qu'elle avait exercée pour promouvoir notre union. Elle informa M. Robinson qu'elle craignait une grossière tromperie de sa part et qu'elle ne consentirait plus à ce que notre mariage reste secret. La réputation d'un enfant chéri, prétendait-elle, était en jeu ; et bien que pendant quelques semaines le monde ait pu rester dans l'ignorance de mon mariage, certaines circonstances qui s'étaient produites rendaient maintenant absolument nécessaire une révélation immédiate.

M. Robinson, trouvant ma mère inexorable, résolut de partir pour le Pays de Galles, afin d'avouer notre mariage et de me présenter à son « oncle », car tel il s'obstinait encore à appeler son père. Ma mère souhaitait profiter de cette occasion pour rendre visite à ses amis à Bristol, et nous partîmes donc en voyage. Nous avons traversé Oxford ; visité les différents collèges; Je me rendis à Blenheim et fis de ce voyage un voyage de plaisir, dans l'espoir d'apaiser le ressentiment de ma mère et de réjouir mon esprit, qui était maintenant perpétuellement abattu. Je ne peux m'empêcher de mentionner que, peu de temps après mon mariage, j'ai fait la connaissance d'une jeune femme dont l'esprit n'était pas moins romantique que le mien, et que, pendant que M. Robinson était occupé à son appartement, nous passions presque quotidiennement nos heures du matin à l'abbaye de Westminster. . C'était pour moi une scène de méditation apaisante et gratifiante. Je suis souvent resté dans les chapelles sombres de ce sublime tissu jusqu'à devenir comme un habitant d'un autre monde. La lumière tamisée des fenêtres gothiques, la vibration de mes pas dans les hautes nefs, le train de réflexions qu'inspirait la scène, tout convenait au caractère de mon âme ; et les mélancoliques penchants de ma première enfance semblèrent renaître avec une énergie instinctive, qui en fit les principaux caractères de mon existence. En effet, le monde s'est trompé sur le caractère de mon esprit ; J'ai toujours été l'inverse de volatile et dissipé. Je n'ai pas l'intention d'écrire mon propre éloge funèbre, même si, avec un esprit franc et sensible, je réussirai, j'en suis sûr, à me justifier.

A notre arrivée à Bristol, M. Robinson a jugé plus opportun de se diriger seul vers Tregunter , la résidence de son « oncle », afin de le préparer à mon accueil cordial, ou d'éviter la mortification que j'éprouverais s'il refusait. pour sanctionner notre syndicat. M. Robinson m'a laissé quelques guinées et m'a promis que son absence serait courte et que son affection augmenterait.

J'étais maintenant marié depuis près de quatre mois ; et, bien que l'amour ne fût pas la base de ma fidélité, de mon honneur et d'un sens raffiné de la rectitude féminine, il m'attachait à l'intérêt aussi bien qu'à la personne de mon mari. Je considérais la chasteté comme l'ornement le plus éclatant qui pût embellir l'esprit féminin, et je réglais ma conduite selon cette teneur qui a des principes plus que de l'affection pour fortifier ses progrès.

A Bristol, ma mère reçut l'accueil le plus gratifiant ; tous ses anciens amis se réjouissaient de la voir ; J'étais invité quotidiennement à des fêtes d'hospitalité, et je trouvais que la fortune était pour les esprits communs un passeport indéfectible . M. Robinson était représenté comme un jeune homme aux attentes considérables, et sa femme fut par conséquent de nouveau reçue comme la fille de M. Darby. La maison dans laquelle j'ai ouvert pour la première fois les yeux sur ce monde de douleur, la cathédrale, sa verdure, l'école où j'avais passé plusieurs jours, le tombeau de mes parents perdus dans l'église de Saint-Augustin, tous ont été visités par moi avec un intérêt doux et mélancolique. Mais la cathédrale, l'aigle d'airain dans l'allée du milieu, sous lequel, quand j'étais enfant, je m'asseyais et me joignais à l'hymne bruyant ou chantais le service du matin, m'attachaient le plus sensiblement. J'avais de nouveau envie d'occuper ma place sous ses ailes en expansion, et une fois j'y suis allé avant le service, j'ai commencé à satisfaire mon inclination.

Le langage ne peut décrire le genre de sensation que j'ai ressentie lorsque j'ai entendu l'orgue bien connu et dont on se souvient depuis longtemps lancer son carillon bruyant à travers la structure gothique. Je me précipitai vers le cloître. Les fenêtres de la crèche étaient sombres et brisées ; la maison tombait en ruine. La promenade en ruine était sombre et mon moral était déprimé au-delà de toute description : je me tenais seul, absorbé dans la méditation. « Ici, » dis-je, « mes pieds d'enfant allaient et venaient ; ici j'ai grimpé sur le long banc de pierre, et rapidement mesurez-le au péril de ma sécurité. Sur ces marches sombres et sinueuses, je me suis assis et j'ai écouté l'orgue retentissant, l'hymne retentissant, la cloche qui appelait les paroissiens à la prière. Je rentrai dans la cathédrale ; Je lis et relis les inscriptions monumentales ; Je m'arrêtai sur la tombe de Powell ; J'ai versé une larme sur la petite tablette carrée au sol qui portait le nom d'Evelyn. Ah ! combien le monde méconnu sait peu de choses de ce qui s'est passé dans mon esprit, même dans les moments apparemment les plus gais de mon existence ! Combien ai-je regretté de naître, même quand j'ai été entouré de tout ce qui pouvait satisfaire la vanité de la femme !

M. Robinson, à son arrivée à Tregunter , m'envoya une lettre m'informant que son « oncle » semblait disposé à agir généreusement, mais qu'il avait seulement osé avouer son intention de se marier, craignant de déclarer brusquement qu'il était déjà marié depuis quelques mois. un mari. M. Harris, car c'était le nom de mon beau-père, répondit : « il espérait que l'objet de son choix n'était pas trop jeune ! » À cette question, M. Robinson fut quelque peu déconcerté. « Une jeune épouse, continua M. Harris, ne peut pas réparer la fortune d'un homme. Quel âge a la fille que vous avez choisie ?

« Elle a presque dix-sept ans !

Je n'avais alors que quinze mois et quelques mois.[10]

"J'espère qu'elle n'est pas belle", fut la deuxième observation. " Vous dites qu'elle n'est pas riche ; et la beauté sans argent n'est qu'une part dangereuse. "

"Veux-tu la voir ?"

"Je n'ai aucune objection", a déclaré M. Harris.

« Elle est maintenant avec sa mère à Bristol, car, continua M. Robinson avec quelque hésitation, c'est ma femme.

M. Harris fit une pause, puis répondit : « Eh bien ! restez avec moi seulement quelques jours, puis vous la chercherez. Si la chose est faite, elle ne peut pas être défait. C'est une gentille femme, dites-vous, et je peux avoir aucune raison de refuser de la voir.

La même lettre qui contenait cette nouvelle me demandait aussi de préparer mon voyage, et me priait d'écrire à une personne que M. Robinson nommait à Londres, et que j'avais vue en sa compagnie, pour une somme d'argent qui serait nécessaire. pour notre voyage. Cette personne était M. John King, alors courtier en argent à Goodman's Fields ; mais j'étais totalement étrangère à la transaction qui faisait de lui la source temporaire des finances de mon mari.

Une ou deux lettres passèrent à ce sujet et j'attendais avec impatience ma présentation à Tregunter . Enfin arriva le moment du retour de M. Robinson, et nous partîmes ensemble, tandis que ma mère restait avec ses amis à Bristol. Traversant l'ancien passage vers Chepstow dans un bateau non ponté, distance, bien que peu étendue, extrêmement périlleuse, nous trouvâmes la marée si forte et la nuit si agitée que nous craignions beaucoup de danger. La pluie tombait à verse et le vent soufflait violemment. Le bateau était plein de passagers et à une extrémité se trouvait un troupeau de bœufs. Ma terreur était infinie ; Je considérais cette tempête comme un mauvais présage, mais je ne pensais pas que dans les périodes futures de ma vie j'aurais à regretter de ne pas avoir péri !

Pendant notre voyage, Robinson m'a supplié de négliger tout ce qui pouvait paraître dur dans les manières de son « oncle », car il niait toujours que M. Harris soit son père. Mais surtout, il me conjura de cacher mon âge réel et de dire que j'avais quelques années de plus qu'il ne me croyait. J'acceptai volontiers cette proposition, et je me sentis ferme de courage au moment où nous arrivâmes en vue de Tregunter .

M. Harris construisait alors le manoir familial et résidait dans une jolie petite maison décorée qui fut ensuite transformée en bureaux domestiques. Nous traversâmes un bois épais, les montagnes à chaque pause rencontrant nos yeux, couvertes de nuages minces, et s'élevant à une altitude sublime au-dessus de la vallée. Un espace de paysage plus romantique n'a jamais rencontré l'œil humain ! Je sentis mon esprit inspiré d'une mélancolie pensive, et ne fus réveillé de ma rêverie que par le facteur qui s'arrêtait au manoir de Tregunter .

M. Harris est venu me recevoir. Je portais un habit de cheval de couleur bordeaux foncé, avec un chapeau de castor blanc et des plumes. Il m'embrassa avec une cordialité excessive, tandis que Miss Robinson, la sœur de mon mari, me conduisait avec une froide formalité dans la maison. Je n'oublierai jamais son apparence ni ses manières. Si son frère lui avait présenté l'être le plus abject, elle n'aurait pas pu me prendre la main avec un air plus glacial . Miss Robinson, quoique âgée de vingt ans au plus, était gothique dans son apparence et raide dans son maintien ; elle était de petite taille et maladroite, avec une figure singulièrement formée pour l'expression d'une vulgarité sarcastique : un nez court et retroussé, retroussé en pointe, une tête renversée avec un air de *hauteur* ; une robe de chintz aux couleurs criardes , un bonnet à trois bordures avec une profusion de rubans et un visage un peu plus rougeâtre que ce qui était conforme à une santé même pure, présentaient le personnage que je devais connaître comme ma future compagne et parente !

M. Harris ressemblait à une vénérable aubépine ; un habit de futaine brune, un gilet écarlate bordé d'or étroit, une paire de éclaboussures de laine et un chapeau galonné d'or, formaient la tenue qu'il portait habituellement. Il montait toujours un petit poney gallois et était rarement dans la maison, sauf à l'heure des repas, du lever du soleil jusqu'à la fin de la soirée.

Il y avait encore un autre personnage dans l'établissement domestique, qui était considéré par M. Harris comme d'une importance non négligeable : c'était une vénérable gouvernante du nom de Mary Edwards. Mme Molly était la mentor de la famille ; elle a dîné à table avec M. Harris ; elle était la gouvernante du service domestique ; et un esprit plus autoritaire et plus vindicatif n'a jamais habité le cœur d'un mortel que celui qui imprégnait l'âme de la méchante Mme Molly.

On peut facilement supposer que mon temps s'est écoulé lourdement dans ce cercle sans intérêt. J'étais condamné soit à boire de la bière avec « le châtelain », car M. Harris n'était désigné que par ce titre, soit à visiter le séminaire méthodiste que Lady Huntingdon avait établi à Trevecca, un autre manoir sur le domaine de M. Harris. Miss Robinson était de cette secte ; et bien que M. Harris ne fût pas un disciple de l' école Huntingdonienne , il visitait régulièrement l'église tous les dimanches. Son zèle était infatigable ; et il infligeait fréquemment des amendes aux campagnards (car il était juge de paix et avait été shérif du comté) lorsqu'il les entendait jurer, bien qu'une phrase sur trois qu'il prononçait soit accompagnée d'un serment qui faisait frémir ses auditeurs.

Je suis rapidement devenu un favori considérable du « châtelain », mais je n'ai trouvé aucune qualité cédante dans le cœur de Miss Betsy ou de Mme Molly. Ils m'observaient avec des yeux jaloux ; ils me considéraient comme un intrus dont les manières attiraient l'estime de M. Harris et qui était susceptible de diminuer leur influence divisée dans la famille. Je les trouvais chaque jour de plus en plus las de ma société ; Je percevais leurs regards en coin lorsque les voisins en visite me complimentaient sur ma beauté ou mon goût dans le choix de mes robes. Miss Robinson montait à cheval dans une protection en camlet, avec un bonnet à haute couronne ; Je portais un habit à la mode et je ressemblais à quelque chose d'humain. L'envie finit par prendre la forme de l'insolence, et l'on se moquait perpétuellement de la folie de paraître comme une femme de fortune ; que la femme d'un avocat n'avait pas le droit de s'habiller comme une duchesse ; et que, même si j'étais très accompli, une bonne ménagère n'avait pas besoin de clavecins et de livres : ils appartenaient à des femmes qui avaient de quoi les nourrir. Tel était le langage des natures vulgaires et antilibérales ! Pourtant, pendant trois semaines, je l'ai enduré patiemment.

Sachant que M. Harris était disposé à avoir une opinion favorable de moi, — qu'il déclarait même qu'il « aurait dû m'aimer comme femme, si je n'avais pas épousé Tom », bien qu'il ait alors entre soixante et soixante-dix ans, je pensais qu'il Il serait très prudent de partir, de peur que, à cause des machinations de Miss Betsy et de Mme Molly, je ne perde la part que j'avais gagnée dans ses affections. Ma mère était toujours à Bristol ; et le matin de notre départ étant arrivé, à mon infini étonnement, M. Harris proposa de nous y accompagner. Ce fut en vain que Molly et Miss intervinrent pour l'en empêcher ; il a juré qu'il me verrait sain et sauf de l'autre côté de la Manche, quelles que soient les conséquences de son voyage. Nous sommes partis ensemble.

A notre arrivée à Bristol, M. Harris fut présenté à ma mère, et par elle présenté à de nombreux amis respectables. Il fut donc invité à plusieurs dîners. J'étais son idole; il danserait avec moi ; quand il avait bu la potion du soir, il chantait avec moi, et j'étais pour lui le plus délicieux des êtres. De nombreux embellissements pour la maison Tregunter ont été soumis à mon goût et à mon choix ; et je me souviens qu'en donnant des commandes pour les cheminées en marbre, il dit : « Choisissez-les comme vous les aimez, Mme Robinson, car elles seront toutes pour vous et Tom quand je ne serai plus. En effet, il m'a souvent assuré, lorsque j'étais à Tregunter , que le domaine appartiendrait à mon mari.

Après avoir passé plusieurs jours à Bristol, M. Harris retourna au Pays de Galles et notre groupe partit pour Londres. L'esprit de M. Robinson était tranquille, et ses espérances étaient confirmées par la bonté de son oncle ; il se considérait désormais comme le plus heureux des mortels. Nous avons quitté Great Queen Street pour nous installer dans une maison, n° 13, à Hatton Garden, qui avait été récemment construite. M. Robinson l'a loué et l'a meublé avec une élégance particulière. Je m'enquérais fréquemment de l'étendue de ses finances, et il m'assurait tout aussi souvent qu'elles étaient à tous égards suffisantes pour ses dépenses. En plus de notre établissement domestique, M. Robinson acheta un beau phaéton, avec des chevaux de selle pour son propre usage ; et c'est alors que je faisais mes débuts, même si je sortais à peine des frontières de l'enfance, dans le vaste hémisphère de la folie à la mode.

Un nouveau visage, un jeune homme habillé avec une élégance particulière mais simple, attirerait certainement l'attention dans les lieux de divertissement public. La première fois que je suis allé à Ranelagh, mon habit était si singulièrement simple et si quaker que tous les yeux étaient fixés sur moi. Je portais une robe marron clair lustrée , à manchettes rondes et serrées (c'était alors la mode de porter de longs volants) ; mes cheveux étaient sans poudre, et ma tête ornée d'un simple bonnet rond et d'un chapeau en écailles blanches, sans aucun ornement.

Le deuxième lieu de divertissement poli auquel M. Robinson m'accompagna fut le concert du Panthéon, alors le rassemblement le plus en vogue des gais et des distingués. A cet endroit, il était d'usage de paraître très habillé ; de grands cerceaux et de hautes plumes étaient universellement portés. Mon habit était composé de satin rose pâle, garni de large zibeline ; ma chère mère m'a offert un costume de dentelle à pointes riche et précieuse, qu'elle avait reçu de mon père comme cadeau d'anniversaire, et j'ai été au moins quelques heures occupées à décorer ma personne pour cette nouvelle sphère de fascination ; Je dis quelques heures, parce que ma forme à cette époque exigeait quelque aménagement, en raison de l'augmentation visible de mes sollicitudes domestiques.

Dès mon entrée dans la rotonde du Panthéon, je n'oublierai jamais l'impression que mon esprit reçut ; la splendeur de la scène, le dôme éclairé de lampes bigarrées, la musique et la beauté des femmes semblaient présenter un cercle d'enchantement. Je me souviens que la plus belle des belles formes a rencontré mes yeux dans celle de Lady Almeria Carpenter. Le visage qui m'a le plus plu était celui de feu Mme Baddeley.[11] La première comtesse de Tyrconnel est également apparue avec *un éclat* considérable . Mais le bourdonnement de la pièce, le murmure incessant de l'admiration accompagnaient la marquise Townshend. Je m'assis sur un canapé presque en face de celui sur lequel elle était assise, et j'aperçus deux personnes, évidemment des hommes à la mode, qui lui parlaient, jusqu'à ce que l'une d'elles, regardant vers moi, d'une voix audible, demanda à l'autre : "Qui est-elle?"

Leur regard fixe me déconcertait ; Je me levai et, m'appuyant sur le bras de mon mari, me mêlai de nouveau au cercle brillant. Les enquêteurs nous suivirent ; arrêtant plusieurs amis pendant que nous faisions le tour du cercle, et leur demandant à plusieurs reprises : « Qui est cette jeune femme à la robe rose bordée de zibeline ? Mes manières et ma confusion prouvaient clairement que je n'étais pas habitué au regard de la noblesse impertinente. Je me sentis mal à l'aise et me proposai de rentrer chez moi, lorsque je m'aperçus que nos deux disciples étaient rejoints par un troisième qui, en me regardant, me dit : « Je crois que je la connais. C'était le regretté comte de Northington.[12]

Il nous fallait maintenant dépasser le groupe pour quitter la rotonde. Lord Northington, laissant ses compagnons, s'approcha de moi. "Miss Darby, ou je me trompe", dit-il avec un salut de civilité marqué. Je répondis que mon nom était maintenant changé pour celui de Robinson, et, pour éviter tout embarras gênant, je présentai mon mari, sur le bras duquel je m'appuyais toujours. Lord Northington a continué à se promener avec nous autour du Panthéon, s'est renseigné sur mon père, m'a complimenté sur l'amélioration de ma personne et « espérait qu'il lui serait permis de présenter ses respects à M. et Mme Robinson ».

Nous entrâmes maintenant dans le salon de thé ; il n'y avait pas un siège vacant ; J'étais considérablement fatigué et un peu évanoui par la chaleur de la rotonde. Je quittai le salon de thé et m'assis sur un canapé près de la porte. Quelques minutes plus tard, Lord Northington m'apporta une tasse de thé, car M. Robinson n'aimait pas me laisser seul, et en même temps il me présenta ses deux amis curieux, Lord Lyttelton et le capitaine Ayscough .[13]

J'ai maintenant proposé de partir. M. Robinson m'accompagna jusqu'au vestibule, et pendant qu'il cherchait la voiture, Lord Lyttelton m'offrit ses services. Jusqu'à ce soir, je n'avais jamais entendu son nom, mais il y avait dans son discours une effronterie facile qui me dégoûtait complètement, tandis que son regard déterminé me désolait et me gênait, et j'éprouvais une satisfaction inexprimable lorsque M. Robinson revint me dire que la voiture était prête. .

Le lendemain matin, les lords Northington, Lyttelton et le colonel Ayscough effectuèrent leurs visites de cérémonie. M. Robinson n'était pas chez lui, mais je les reçus, non sans quelque embarras. J'étais encore un enfant et je ne connaissais absolument pas les mœurs du monde ; pourtant, aussi jeune que j'étais, je suis devenu le voyageur de ses sentiers labyrinthiques et périlleux. A un âge où les filles sont généralement scolarisées, voire à peine émancipées de la crèche, j'étais présentée dans le monde comme une épouse — et presque comme une mère.

Lord Lyttelton , qui était peut-être le libertin le plus accompli qu'une époque ou un pays ait produit, s'enquit avec beaucoup d'artifice de M. Robinson, professa son désir sincère de cultiver sa connaissance et, le lendemain, lui envoya une carte d'invitation. Lyttelton était un adepte des artifices des intrigues à la mode. Il s'aperçut clairement que M. Robinson et moi n'étions pas initiés à ses mystères ; il savait que pour porter atteinte à l'honneur d'une femme, il devait devenir maître de la confiance de son mari, et M. Robinson était trop content de la société d'un homme dont l'esprit n'avait d' égal que sa débauche, pour reculer devant une telle association.

Heureusement pour moi, Lord Lyttelton était uniformément mon aversion. Ses manières étaient excessivement insolentes, son langage licencieux et sa personne négligée au point même de devenir dégoûtante. M. Robinson était à tous égards tout le contraire de son compagnon : il était modeste, soigné et délicat dans sa conversation. Je n'avais pas envie de descendre des convenances de la vie conjugale, et j'abhorrais, décidément abhorrais, la connaissance de Lord Lyttelton .

Au cours de quelques jours, Sa Seigneurie m'a présenté les œuvres de Miss Aitken[14] (aujourd'hui Mme Barbauld). Je les ai lus avec ravissement. Je les considérais comme les plus beaux poèmes que j'aie jamais vus, et je considérais la femme qui pouvait inventer une telle poésie comme la plus enviable des créatures humaines. Lord Lyttelton avait un certain goût pour les compositions poétiques et écrivait des vers avec une facilité considérable.

Le lundi suivant, je visitai de nouveau le Panthéon. Ma robe était alors blanche et argentée. Encore une fois, j'ai été suivi avec attention. Lord Lyttelton était mon *cavaliere servante* ce soir-là, bien que, comme d'habitude, sa plus grande attention était portée sur M. Robinson. Au cours du concert, il présenta le comte de Belgeioso , l'ambassadeur impérial, l'un des étrangers les plus accomplis que j'ai jamais rencontrés. Lord Valentia fut également présenté, mais comme Sa Seigneurie avait récemment fait quelque *éclat* par ses attentions envers la célèbre Mme Elliot, j'évitai plutôt que de souhaiter cultiver sa connaissance.

Les relations de M. Robinson avec le monde augmentaient maintenant rapidement. Chaque jour était productif d'une nouvelle association. Lord Lyttelton présenta plusieurs de ses amis ; entre autres, le capitaine O'Byrne et M. William Brereton, du Drury Lane Theatre. En peu de temps, nous avons également fait la connaissance de Sir Francis Molyneux, de M. l'échevin Sayer et du regretté George Robert Fitzgerald.[15] Lord Northington était également un visiteur constant et me ralliait fréquemment à ce qu'il pensait de ma frappe. ressemblance avec sa famille.

Parmi mes amies, celles pour lesquelles j'avais la plus forte estime étaient Lady Yea, l'épouse de Sir William Yea et la sœur de Sir John Trevellyan . C'était une femme charmante et accomplie. Mme Parry, l'épouse du révérend docteur Parry et l'auteur du roman "Eden Vale", était également l'une de mes connaissances préférées . Mme Parry était une femme dotée de talents considérables, d'esprit et de manières remarquablement agréables.

Parmi ceux qui fréquentaient notre maison, Lord Lyttelton était décidément mon horreur ; Je savais qu'il conduisait fréquemment mon mari des chemins de la confiance domestique aux repaires de l'avilissement débauché. Sa Seigneurie affectait à mon égard une grande indifférence. Il a même déclaré devant moi qu'aucune femme de moins de trente ans ne méritait d'être admirée ; que même l'antiquité de quarante ans était de loin préférable à la fadeur de seize ans ; et il concluait généralement ses observations en espérant ne pas avoir mis « en colère la jolie enfant ».

Je découvris bientôt que ses relations avec Lord Lyttelton produisaient un changement très considérable dans la conduite domestique de M. Robinson. Ils étaient constamment ensemble, et la négligence que j'éprouvais commençait à m'alarmer. Je consacrais toutes mes heures de loisirs à la poésie ; J'ai écrit des vers de toutes sortes ; et M. Robinson ayant mentionné que j'avais proposé de paraître sur scène, avant mon mariage, dans le personnage de Cordelia, Lord Lyttelton m'a baptisé facétieusement la poétesse Corry.

C'est avec un extrême regret, et souvent avec une indignation incontrôlable, que j'ai enduré la négligence de mon mari et les railleries du débauché Lyttelton . « L'enfant » — c'est ainsi qu'il m'appelait généralement — était abandonné pour la société des hommes les plus libertins et des femmes les plus abandonnées. M. Robinson est devenu non seulement insouciant de sa femme, mais aussi de ses finances pécuniaires, tandis que j'étais maintenu dans l'ignorance totale quant aux ressources qui soutenaient ses dépenses croissantes.

Parmi mes autres amis, Lady Yea me demandait fréquemment par quels moyens mon mari subvenait aux dépenses de sa maison. Notre table était servie avec élégance, mais pas abondamment. M. Robinson s'occupait rarement de sa profession, et j'étais trop jeune et trop inexpérimenté pour m'occuper des affaires familiales. Mon jeune frère George, que, lors de mon mariage, M. Robinson et moi avons adopté comme nôtre, trouvant maintenant sa santé dégradée, ma mère l'a soigné à Bristol, de sorte que je n'avais aucun ami à me conseiller qui ressentait un réel intérêt pour mon bien-être. La tenue vestimentaire, les fêtes, l'adulation occupaient toutes mes heures. Le caractère décontracté de M. Robinson était influencé par les conseils de son ami Lyttelton , et il s'enfonçait chaque heure plus profondément dans le gouffre de la dissipation.

Parmi les associés les plus dangereux de mon mari se trouvait George Robert Fitzgerald. Ses manières envers les femmes étaient intéressantes et attentives. Il s'aperçut de la négligence avec laquelle j'étais traité par M. Robinson, et de l'influence pernicieuse que Lord Lyttelton avait acquise sur son esprit ; il prétendit ressentir le plus vif intérêt pour mon bien-être, déplora le sort qui m'était arrivé en étant marié à un homme incapable d'estimer ma valeur, et s'avoua enfin mon admirateur le plus ardent et le plus dévoué. Je frémis à cette déclaration, car, au milieu de tous les attraits d'une splendide folie, mon esprit, la pureté de ma vertu, n'étaient toujours pas contaminés.

Je repoussais les avances dangereuses de cet homme accompli, mais je n'en ressentais pas moins l'humiliation à laquelle m'exposait l'indifférence d'un mari. Dieu peut témoigner de la pureté de mon âme, même entourée de tentations et mortifiée par la négligence. Chaque fois que j'osais m'enquérir des ressources pécuniaires, M. Robinson me faisait taire en me disant qu'il était indépendant ; Ajoutant à cette assurance, lord Lyttelton promit à plusieurs reprises que, par son intérêt courtois, il obtiendrait très prochainement pour mon mari une situation honorable et lucrative.

J'avoue que je n'avais que peu de confiance dans les promesses d'un tel homme, quoique mon mari les croyât inviolables. De fréquentes fêtes étaient organisées dans la maison de sa seigneurie à Hill Street, et de nombreuses invitations étaient lancées pour une visite à son siège à Hagley. Je les refusai péremptoirement, jusqu'à ce que le noble hypocrite soit convaincu de mon aversion et adopte une nouvelle manière de poursuivre ses machinations.

Un matin, Lord Lyttelton est venu à Hatton Garden, comme c'était presque son habitude quotidienne, et, constatant que M. Robinson n'était pas chez lui, il a demandé à me parler d'affaires importantes. Je l'ai trouvé apparemment très affligé. Il m'informa qu'il avait un secret à communiquer qui était d'une importance considérable pour mon intérêt et mon bonheur. J'ai commencé.

"Rien, j'espère au Ciel, n'est arrivé à mon mari !" dis-je d'une voix à peine articulée.

Lord Lyttelton hésita.

"Comme ce mari mérite peu la sollicitude d'une telle femme !" a-t-il dit; "Mais," continua Sa Seigneurie, "je crains d'avoir contribué dans une certaine mesure à aliéner ses affections conjugales. Je ne pourrais pas supporter de voir une telle jeunesse, un tel mérite, ainsi sacrifiés..."

« Parlez brièvement, monseigneur, » dis-je.

" Alors, " répondit Lord Lyttelton , " je dois vous informer que votre mari est le plus faux et le plus indigne de ce nom ! Il a noué des relations avec une femme au caractère abandonné ; il lui prodigue les moyens de subsistance que vous allez bientôt avoir. a besoin de."

«Je n'y crois pas», dis-je avec indignation.

"Alors vous serez convaincu", répondit Sa Seigneurie; " mais souviens-toi, si tu me trahis, ta véritable et zélée amie, je devrai combattre ton mari ; car il ne me pardonnera jamais d'avoir découvert son infidélité. "

"Cela ne peut pas être vrai", dis-je. "Vous avez été mal informé."

"Ensuite, cela a été le cas de la femme qui usurpe votre place dans l'affection de votre mari", répondit Lord Lyttelton . "C'est d'elle que j'ai reçu l'information. Son nom est Harriet Wilmot ; elle réside à Soho. Votre mari lui rend visite quotidiennement."

Je pensais que j'aurais dû m'évanouir; mais un torrent de larmes rappela le courant refluant de mon cœur, et je devins fier de courage, bien que humilié dans l'amour-propre.

"Maintenant," dit Lord Lyttelton , "si vous êtes une femme d'esprit, vous serez *vengée* !" Je reculai d'horreur et j'aurais voulu quitter la pièce. « Écoutez-moi, » dit-il. " Vous ne pouvez pas être étranger à mes motivations pour cultiver ainsi l'amitié de votre mari. Ma fortune est à votre disposition. Robinson est un homme ruiné ; ses dettes sont considérables, et rien d'autre que la destruction ne peut vous attendre. Laissez-le ! Commandez mes pouvoirs. pour vous servir."

Je n'en entendais plus rien, — je m'éloignai de lui et je me précipitai hors des appartements. Mes sensations, mes souffrances étaient indescriptibles.

Je pris immédiatement un fiacre et me dirigeai vers Prince's Street, Soho, — Lord Lyttelton m'ayant donné l'adresse de mon rival. Le langage ne peut décrire ce que j'ai souffert jusqu'à mon arrivée au logement de Miss Wilmot. Le cocher frappa, une sale servante ouvrit la porte. Sa maîtresse n'était pas là. Je quittai la voiture et montai au salon, où le domestique me déposa après m'avoir informé que Miss W. reviendrait dans très peu de temps. J'étais maintenant laissé seul.

J'ouvris la porte de la chambre qui donnait sur le salon. Une nouvelle sacque et un jupon blanc brillant gisaient sur le lit. Pendant que j'examinais la pièce, un coup fort frappé à la porte de la rue m'a alarmé. Je rentrai dans l'appartement de devant et j'attendis, la poitrine palpitante, que l'être dont le triomphe avait éveillé à la fois mon orgueil et mon ressentiment apparaisse devant moi.

C'était une belle femme, quoique visiblement de quelques années plus âgée que moi. Elle portait une robe de mousseline irlandaise imprimée, avec un manteau de gaze noire et un chapeau en écailles, bordé de rubans lilas pâle ; elle était grande et avait un visage très agréable. Son attitude était timide et confuse ; ses lèvres pâles comme de la cendre. Je compatis à sa détresse, lui demandai de ne pas s'alarmer, et nous prîmes nos places avec un sang-froid accru.

"Je suis venu vous demander si vous connaissez ou non un M. Robinson", dis-je.

"Je le suis", répondit Miss Wilmot. "Il me rend visite fréquemment." Elle ôta son gant tout en parlant, et passant la main sur ses yeux, j'aperçus à son doigt une bague que je savais être celle de mon mari.

« Je n'ai plus rien à dire, » ajoutai-je, « mais vous demander de bien vouloir me donner l'adresse de M. Robinson ; j'ai quelque chose que je souhaite lui transmettre.

Elle a souri et a jeté son regard sur ma silhouette. Ma robe était un *déshabillement du matin* en mousseline des Indes, avec un bonnet de paille et un manteau de linron blanc bordé de dentelle.

« Vous êtes la femme de M. Robinson, » dit-elle d'une voix tremblante. "Je suis sûr que vous l'êtes ; et probablement cette bague était la vôtre ; je vous prie de la recevoir..."

J'ai refusé de prendre la bague. Elle a poursuivi : « Si j'avais su que M. Robinson était le mari d'une telle femme… »

Je me levai pour la quitter. Elle ajouta : « Je ne le reverrai plus, homme indigne, je ne le recevrai plus.

Je ne pus répondre, mais je me levai et je partis.

À mon retour à Hatton Garden, j'ai trouvé mon mari en train d'attendre le dîner. J'ai caché mon chagrin. Nous avions fait une fête ce soir-là au Drury Lane Theatre, et de là à un concert choisi chez le comte de Belgeioso , à Portman Square. Lord Lyttelton devait nous rejoindre aux deux endroits. Nous sommes allés au spectacle ; mais mon agitation m'avait donné un mal de tête si violent, que je fus obligé de m'excuser de ne pas avoir tenu notre engagement chez l'ambassadeur impérial.

Le lendemain matin, j'ai parlé à M. Robinson au sujet de Miss Wilmot. Il ne niait pas qu'il connaissait une telle personne, qu'il lui avait rendu visite ; mais il rejeta tout le blâme de son indiscrétion sur Lord Lyttelton . Il a demandé à savoir qui m'avait informé de sa conduite. J'ai refusé de le dire; et il avait une trop haute opinion de son faux associé pour le soupçonner d'une pareille trahison.

Lors d'une des parties de cartes de Mme Parry, j'ai rencontré Mme Abington.[16] Je pensais qu'elle était la femme la plus vivante et la plus envoûtante que j'aie jamais vue ; ses manières étaient fascinantes et le goût particulier de sa tenue suscitait l'admiration universelle. Mon imagination s'égara de nouveau vers la scène, et je pensais que l'héroïne de l'art scénique était de toutes les créatures humaines la plus enviable.

Vers cette époque, j'ai observé que M. Robinson avait de fréquents visiteurs de la tribu juive ; qu'il était souvent enfermé avec eux et qu'une négociation secrète se déroulait à laquelle j'étais totalement étranger. Entre autres, M. King était un visiteur constant ; en effet, il avait souvent été avec mon mari pour des affaires privées depuis l'époque de notre mariage. J'interrogeai M. Robinson au sujet de ces entrevues étranges et répétées. Il m'a assuré que les personnes que j'avais vues venaient uniquement du domaine juridique et que, dans sa profession, il était nécessaire d'être courtois envers toutes les conditions. Chaque fois que je lui demandais une explication plus approfondie, il prenait un ton mécontent et me demandait de ne pas me mêler de ses occupations professionnelles. J'ai renoncé; et le salon de notre maison était presque autant fréquenté par les Juifs que s'il eût été leur synagogue.

Les matinées de M. Robinson étaient consacrées à ses amis barbus, ses soirées à ses associés à la mode ; mais mes heures étaient toutes consacrées au chagrin, car j'apprenais maintenant que mon mari, même à l'époque de son mariage, avait un attachement qu'il n'avait pas rompu, et que ses infidélités étaient d'autant plus publiques que la ruine de ses finances était inévitable. J'ai remontré – j'étais presque paniqué. Ma détresse était inutile, mes vœux de réduire nos dépenses inefficaces. M. Robinson s'était, avant notre union, profondément engagé dans une dette obligataire d'une ampleur considérable, et il avait de temps en temps emprunté de l'argent sur une rente, une somme pour acquitter l'autre, jusqu'à ce que tout plan de liquidation paraisse impraticable. Pendant tout ce temps, ma mère était à Bristol.

Lord Lyttelton , voyant tous ses plans de séduction échouer, reposait désormais son seul espoir de soumettre mon honneur dans la certitude de la ruine de mon mari. Il a donc pris toutes les mesures, saisi chaque occasion de l'impliquer plus profondément dans la calamité. Des fêtes furent organisées à Richmond et à Salt Hill, aux courses d'Ascot Heath et d'Epsom, dans lesquelles M. Robinson supporta sa part des dépenses, avec l'ajout de chevaux de poste. Chaque fois qu'il semblait reculer devant son indiscrétion croissante, Lord Lyttelton l'assurait que, grâce à son intérêt, une nomination d'une importance honorable et pécuniaire serait obtenue, bien que je profite de chaque occasion pour assurer Sa Seigneurie qu'aucune considération sur terre ne devrait jamais faire de moi le victime de son artifice.

Lady Lyttelton , gravée par Chas. Townley d'après le tableau
de Richard Casway

M. Fitzgerald m'accordait toujours une attention constante.
Ses manières envers les femmes étaient merveilleusement
intéressantes. Il m'a fréquemment mis en garde contre le
libertin Lyttelton et a tout aussi souvent déploré la confiance
malavisée que M. Robinson avait en lui. La conduite éhontée
de Lord Lyttelton envers une aimable épouse, dont il était
séparé, et sa cruelle négligence envers une dame du nom de
Dawson, qui lui était depuis longtemps attachée, marquaient
l'indignité de son caractère. Il était le dernier homme au
monde pour lequel j'aurais jamais pu entretenir la moindre
partialité ; il était pour moi le plus odieux des êtres existants.
Probablement ces pages seront lues quand la main qui les écrit
sera moisie dans la tombe, quand ce Dieu qui juge tous les
cœurs saura combien j'étais innocent de la plus petite infidélité
conjugale. Je fais cette affirmation solennelle parce qu'il y a eu
des esprits malveillants qui, dans la plénitude de leur calomnie,
m'ont calomnié en soupçonnant ma fidélité dès cette première
période de mon existence. Ces pages sont des pages de vérité,
sans fioritures ni embellies par les grâces de la phraséologie, et
je sais que j'ai été suffisamment victime d'événements trop
bien pour devenir l' acquiescement tacite lorsque j'ai été
grossièrement déformé. Hélas! De tous les êtres créés, j'ai été

le plus sévèrement soumis par les circonstances plus que par l'inclination.

À peu près à cette époque, une soirée fut organisée à Vauxhall. C'est M. Fitzgerald qui l'a proposé, et il se composait de six ou huit personnes. La nuit était chaude et les jardins bondés. Nous avons soupé dans le cercle qui a en son centre la statue de Haendel . L'heure se faisant tardive, ou plutôt tôt le matin, notre compagnie se dispersa, et personne ne resta, à l'exception de M. Robinson, de M. Fitzgerald et de moi-même. Soudain, un bruit se fit entendre près de l'orchestre. Une foule s'était rassemblée et deux messieurs se disputaient furieusement. M. R. et Fitzgerald sont sortis en courant de la boîte. Je me levai pour les suivre, mais ils étaient perdus dans la foule, et je crus plus prudent de reprendre ma place que je venais de quitter, comme le seul moyen sûr de me retrouver en sécurité. Fitzgerald revint aussitôt. « Robinson, dit-il, est allé vous chercher à la porte d'entrée. Il a cru que vous aviez quitté la loge.

"Je l'ai fait pendant un moment", dis-je, "mais j'avais peur de le perdre dans la foule, et c'est pourquoi je suis revenu."

"Laissez-moi vous conduire à la porte; nous l'y trouverons certainement", répondit M. Fitzgerald. "Je sais qu'il sera inquiet."

Je lui ai pris le bras et nous avons couru en toute hâte vers la porte d'entrée sur Vauxhall Road.

M. Robinson n'était pas là. Nous partîmes à la recherche de notre voiture. Il se tenait à une certaine distance. J'étais alarmé et déconcerté. M. Fitzgerald m'a pressé. « Ne vous inquiétez pas, nous le retrouverons certainement, dit-il, car je l'ai laissé ici il n'y a pas cinq minutes. Pendant qu'il parlait, il s'arrêta brusquement. Un domestique ouvrit la porte d'une chaise. Il y avait quatre chevaux attelés ; et à la lueur des lampes du côté du trottoir, j'aperçus clairement un pistolet dans la poche de la porte qui était ouverte. J'ai reculé. M. Fitzgerald passa son bras autour de ma taille et s'efforça de me soulever sur la marche de la chaise, tandis que le domestique regardait à une petite distance. J'ai résisté et je lui ai demandé ce qu'il entendait par une telle conduite. Sa main tremblait excessivement, tandis qu'il disait à voix basse : « Robinson ne peut que me combattre. J'étais terrifié au-delà de toute description. Je lui fis lâcher prise et courus vers la porte d'entrée. M. Fitzgerald aperçut alors M.

Robinson. "Tiens le voilà!" s'écria-t-il avec une nonchalance facile. "Nous nous sommes trompés de voiture, M. Robinson. Nous avons pris soin de vous et Mme Robinson est alarmée au-delà de toute expression."

"Je suis en effet!" dis-je. M. Robinson me prit maintenant la main. Nous sommes montés dans la voiture et M. Fitzgerald nous a suivis. Alors que nous nous dirigeions vers Hatton Garden, le ciel éclairait sans cesse. J'étais effrayé par la combinaison des événements, et j'étais dans une situation qui rendait toute alarme particulièrement dangereuse, car j'étais avancé de plusieurs mois dans cet état qui a fini par me présenter mon unique enfant, ma chérie Maria.[17]

J'avais souvent entendu parler de la propension de M. Fitzgerald au duel . Je me souvenais de ma propre situation délicate ; J'appréciais la sécurité de mon mari. Je n'ai donc pas mentionné l'aventure de la soirée, d'autant plus que M. Fitzgerald a observé, alors que nous nous rendions à Hatton Garden, qu'il avait « failli commettre une étrange erreur et prendre possession de la voiture d'une autre personne ». Cette remarque parut si plausible que rien de plus ne fut dit à ce sujet.

À partir de ce soir-là, je fus particulièrement prudent en évitant Fitzgerald. C'était un être trop audacieux et trop fascinant pour se voir accorder la moindre marque de confiance. Chaque fois qu'il m'appelait, je lui étais refusé, et finalement, se rendant compte de l'impraticabilité de son plan, il renonça et appela rarement, sauf pour laisser son nom en tant que visiteur de cérémonie.

Je ne raconte pas ces événements, ces projets de séduction , dans le but d'exprimer quoi que ce soit qui ressemble à une vanité personnelle, car je peux affirmer avec vérité que je ne me suis jamais cru droit à une admiration qui puisse mettre en danger ma sécurité ou tenter le libertin de porter atteinte à la vie de mon mari. honneur . Mais j'attribue les pièges qu'on m'a tendus à trois causes : la première, à ma jeunesse et à mon inexpérience, à mon aspect de jeune fille et à la simplicité de mes manières ; deuxièmement, le style coûteux dans lequel vivait M. Robinson, bien qu'il n'était pas connu comme un homme à la fortune indépendante ; et troisièmement, la négligence évidente que j'éprouvais de la part de mon mari, que la société de Lord Lyttelton avait considéré comme un homme d'une bravoure universelle.

J'étais désormais connu par mon nom dans tous les lieux publics de la métropole et à proximité. Notre cercle de connaissances s'élargissait chaque jour. Mon amie Lady Yea était ma compagne constante. M. Robinson devint désespéré, convaincu qu'aucun effort d'économie ou de travail professionnel ne pourrait arranger ses finances brisées , la dette importante qu'il avait avant son mariage avec moi ayant jeté les bases de tous les embarras ultérieurs.

Le moment approchait maintenant où l'arcane devait être développé et où une exécution sur les effets de M. Robinson, à la demande d'un rentier, décida les doutes et les craintes qui m'avaient longtemps affligé. J'étais dans une large mesure préparé à cet événement par l'inquiétude évidente de l'esprit de mon mari et par ses fréquentes entrevues avec des personnes mystérieuses. En effet, cette crise me paraissait plutôt consolante qu'effroyable, car j'espérais et croyais que le moment était maintenant arrivé où la raison prendrait la place de la folie, et où l'expérience me montrerait ces épines qui sèment les agréables sentiers de la dissipation.

À cette époque, si M. Harris avait généreusement aidé son fils, je suis pleinement et avec confiance persuadé qu'il aurait suivi une ligne de conduite discrète et régulière. Sa première implication fut la base de tous ses malheurs. L'impossibilité de liquider cette dette (le motif pour lequel elle avait été contractée m'est encore inconnu) le désespérait. En effet, comment un jeune homme bien instruit[18] pourrait-il subsister dans une telle métropole sans quelque provision ? M. Harris était un homme fortuné, et il aurait dû savoir que la nécessité est la compagne la plus dangereuse de la jeunesse ; cette folie peut être récupérée par la bonté, mais elle manque rarement d'être obscurcie en vice par la sévérité d'une nature impitoyable.

De Hatton Garden, nous avons déménagé dans une maison qui nous avait été prêtée par un ami de Finchley. Ici, j'espérais au moins rester tranquille jusqu'à ce que fût passé le moment périlleux qui devait me rendre mère. J'ai ici consacré mon temps à réaliser la petite garde-robe de mon bébé ; mes plus belles robes de mousseline, je les ai transformées en robes et en robes, avec ma dentelle, je les ai garnies avec tendresse.

C'était une tâche douce et agréable, et je souriais souvent en pensant que trois ans seulement auparavant, j'avais habillé une poupée de cire presque aussi grande qu'un nouveau-né.

M. Robinson avait beaucoup d'affaires à régler à Londres, et j'étais presque perpétuellement seul à Finchley. De notre établissement domestique, il n'y en avait qu'un qui ne nous abandonnait pas, et c'était un nègre ! – un de cette race méprisée et dégradée, qui porte sur ses traits la couleur qui caractérise trop souvent le cœur de ses oppresseurs beaux et insensibles. J'ai constaté, au cours de mon voyage dans la vie, que les deux domestiques mâles les plus attachés à mon intérêt et les plus fidèles à ma fortune étaient tous deux nègres !

Ma mère revenait maintenant de Bristol et j'avais la consolation de sa société. Je partageais mon temps entre la lecture, l'écriture et la confection d'une petite garde-robe pour mon futur chéri. Je regrettais peu les scènes mouvementées de la vie ; Je n'ai pas soupiré pour attirer l'attention du public. J'avais l'impression, par ce changement de situation, qu'un lourd fardeau était enlevé de mon cœur, et je consolais mon esprit dans l'idée que le pire qui pouvait nous arriver était arrivé. Ciel gracieux ! Comme j'aurais frémi, si j'avais alors envisagé la sombre perspective de mon destin !

M. Robinson se rendait presque quotidiennement à Londres, et parfois mon frère George, qui était encore un garçon, l'accompagnait sur un petit poney. Un jour, après être revenu d'une de leurs promenades, mon frère m'a informé qu'il avait été avec M. Robinson à Marylebone et qu'il avait attendu et tenu le cheval de M. Robinson pendant qu'il faisait une visite matinale. Je n'avais alors aucune connaissance qui résidait à Marylebone. J'ai interrogé mon frère sur le lieu et il a persisté dans son histoire originale. "Mais," ajouta-t-il, "si vous en parlez à M. Robinson, je ne vous dirai jamais où nous allons à l'avenir." J'ai promis de ne pas mentionner ce qu'il avait dit, et mon esprit était profondément engagé dans diverses conjectures.

Quelques jours après, M. Robinson fit une autre visite, et mon frère fut présenté à la dame. De l'attitude et de la conversation des deux parties, même un jeune à peine adolescent pouvait tirer des conclusions sans caractère favorable . Au bord de la cheminée était suspendue ma montre, que j'avais cru perdue dans le naufrage général de notre propriété. Elle était émaillée de trophées musicaux, et très remarquable par une chaîne en acier d'une singulière beauté. Au moment où mon frère l'a décrit, mes soupçons se sont confirmés ; et M. Robinson n'a même pas tenté de nier son infidélité.

M. Robinson, trouvant ses créanciers inexorables et craignant de mettre en danger sa liberté personnelle en restant près de Londres, m'informa que je devais, dans quelques jours, l'accompagner à Tregunter . J'éprouvais un pincement au cœur à l'idée de quitter ma mère adorée au moment où j'aurais tant besoin de l'attention d'un parent. Mon agonie était extrême. Je croyais que je ne la reverrais plus jamais ; que la dureté et les railleries humiliantes des proches de mon mari m'enverraient prématurément dans la tombe ; que mon enfant serait laissé chez des étrangers, et que ma mère aurait à peine assez de courage pour me survivre. Alors je m'attendais à l'inconvénient d'un si long voyage, car Tregunter House se trouvait à quelques kilomètres de Brecon. Je redoutais de rencontrer la vulgarité méprisante et les regards vifs de Miss Betsy et de Mme Molly. Je considérais toutes ces choses avec horreur ; mais les convenances de la vie conjugale commandaient le sacrifice, et j'y consentis volontiers.

Avec de tendres regrets, avec des pressentiments déchirants , je pris congé de ma mère et de mon frère. Une telle séparation ne ferait que ridiculiser les pouvoirs du langage ! Ma situation délicate, ma jeunesse, mon affection pour ma meilleure de mères, tout conspirait à augmenter mon chagrin ; mais le repos d'un mari, la liberté d'un mari étaient en jeu, et mon Créateur peut témoigner que, si j'avais été béni de la fidélité et de l'affection que je méritais, mon cœur était disposé à l'observance de tout devoir, de toute revendication qui aurait embelli propriété domestique.

Nous partons pour Tregunter . A notre arrivée là-bas, je m'aperçus aussitôt que nos malheurs avaient dépassé notre vitesse. Miss Robinson nous a à peine souhaité la bienvenue et Molly était maussade, voire insultante.

M. Harris n'était pas chez lui lorsque nous sommes arrivés. Mais il revint peu de temps après. Son accueil fut dur et insensible. "Eh bien ! vous vous êtes donc évadé d'une prison, et maintenant vous venez ici faire pénitence de vos folies ? Eh bien ! et que voulez-vous ?" Je n'ai pas pu répondre. J'entrai dans la maison et me hâtai aussitôt vers mon ancienne chambre, où mes larmes soulageèrent ce cœur qui éclatait presque d'agonie.

M. Robinson m'a néanmoins conjuré de supporter patiemment le caractère capricieux de son oncle, ce que j'ai fait, même si chaque jour j'étais nargué par des questions vaines et inhumaines, telles que : « Combien de temps pensez-vous que je vous soutiendrai ? dans une prison ? A quoi servent les mendiants ? » Avec bien d'autres, tout aussi sentimentaux et nobles !

Le manoir de Tregunter n'offrait que peu de sources d'amusement à l'esprit féminin. M. Harris avait acquis une fortune considérable dans le commerce et, quelle que soit la manière dont l'art d'accumuler des richesses avait été pratiqué avec succès , les recherches les plus raffinées des facultés mentales avaient été totalement négligées. Les livres étaient inconnus à Tregunter , à l'exception de quelques magazines ou publications périodiques, qu'à différentes époques Miss Robinson empruntait à ses jeunes voisins . Il y avait pourtant une vieille épinette dans un des salons . La musique avait été un de mes premiers plaisirs, et je m'efforçais parfois en vain de tirer une sorte d'harmonie tintante de cet instrument ébranlé et négligé. Cependant, ces tentatives m'ont souvent soumis à des insultes. "Je ferais mieux de penser à gagner mon pain; les femmes sans fortune n'avaient pas le droit de suivre les traces des belles dames. Tom ferait mieux d'épouser la fille d'un bon commerçant que l'enfant d'un commerçant ruiné et incapable de gagner sa vie." Tels étaient les propos de mon aimable et éclairé beau-père !

Un jour, je me souviens particulièrement, M. Harris avait invité à dîner un grand groupe, John et Charles Morgan, Esqrs ., membres du Parlement, avec un vieux ecclésiastique du nom de Jones, et plusieurs autres étaient présents. J'étais alors à quinze jours de mon moment périlleux. Un membre de la compagnie exprima sa satisfaction que je sois venu donner à Tregunter un petit étranger ; et se tournant vers M. Harris, il ajouta :

"Vous venez de terminer votre maison à temps pour une crèche."

"Non, non", répondit M. Harris en riant, "ils sont venus ici parce que les portes de la prison étaient ouvertes pour les recevoir."

J'ai senti mon visage rougir jusqu'à l'écarlate ; toutes les personnes présentes semblaient sympathiser avec mon chagrin, et j'étais sur le point de sombrer sous la table avec confusion. L'indignation de M. Robinson était évidente ; mais elle était freinée par le devoir aussi bien que par la nécessité.

Le manoir n'était pas encore terminé ; et quelques jours après notre arrivée, M. Harris m'informa qu'il n'avait aucun logement pour mon prochain accouchement. Où devais-je aller ? était la question suivante. Après de nombreuses consultations familiales, il fut décidé que je déménagerais à Trevecca House, à environ un mile et demi de là, et que j'y donnerais à ce monde misérable mon premier-né chéri.

J'ai déménagé à Trevecca ; c'était une demeure spacieuse, au pied d'une montagne prodigieuse, qui, à cause de sa forme, s'appelait le Pain de Sucre. Une partie du bâtiment fut transformée en manufacture de flanelle et les habitants appartenaient à l' école Huntingdonienne . Ici, je jouissais du doux repos de la solitude ; ici j'errais dans les bois enchevêtrés par la luxuriance sauvage de la nature, ou j'errais sur le flanc de la montagne, tandis que les vapeurs bleues flottaient autour de son sommet. Ô Dieu de la Nature ! Souverain de l'univers des merveilles ! dans ces moments intéressants, avec quelle ferveur je t'adorais !

Combien de fois me suis-je assis à la fenêtre de mon petit salon et regardé les pâles rayons de lune s'élancer au milieu des ifs sombres et vénérables qui répandaient leur ombre solennelle sur le petit jardin ! Combien de fois me suis-je promené dans les sentiers boisés, étoilé de la rosée du matin, et ai-je secoué les branches de ronces qui pendaient autour de moi ! Comme je me sentais tranquille, échappé à la tyrannie de ma famille, et comme je regrettais peu les scènes mouvementées de la folie à la mode ! Incontestablement le Créateur m'a formé avec une forte propension à adorer le sublime et le beau de ses œuvres ! Mais il n'a jamais été mon lot de rencontrer un esprit associatif, un esprit sympathique, qui pourrait (pour ainsi dire abstrait du monde) trouver un univers dans le commerce sacré de l'âme, l'union sublime de la sensibilité.

À Trevecca House, j'étais tranquille, sinon parfaitement heureux. J'y évitais les basses railleries des natures incultes, la vulgarité insolente de l'orgueil et les triomphes autoritaires d'une famille dont la plus haute branche était aussi inférieure à mon pied que la petite herbe l'est sous le plus haut arbre qui l'ombrage. J'avais noué une union avec une famille qui n'avait ni sentiment ni sensibilité ; J'étais condamné à supporter la société de l'ignorance et de l'orgueil ; J'ai été traité comme si j'avais été l'être le plus abject, même à une époque où mon esprit conscient s'élevait aussi loin au-dessus de ses pouvoirs pour le blesser que la montagne dominait les créneaux blancs de mon habitation alors solitaire.

Après mon déménagement à Trevecca, je vis rarement Miss Robinson ou Mme Molly ; M. Harris ne m'a jamais rendu visite, même si je ne me trouvais pas à plus d'un mile et demi de Tregunter . Enfin arriva le moment attendu, bien que pour moi le plus périlleux, qui éveilla un nouvel et tendre intérêt dans mon sein, qui présenta à mon cœur palpitant affectueusement mon enfant, ma Maria. Je ne puis décrire les sensations de mon âme au moment où je serrais la petite chérie contre mon sein, mon sein maternel ; quand je lui baisais les mains, les joues, le front, tandis qu'il se blottissait contre mon cœur et semblait réclamer cette affection qui n'a jamais manqué de le réchauffer. Elle était la plus belle des bébés ! Je me croyais la plus heureuse des mères ; son premier sourire apparut comme quelque chose de céleste, quelque chose destiné à irradier ma sombre et morne perspective d'existence.

Deux jours après que mon enfant fut présenté à ce monde de tristesse, ma nourrice, Mme Jones, une femme des plus excellentes, fut vivement désirée par les gens de la manufacture d'amener l'enfant parmi eux ; ils voulaient voir « le bébé du jeune châtelain, la petite héritière de Tregunter ». C'était en vain que je redoutais les conséquences de cette visite, car c'était au mois d'octobre ; mais Mme Jones m'a assuré que les enfants dans cette partie du monde étaient très fréquemment portés en plein air le jour de leur naissance ; elle insinuait aussi que mon refus blesserait les sentiments des honnêtes gens et donnerait plus l'apparence de l'orgueil que de la tendresse maternelle. Cette idée décida mon acquiescement ; et ma petite chérie, enveloppée dans la fabrication de son propre lieu de naissance romantique, a rendu sa première visite à ses compatriotes aimables mais peu sophistiquées.

A peine Mme Jones entra-elle dans le cercle qu'elle fut entourée par la foule qui la regardait. L'enfant était habillé avec une propreté particulière, et rien de mortel ne pouvait paraître plus beau. Mille et mille bénédictions furent comblées sur «

l'héritière de Tregunter », car c'est ainsi qu'ils l'appelaient de manière fantaisiste ; On a mille fois déclaré que le bébé était l'image même de son père. Mme Jones est revenue vers moi ; chaque mot qu'elle prononçait apaisait mon cœur ; une lueur douce et reconnaissante exprimait pour la première fois la gratification indescriptible qu'un parent affectueux ressent en entendant les louanges d'une progéniture bien-aimée. Pourtant cette petite absence paraissait un siècle ; une variété de peurs présentaient des dangers sous des formes diverses, et l'objet de tous mes soins, de toute mon affection, était maintenant plus serré que jamais contre mon cœur.

Au milieu de ces sensations douces et inoubliables, M. Harris entra dans ma chambre. Il m'a demandé brusquement comment je me trouvais et, s'asseyant à côté de mon lit, il a commencé à discuter des affaires de famille. J'étais trop faible pour dire grand-chose ; et il n'eut pas la délicatesse de considérer que Mme Jones, ma nourrice, et presque étrangère à moi, était témoin de notre conversation.

"Bien!" » dit M. Harris, « et que comptez-vous faire de votre enfant ?

Je n'ai fait aucune réponse.

"Je vais vous le dire " , a-t-il ajouté. "Attachez-le à votre dos et travaillez dessus."

J'ai frissonné d'horreur.

"Les portes de la prison sont ouvertes", a poursuivi M. Harris. "Tom mourra dans une prison ; et que vas-tu devenir ?"

Je suis resté silencieux.

Miss Robinson est maintenant venue nous rendre visite. Elle me regardait sans prononcer une syllabe ; mais tandis qu'elle contemplait les traits de mon enfant, son visage innocent et endormi, ses petites mains fossettes croisées sur sa poitrine, elle murmurait : « Pauvre petit misérable ! Pauvre enfant ! Ce serait une grâce s'il plaisait à Dieu de le prendre ! Mon angoisse mentale était à peine supportable.

Environ trois semaines après ce délai, des lettres arrivèrent, informant M. Robinson que ses créanciers étaient toujours inexorables et que le lieu de sa dissimulation était connu. On lui a conseillé de ne pas courir le risque d'être arrêté; en effet, il savait qu'un tel événement acheverait sa ruine avec M.

Harris, dont il ne recevrait aucune aide. Il me communiqua cette nouvelle, et en même temps m'informa qu'il devait absolument quitter Trevecca immédiatement. J'étais encore extrêmement faible, car mes souffrances mentales avaient altéré mes forces corporelles presque autant que les périls que j'avais récemment courus. Mais l'idée de rester à Trevecca sans mon mari était plus terrible que la perspective de l'anéantissement, et je répondis sans hésiter : « Je suis prête à partir avec vous.

Ma bonne nourrice, qui était une femme très aimable et âgée de moins de quarante ans, me conjura de retarder mon voyage. Elle m'informa qu'il serait dangereux de l'entreprendre dans mon état de faiblesse. La liberté de mon mari était en danger, et ma vie paraissait de peu d'importance ; car même à cette époque précoce de mes jours, j'étais déjà las d'exister.

Le lendemain matin, nous partîmes. Mme Jones a insisté pour m'accompagner lors du premier jour de voyage. M. Robinson, ma nourrice et moi occupions une chaise de poste ; ma Maria a été placée sur un oreiller sur les genoux de Mme Jones. La pâleur de la mort s'étendit sur mon visage, et les pauvres honnêtes gens des montagnes et des villages nous virent partir avec tristesse, non sans leur bénédiction. Ni M. Harris ni les femmes éclairées de Tregunter n'exprimèrent à cette occasion le moindre regret ou le moindre souci. Nous atteignîmes Abergavenny ce soir-là. Mes quelques forces restantes étaient épuisées et je ne pouvais pas aller plus loin. Si singulières que puissent paraître ces persécutions , M. Robinson sait qu'elles ne sont pas du tout exagérées.

À Abergavenny, je me séparai de Mme Jones et, n'ayant pas de domestique avec moi, je dus prendre entièrement la charge de Maria. Élevé dans le doux giron de la richesse, j'avais peu appris les occupations domestiques ; la partie décorative de l'éducation avait été prodiguée, mais l'utile n'avait jamais été accordé à une fille considérée comme née pour l'indépendance. Avec ces inconvénients, je me sentais dans une situation très embarrassante, face à la tâche ardue que j'avais à accomplir ; mais la nécessité l'emporta bientôt, avec la voix douce de l'affection maternelle, et j'obéis à ses commandements comme à ceux de la nature.

Mme Jones, dont l'excellent cœur sympathisait avec tout ce que je souffrais, ne se serait pas séparée de moi dans un moment aussi délicat, si elle n'était la veuve d'un commerçant de Brecon, et ayant quitté sa maison, où elle avait laissé deux filles : de très jolies jeunes femmes, — pour me soigner, elle fut obligée de revenir vers elles. Avec de bons vœux répétés et quelques larmes de regret coulant de sa sensibilité et de son cœur doux, nous nous séparâmes.

Le lendemain, nous nous rendîmes à Monmouth. Certains parents de ma mère y résidant, notamment ma grand-mère, je souhaitais y rester jusqu'à ce que mes forces soient quelque peu rétablies. Nous avons été reçus avec une véritable affection ; nous avons été caressés par une hospitalité sincère. La bonne et vénérable objet de ma visite était ravie d'embrasser son arrière-petit-fils, et le coin du feu familial était souvent un lieu de conversation calme et agréable. Comme ces moments étaient différents de ceux que j'avais vécus avec les habitants humbles de Tregunter !

Ma grand-mère, bien qu'elle approchait alors de soixante-dix ans, était encore une femme agréable ; elle avait été dans sa jeunesse d'une beauté délicate ; et la simplicité soignée de sa robe, qui était toujours de soie brune ou noire, la piété de son esprit et la douceur de sa nature, concouraient à en faire un objet des plus attachants.

Dès que mes forces furent rétablies, je fus invité à participer à de nombreux divertissements agréables. Mais l'amusement préféré que je choisissais était de me promener au bord de la rivière Wye ou d'explorer les vestiges antiques du château de Monmouth, dont une partie atteignait le jardin de l'habitation de ma grand-mère. J'accompagnais aussi constamment mon aimable et vénérable parent à l'église ; et j'ai souvent observé, avec un mélange de joie et presque d'envie, la tranquille résignation que la religion répandait dans son esprit, même à la fin de l'existence humaine. Cette excellente femme expira d'une décadence progressive en 1780.

Nous résidions à Monmouth depuis environ un mois, lorsque je fus invité à un bal. Mon moral et ma force avaient été rénovés par le changement de décor, et j'ai été persuadé de danser. J'étais alors particulièrement friand de ce divertissement, et mes amis partiaux me flattaient en disant que je mesurais cette silhouette labyrinthique comme un sylphe. J'étais à cette époque infirmière ; et, dans la soirée, Maria fut conduite dans une antichambre pour recevoir le seul appui qu'elle eût jamais reçu. Inconscient du danger que comporte un tel événement, je lui ai donné sa nourriture habituelle immédiatement après avoir dansé. Il était agité par la violence de l'exercice et la chaleur de la salle de bal, et, en rentrant chez moi, je trouvai mon enfant dans de fortes convulsions.

Ma distraction, mon désespoir étaient terribles ; mon état d'esprit me rendait impossible de fournir une quelconque nourriture interne à l'enfant, même lorsque sa petite bouche était desséchée ou que la crise s'atténuait dans une moindre mesure. J'étais un peu moins que frénétique; toute la nuit je suis resté assis avec elle dans mes bras ; un éminent médecin était présent. Les convulsions continuaient et ma situation était terrible ; ceux qui en furent témoins évitèrent prudemment de m'informer que le péril de mon enfant venait de ma danse ; si je l'avais su à cette époque, je crois vraiment que j'aurais perdu la raison.

Dans cet état désespéré, avec seulement de courts intervalles de repos, ma chérie a continué jusqu'au matin. Tous mes amis sont venus se renseigner, et entre autres un ecclésiastique qui était venu chez ma grand-mère. Il vit l'enfant, comme on le croyait, expirant ; il me vit toujours assis là où j'avais pris ma place de désespoir la nuit précédente, figé dans la stupeur d'une affliction indicible. Il m'a conjuré de laisser l'enfant être enlevé. J'étais dans une fièvre furieuse ; les effets de ne pas avoir nourri mon enfant pendant douze heures commençaient à mettre ma propre existence en danger, et j'attendais ma dissolution comme l'événement le plus heureux qui puisse m'arriver.

Maria restait toujours allongée sur mes genoux, et je résistais toujours à toutes les tentatives faites pour l'enlever. A cette époque, le pasteur se souvint qu'il avait vu un de ses enfants soulagé de convulsions par une simple expérience, et il me demanda la permission d'en essayer les effets. L'enfant fut livré par mon médecin, et je répondis : « Si désespéré que soit le remède, je vous conjure de l'administrer.

Il mélangea alors une cuillère à soupe d'essence d'anis avec une petite quantité de spermaceti et la donna à mon enfant. En quelques minutes, les spasmes convulsifs cessèrent, et en moins d'une heure elle tomba dans un sommeil doux et tranquille. Ce que j'ai ressenti peut être représenté par l'imagination d'une mère aimante, mais ma plume échouerait à tenter de le décrire.

Certaines circonstances se produisirent alors qui donnèrent à M. Robinson des raisons de croire qu'il n'était pas en sécurité à Monmouth, et nous nous préparâmes à un transfert vers un autre quartier. Le jour fut fixé pour commencer notre voyage, lorsqu'une exécution arriva pour une somme considérable, et que M. Robinson n'était plus libre de voyager. Mon alarme était infinie ; la somme était trop importante pour qu'il soit possible de la liquider, et, connaissant la fortune désespérée de M. Robinson, je trouvai injuste et peu généreux de tenter de l'emprunter. Heureusement, le shérif du comté était un ami de la famille. C'était un homme courtois et aimable et il proposa – pour éviter tout dilemme désagréable – de nous accompagner à Londres. Nous partîmes le soir même et ne dormîmes qu'à notre arrivée dans la métropole.

Je me suis immédiatement précipité vers ma mère, qui résidait dans Buckingham Street, York Buildings, aujourd'hui Adelphi. Sa joie était sans limites. Elle m'a embrassé mille fois, elle a embrassé mon bel enfant ; tandis que M. Robinson employait la journée à régler les affaires qui l'avaient amené à Londres. Il avait été arrêté par un ami, dans l'espoir que, si près de l'habitation de son père, une telle somme lui serait versée ; du moins, telle est la raison invoquée pour une conduite aussi inamicale ![19]

L'affaire fut cependant réglée en fonction d'une explication qui aurait lieu, et M. Robinson engagea un logement près de Berners Street, où nous nous rendîmes le soir même. Mon petit recueil de poèmes, dont j'avais prévu la publication et qui était prêt depuis mon mariage, je résolus maintenant de l'imprimer immédiatement. C'étaient en effet des bagatelles, de très bagatelles ; Depuis, je les ai parcourus avec un rougissement d'auto-reproche, et je me suis demandé comment j'oserais les présenter au public. J'espère qu'il n'en reste pas un exemplaire, à l'exception de celui que ma chère et partielle mère a conservé avec tendresse et qui est maintenant en ma possession.

J'étais en ville depuis quelques jours, lorsque des amies m'ont persuadé d'accompagner un groupe qu'elles avaient formé à Ranelagh. M. Robinson a refusé de venir, mais après de nombreuses instances, j'ai consenti. J'étais maintenant marié depuis près de deux ans ; ma personne s'est considérablement améliorée ; J'étais devenue plus grande que lorsque je suis devenue la femme de M. Robinson, et j'avais maintenant plus les manières d'une femme du monde que celles de la simplicité d'une jeune fille, qui m'avaient jusqu'ici caractérisée , bien que j'eusse été absente de Londres pendant quelques mois, et qu'un une partie d'entre eux était rustique au milieu des montagnes. La robe que je portais était simple et simple ; il était composé de reflets lilas pâles . Ma tête avait une couronne de fleurs blanches ; Tout le monde me complimenta sur mon apparence, et avec peu de goût pour les divertissements publics et le cœur palpitant de sollicitude domestique, j'accompagnai le groupe à Ranelagh.

La première personne que j'ai vue, en entrant dans la rotonde, était George Robert Fitzgerald. Il sursauta comme s'il avait reçu une décharge électrique. J'ai détourné la tête et je l'aurais évité ; mais il quitta aussitôt deux amis avec lesquels il se promenait, et se présenta à moi. Il exprima un grand plaisir de me revoir dans « le monde » ; fut surpris de me trouver pour la première fois en public sans mon mari et demanda la permission de me présenter ses respects chez moi. J'ai répondu que j'étais « en visite chez des amis ». Il s'inclina et rejoignit ses compagnons.

Cependant, pendant la soirée, il ne cessa de me suivre. Nous quittâmes la rotonde de bonne heure ; et, pendant que nous attendions la voiture, j'aperçus de nouveau Fitzgerald dans l'antichambre. Nous dépassâmes le vestibule, et à la porte sa propre voiture attendait.

Le lendemain midi, j'étais en train de corriger une épreuve de mon volume, lorsque le domestique annonça brusquement M. Fitzgerald !

Je fus quelque peu déconcerté par cette visite inattendue, et reçus M. Fitzgerald avec un air froid et embarrassé, qui le mortifiait évidemment ; J'éprouvais aussi un peu de vanité mondaine au moment de la surprise, car ma tenue du matin était plus faite pour afficher une assiduité maternelle que pour *un déshabillement élégant et de bon goût* . Dans un petit panier près de ma chaise dormait ma petite Maria ; ma table était couverte de papiers, et tout autour de moi présentait la confusion mêlée d'un bureau et d'une crèche.

Depuis que Mme Jones m'avait quitté à Abergavenny, j'avais pris pour règle invariable de toujours habiller et déshabiller mon enfant. Je n'ai jamais permis qu'il soit placé dans un berceau ou nourri hors de ma présence. Un panier de forme oblongue à quatre anses (avec un oreiller et un petit traversin) lui servait de lit le jour ; la nuit, elle dormait avec moi. J'avais trop souvent entendu parler de la négligence que les domestiques montrent à l'égard des jeunes enfants, et je résolus de ne jamais exposer un de mes enfants ni à leur ignorance ni à leur inattention. C'est au milieu de mes devoirs de parent que le gay et le chic Fitzgerald me trouva maintenant ; et chaque fois que les affaires ou, très rarement, les divertissements publics m'éloignaient de cette occupation, ma mère ne manquait jamais de me remplacer.

M. Fitzgerald a dit mille choses polies ; mais ce qui me charmait, c'était l'admiration de mon enfant. Il déclara qu'il n'avait jamais vu une si jeune mère, ni un si bel enfant. Pour la première remarque, j'ai soupiré, mais la dernière a ravi mon cœur ; elle était en effet l'une des plus jolies petites mortelles sur lesquelles le soleil ait jamais brillé.

Le sujet du nid était l'éloge de ma poésie. Je souris en me rappelant à quel point l'effronterie de la flatterie a le pouvoir de démentir le jugement. M. Fitzgerald prit l'épreuve et lut l'une des pastorales. Je lui demandai par quel moyen il avait découvert mon domicile ; il m'apprit que sa voiture m'avait suivi chez moi la nuit précédente. Il prit alors congé.

Le lendemain soir, il nous fit une autre visite ; Je dis nous, parce que M. Robinson était chez lui. M. Fitzgerald but du thé avec nous et proposa de faire une fête le lendemain pour dîner à Richmond. J'y répondis par un refus catégorique ; alléguant que mes devoirs envers mon enfant empêchaient la possibilité de passer une journée loin d'elle.

Le mercredi suivant, M. Robinson m'accompagna de nouveau au Ranelagh. Là, nous rencontrâmes Lord Northington, Lord Lyttelton , le capitaine O'Bryan, le capitaine Ayscough , M. Andrews et plusieurs autres, qui tous, au cours de la soirée, manifestèrent leur attention. Mais comme l'état dérangé de M. Robinson ne permettait pas que nous recevions des réceptions à la maison, je me suis excusé en disant que nous étions chez un ami et que nous n'étions pas encore établis dans une résidence en ville. Lord Lyttelton était particulièrement importun ; mais il reçut la même réponse que celle que j'avais donnée à tous les autres enquêteurs.

Peu de temps après, M. Robinson a été arrêté. Maintenant arriva mon heure d'épreuve. Il fut transporté chez un officier du shérif et, en quelques jours, des détentions furent déposées contre lui pour un montant de douze cents livres, principalement des arriérés de rentes et autres créances des créanciers juifs ; car je peux déclarer avec fierté et vérité qu'il ne devait pas à ce moment-là, ni à aucune période depuis, cinquante livres pour moi, ou à quelque commerçant que ce soit, pour mon compte quel qu'il soit.

M. Robinson savait qu'il serait inutile de demander l'aide de M. Harris ; en effet, son esprit était trop déprimé pour faire un effort pour arranger ses affaires. Il fut donc, après avoir attendu trois semaines sous la garde d'un officier du shérif (pendant ce temps je ne l'avais jamais quitté une seule heure, jour ou nuit), obligé de se soumettre à la nécessité de devenir captif.

Pour moi, je m'en souciais peu ; toute mon inquiétude était pour le repos de M. Robinson et la santé de mon enfant. L'appartement que nous avons obtenu se trouvait dans la partie haute de l'immeuble, donnant sur un terrain de raquette. M. Robinson était expert dans tous les exercices de force ou d'activité, et il trouvait quotidiennement cet amusement auquel je ne pouvais pas participer. J'avais d'autres occupations d'une nature plus intéressante : prendre soin d'une fille bien-aimée et encore impuissante.[20]

Pendant neuf mois et trois semaines, pas une seule fois je n'ai franchi le seuil de notre morne habitation ; bien que tous les attraits fussent offerts, tous les efforts furent faits pour me tirer de ma scène d'attachement domestique. D'innombrables messages et lettres de Lords Northington et Lyttelton , de M. Fitzgerald et de bien d'autres, m'ont été transmis. Mais tous, à l'exception de celui de Lord Northington, étaient dictés dans un langage de galanterie, étaient remplis de professions d'amour et de souhaits de me libérer de ma situation désagréable et humiliante, et furent donc traités avec mépris, mépris et indignation. Car Dieu peut témoigner qu'à cette époque, mon esprit n'avait jamais songé à violer les vœux que j'avais faits à mon mari à l'autel.

Que j'ai souffert pendant cette fastidieuse captivité ! Mon petit volume de poèmes s'est vendu mais indifféremment ; ma santé était considérablement altérée ; et les maigres revenus que M. Robinson recevait de son père étaient à peine suffisants pour subvenir à ses besoins. Je n'entrerai pas dans un détail fastidieux des chagrins vulgaires, des scènes vulgaires ; Je quittais rarement mon appartement, et jamais jusqu'au soir, où, pour respirer et m'exercer, je me promenais sur le terrain de raquette avec mon mari.

C'est au cours d'une de ces promenades nocturnes que ma petite fille a pour la première fois béni mes oreilles avec l'articulation des mots. Cette circonstance a produit dans mon esprit une impression forte et indélébile. C'était une soirée claire au clair de lune ; l'enfant était dans les bras de sa bonne ; elle la dansait de haut en bas et jouait avec elle ; ses yeux étaient fixés sur la lune, qu'elle désignait de son petit index. Tout à coup, un nuage passa au-dessus, et l'enfant, avec une lente chute de la main, soupira clairement : « Tout est parti ! C'était une expression habituelle chez sa servante, chaque fois que l'enfant désirait quelque chose qu'il était jugé prudent de lui refuser ou de lui cacher. Ces petits riens paraîtront insignifiants au lecteur ordinaire, mais pour le parent dont le cœur est ennobli par la sensibilité, ils deviendront des sujets d'un grand intérêt. Je peux seulement ajouter que j'ai marché jusqu'à près de minuit, observant chaque nuage qui passait sur la lune, et comme souvent, avec une sensation de ravissement, entendant ma petite bavarde répéter son observation.

Ayant beaucoup de loisirs et de nombreuses heures mélancoliques, je tournai de nouveau mes pensées vers les muses. J'ai choisi « Captivité » pour sujet de ma plume, et j'ai bientôt composé un poème in-quarto d'une certaine longueur ; elle était supérieure à mon ancienne production, mais elle était pleine de défauts, pleine de lignes faibles ou laborieuses . Je ne chante plus jamais mes premières compositions sans une infusion sur ma joue, qui marque mon humble opinion sur elles.

A cette époque, j'appris que la duchesse de Devonshire[21] était l'admiratrice et la patronne de la littérature. Avec un mélange de timidité et d'espoir, j'envoyai à Grace un volume soigneusement relié de mes poèmes, accompagné d'une courte lettre m'excusant de leurs défauts et invoquant mon âge comme seule excuse pour leur inexactitude. Mon frère, qui était un charmant jeune homme, fut porteur de ma première offrande littéraire au sanctuaire de la noblesse. La duchesse l'a admis et, avec la sensibilité la plus généreuse et la plus aimable, m'a demandé quelques détails sur ma situation, en me priant de lui faire une visite le lendemain.

Je ne savais pas quoi faire. Sa libéralité réclamait ma complaisance ; cependant, comme je ne l'avais jamais quitté une demi-heure pendant la longue captivité de mon mari, j'éprouvais une sorte de répugnance qui peinait la fermeté romantique de mon esprit, tandis que je méditais sur ce que je considérais comme une rupture de mon attachement domestique. Cependant, à la demande particulière et sérieuse de M. Robinson, j'y consentis et j'acceptai en conséquence l'invitation de la duchesse.

Durant mon isolement du monde, j'avais adapté ma tenue vestimentaire à ma situation. La propreté a toujours été ma fierté ; mais maintenant la simplicité était la conformité à la nécessité. Les vêtements simples sont devenus la demeure de l'adversité ; et la robe unie de satin marron que je portais lors de ma première visite chez la duchesse de Devonshire me parut aussi étrange qu'un procès d'anniversaire pour la fille d'un citoyen nouvellement marié.

Décrire l'apparence et les manières de la duchesse lorsqu'elle entra dans le salon arrière de Devonshire House serait impossible ; la douceur et la sensibilité brillaient dans ses yeux et irradiaient son visage. Elle exprima sa surprise de voir une personne si jeune, qui avait déjà éprouvé tant de vicissitudes de la fortune ; elle déplora que ma destinée fût si peu proportionnée à ce qu'elle se plaisait à appeler mon mérite, et, avec une larme de douce sympathie, me demanda d'accepter une preuve de ses bons vœux. Je n'avais pas de mots pour exprimer mes sentiments, et j'allais partir, lorsque la duchesse me pria de venir chez elle très souvent et d'amener ma petite fille avec moi.

Je fis de fréquentes visites à l'aimable duchesse, et je fus toujours reçu avec les plus chaleureuses preuves d'amitié. Ma petite fille, dont j'étais encore la nourrice, m'accompagnait généralement et éprouvait toujours les plus douces caresses de ma patronne admirée, de mon amie libérale et affectueuse. Souvent la duchesse s'enquérait très minutieusement de l'histoire de mes chagrins, et comme souvent elle me versait des larmes de la sympathie la plus spontanée. Mais telle était ma destinée, que tandis que je cultivais l'estime de cette meilleure des femmes, par une conduite qui était au-dessus de la réprobation, mon mari, bien que j'étais la compagne de sa captivité, l'esclave dévouée à ses besoins, se livrait à dans les intrigues les plus basses et les plus dégradantes ; souvent, pendant ma courte absence avec la duchesse, car je ne quittais la prison que pour obéir à son ordre, on le voyait admettre les plus abandonnées de leur sexe, des femmes dont la vie basse et licencieuse était telle qu'elles leur faisaient honte. et les exclus de la société. Ces rencontres honteuses furent organisées alors même que j'étais dans mon propre appartement, dans une pièce voisine, et avec l'aide d'un Italien, qui y était également captif. J'ai été informé de la procédure et j'ai interrogé M. Robinson à ce sujet. Il a nié l'accusation; mais je profitai de l'occasion qui s'offrait, et j'étais convaincu que les infidélités de mon mari étaient à la fois fréquentes et honteuses.

néanmoins mon projet de convenance domestique la plus rigide ; néanmoins j'ai préservé ma foi inviolée, mon nom intact. Parfois j'endurais les souffrances les plus poignantes, sous la douleur d'un espoir déçu et la pression des détresses pécuniaires.

Pendant ma longue retraite de la société, car je ne pouvais pas fréquenter ceux que le destin avait placés dans une situation similaire, aucune de mes amies ne m'a même demandé ce que j'étais devenue. Ceux qui avaient été protégés et reçus par moi avec la plus cordiale hospitalité dans mes heures les plus heureuses négligeaient maintenant toutes les aimables condoléances d'un sentiment de sympathie et fuyaient à la fois moi et ma morne habitation. Depuis cette heure, je n'ai plus ressenti pour mon sexe l'affection qu'éprouvent peut-être certaines femmes ; Je n'ai jamais appris à mon cœur à chérir leur amitié ou à dépendre de leurs attentions au-delà de la courte perspective d'une journée prospère. En fait, j'ai presque toujours considéré mon propre sexe comme mon ennemi le plus invétéré ; J'ai éprouvé peu de gentillesse de leur part, même si mon cœur a souvent souffert du pincement infligé par leur envie, leurs calomnies et leur malveillance.

L'Italien que j'ai eu l'occasion de nommer comme le *cicerone* des galanteries de mon mari s'appelait Albanesi. Il était le mari d'une belle Romaine de ce nom, qui, quelques années auparavant, avait attiré une attention considérable dans l'hémisphère de la galanterie, où elle avait brillé comme une brillante constellation. Elle avait été autrefois la maîtresse d'un prince de Courlande, puis de la Covet de Belgeioso , ambassadeur impérial ; mais à l'époque où je l'ai vue pour la première fois, elle était, je crois, vouée à une vie d'inconvenance effrénée. Elle venait _fréquemment_ rendre visite à son mari, qui avait occupé un poste à l'opéra pendant la direction de M. Hobart, aujourd'hui comte de Buckinghamshire. Je me souviens qu'elle était l'une des plus belles femmes que j'aie jamais vues et que sa robe était la plus extravagante et la plus splendide. Les satins, richement brodés ou garnis de dentelles en pointe, étaient ses vêtements quotidiens ; et ses attraits personnels étaient considérablement augmentés par la dignité et la grâce particulières avec lesquelles elle marchait : en quelques mots, cette femme était un échantillon frappant de beauté et de débauche.

Chaque fois qu'elle venait rendre visite à son *conjoint* , elle ne manquait jamais de s'imposer dans ma retraite. M. Rabinson encourageait plutôt ses visites qu'il ne les évitait, et je fus obligé de recevoir la belle Angelina (car tel était son prénom), si répugnante qu'une telle fréquentation fût à mes sentiments. À chaque entretien, elle prenait l'occasion de ridiculiser mon attachement domestique romantique ; je me suis moqué de ma folie de gaspiller ma jeunesse (car je n'avais pas alors dix-huit ans) dans une obscurité si honteuse ; et j'imaginais, dans toute la lueur d'un paysage fantaisiste, la vie splendide dans laquelle je pourrais entrer, si seulement je voulais connaître mon propre pouvoir et briser les chaînes de la restriction matrimoniale. Elle m'a dit un jour qu'elle avait mentionné au comte de Pembroke qu'il y avait une jeune dame mariée dans la captivité la plus humiliante avec son mari ; elle dit qu'elle avait décrit ma personne et que lord Pembroke était prêt à m'offrir ses services.

Cette proposition proclamait pleinement le sens des visites de la signora Albanesi, et je résolus d'éviter désormais toute conversation avec elle. Elle avait alors entre trente et quarante ans, et son époque de splendeur sombrait d'heure en heure dans l'obscurité de l'abandon ; elle hésitait néanmoins encore à renoncer aux météores éblouissants que la mode avait semés sur son chemin, et, ayant sacrifié tout sentiment personnel pour la satisfaction de sa vanité, elle cherchait maintenant à construire un tissu criard et éphémère sur la destruction d'autrui. En plus de ses convictions, son mari, Angelo Albanesi, faisait constamment du monde de la galanterie le sujet de sa conversation. Des soirées entières sont -il resté assis dans notre appartement, racontant de longues histoires d'intrigues, louant la libéralité d'un noble, la chevalerie romantique d'un autre, le sacrifice qu'un troisième avait fait à un objet adoré, et les revenus splendides qu'un quatrième accorderait à un autre. toute jeune femme instruite et dotée de capacités mentales qui accepterait sa protection et serait la partenaire de sa fortune. J'ai toujours souri aux insinuations d'Albanesi ; et je trouvais encore quelque amusement dans sa société, quand il jugea bon de retirer sa conversation de son sujet préféré. sujet. Cet Italien, bien que ni jeune ni même assez beau, était d'un divertissement rare ; il savait chanter, imiter divers instruments de musique, était un excellent bouffon et un graveur très soigné ; certaines de ses planches furent exécutées sous l'inspection de Sherwin, et il était considéré comme un artiste très prometteur.

Si je devais décrire la moitié de ce que j'ai souffert pendant quinze mois de captivité, le monde considérerait cela comme l'invention d'un roman. Mais M. Robinson sait ce que j'ai enduré, et avec quelle patience et avec quelle justesse j'ai adapté mon esprit aux strictes convenances de la vie conjugale ; il sait que mon devoir d'épouse était exemplaire, ma chasteté inviolable ; il sait que ni la pauvreté ni l'obscurité, ni les railleries du monde, ni sa négligence, ne pourraient me tenter jusqu'à la plus petite erreur ; il sait que j'ai supporté mes humiliations affligeantes avec un esprit joyeux et sans plainte ; que j'ai travaillé honorablement pour son confort ; et que mes attentions étaient exclusivement dédiées à lui et à mon nourrisson.

Le moment arriva où M. Robinson, en mettant de côté certaines dettes et en donnant de nouvelles obligations et de nouvelles valeurs pour d'autres, obtint de nouveau sa liberté. J'ai immédiatement transmis la nouvelle à ma charmante duchesse de Devonshire, et elle m'a écrit une lettre de aimables félicitations ; elle était alors à Chatsworth.

Les premiers instants d'émancipation furent un plaisir pour les sens. J'avais l'impression d'être nouveau-né ; J'avais envie de revoir tous mes anciens et intimes associés, et j'oubliais presque qu'ils m'avaient si indignement négligé. Tout ce qui s'était passé apparaissait maintenant comme une vision mélancolique. L'obscurité s'était dissipée et une nouvelle perspective semblait s'éclairer devant moi.

Le premier lieu de divertissement public où je suis allé était Vauxhall. J'avais souvent eu l'occasion d'observer un triste contraste lorsque j'avais quitté l'élégant appartement de Devonshire House pour entrer dans les sombres galeries d'une prison ; mais la sensation que j'éprouvais en entendant la musique et en voyant la foule gaie, lors de cette première visite publique après une si longue réclusion, était indescriptible. Au cours de la soirée, nous rencontrâmes beaucoup de vieilles connaissances, les unes qui feignaient d'ignorer nos embarras passés, et d'autres qui se joignirent à nous avec la facilité de l'apathie à la mode ; parmi eux se trouvait Lord Lyttelton , qui fit remarquer avec insolence : « que, malgré tout ce qui s'était passé, j'étais plus beau que jamais ». Je ne répondis que par un regard d'indignation méprisante, qui fit taire le commentateur audacieux et insensible, et le convainquit que, quoique tombé dans la fortune ; J'étais toujours très fier.

M. Robinson ayant retrouvé sa liberté, comment pourrions-nous subsister honorablement et sans reproche ? Il s'adressa à son père, mais toute aide lui fut refusée ; il ne pouvait pas exercer sa profession, parce qu'il n'avait pas terminé son stage. Je résolus de tourner mes pensées vers le travail littéraire et projetai une variété d'œuvres par lesquelles j'espérais obtenir au moins une indépendance décente. Hélas! combien je ne connaissais alors ni la fatigue ni les dangers des occupations mentales ! Comme je ne prévoyais pas que le jour viendrait où ma santé serait altérée, mes pensées perpétuellement employées à une poursuite aussi destructrice ! Au moment où j'écris cette page, je ressens dans chaque fibre de mon cerveau la conviction fatale qu'il s'agit d'un travail destructeur .

William Brereton dans le personnage de Douglas d'après une peinture de N. Hone

C'est à ce moment d'inquiétude, d'espoir, de peur, que mes pensées se tournèrent une fois de plus vers une vie dramatique ; et, nous promenant avec mon mari dans St. James's Park, à la fin de l'automne, nous fûmes abordés par M. Brereton, du Drury Lane Theatre. Je ne l'avais pas vu depuis deux ans et il semblait heureux de nous avoir rencontrés. A cette époque, nous logions chez Lyne, la pâtissière, dans Old Bond Street. M. Brereton rentra chez lui et dîna avec nous ; et après le dîner, la conversation tourna sur mon penchant pour la scène, qu'il recommanda sincèrement comme une scène très prometteuse pour ce qu'il appelait mes talents prometteurs. L'idée s'est précipitée comme de l'électricité dans mon cerveau. J'ai demandé l'opinion de M. Robinson, et il a maintenant consenti volontiers à ce que je fasse le procès. Il avait écrit à plusieurs reprises à son père, demandant la moindre aide pour notre soutien jusqu'à ce qu'il puisse se lancer dans sa profession ; mais chaque lettre restait sans réponse, et nous n'avions d'espoir que dans nos propres efforts intellectuels.

Quelque temps après cette période, nous nous sommes installés dans une situation plus calme et avons occupé un appartement très soigné et confortable dans Newman Street. J'étais alors avancé de quelques mois dans un état de sollicitude domestique, et ma santé semblait précaire, par suite de m'être trop longtemps consacrée aux devoirs de mère en nourrissant ma fille aînée Maria. C'est dans ce logement qu'un matin, de manière tout à fait inattendue, M. Brereton nous fit une seconde visite, amenant avec lui un ami qu'il présenta en entrant dans le salon. Cet étranger était M. Sheridan.[23]

J'étais submergé de confusion. Je ne sais pourquoi, mais j'éprouvais un sentiment de mortification lorsque je constatai que mon apparence était négligemment *déshabillée* , et mon esprit aussi peu préparé à ce que je devinais être le motif de sa visite. Mais je retrouvai bientôt la mémoire, et le théâtre fut par conséquent le sujet des discours.

À la demande sincère de M. Sheridan, j'ai récité quelques passages de Shakespeare. J'étais alarmé et timide; mais la douceur de ses manières et les encouragements impressionnants qu'il me donna dissipèrent mes craintes et me tentèrent de continuer.

M. Sheridan avait alors récemment acheté une part du Drury Lane Theatre, en collaboration avec M. Lacey et le docteur Ford ; il était déjà célèbre comme l'auteur des « Rivaux » et de « La Duenna », et son esprit se reflétait évidemment dans ses manières, qui étaient d'un attrait saisissant et envoûtant.

Les encouragements que j'ai reçus dans cet essai et les éloges que M. Sheridan m'a généreusement accordés m'ont déterminé à faire un essai public de mes talents ; et plusieurs visites, qui furent rapidement répétées par M. Sheridan, aboutirent enfin à un arrangement pour cette période. Mon intention fut communiquée à M. Garrick, qui, bien qu'il se soit retiré de la scène depuis quelques saisons, me promit gentiment de me protéger et s'engagea tout aussi gentiment à être mon précepteur.

La seule objection que j'éprouvais à l'idée de paraître sur scène était mon état alors croissant de sollicitude domestique. J'étais, à l'époque où M. Sheridan me fut présenté pour la première fois, quelques mois avancés dans cette situation qui plus tard, par la naissance de Sophia, fit de moi une seconde fois mère. Cependant mon amour imprudent pour Maria était tel que j'étais encore nourrice ; et ma constitution fut très considérablement altérée par les effets de ces circonstances combinées.

Un rendez-vous a été pris dans la salle verte du Drury Lane Theatre. M. Garrick, M. Sheridan, M. Brereton et mon mari étaient présents ; J'y récitai les principales scènes de Juliette (M. Brereton répétant celles de Roméo), et M. Garrick, sans hésitation, se fixa sur ce personnage comme sur l'épreuve de mes débuts.

Il est impossible de décrire les diverses émotions d'espoir et de peur qui ont envahi mon esprit lorsque le jour important a été annoncé sur les affiches. J'ai écrit à la duchesse de Devonshire à Chatsworth, l'informant de mon projet de procès, et j'ai reçu une aimable lettre d'approbation, sanctionnant mon projet et me souhaitant du succès. Chaque désir de mon cœur semblait maintenant complètement satisfait ; et, avec un zèle proche de la joie, je me préparai à mon prochain effort.

M. Garrick avait été infatigable lors des répétitions, reprenant fréquemment le personnage de Roméo lui-même jusqu'à ce qu'il soit complètement épuisé par la fatigue de la récitation. Ce n'était que peu de temps avant la mort de cet acteur distingué.

Le théâtre était rempli de spectateurs mondains ; la salle verte et l'orchestre (où M. Garrick était assis pendant la nuit) étaient remplis de critiques. Ma robe était de satin rose pâle, garnie de crêpe, richement pailletée d'argent ; ma tête était ornée de plumes blanches, et mon costume monumental, pour la dernière scène, était de satin blanc et tout à fait simple, sauf que je portais un voile de gaze la plus transparente, qui tombait jusqu'à mes pieds depuis l'arrière de ma tête. , et un collier de perles autour de ma taille, auquel était suspendue une croix convenablement façonnée.

Quand je m'approchai de l'aile latérale, mon cœur battait convulsivement ; Je commençai alors à craindre que ma résolution n'échouât, et je m'appuyai sur le bras de la nourrice, presque évanoui. M. Sheridan et plusieurs autres amis m'ont encouragé à continuer ; et enfin, les membres tremblants et une appréhension effrayante, je m'approchai du public.

Les applaudissements tonitruants qui m'ont accueilli ont presque submergé toutes mes facultés. Je restai muet et courbé avec une inquiétude qui ne s'apaisa que lorsque j'eus faiblement articulé les quelques phrases de la première courte scène, pendant laquelle je n'avais jamais osé regarder le public.

A mon retour au greenroom, je fus de nouveau encouragé, dans la mesure où mon apparence était jugée digne d'approbation ; car de mes pouvoirs on ne pouvait encore rien savoir, mes craintes ayant pour ainsi dire paralysé ma voix et mes actions. La deuxième scène étant la mascarade, j'ai eu le temps de me ressaisir. Je n'oublierai jamais la sensation qui m'a traversé le cœur lorsque j'ai regardé pour la première fois vers la fosse. J'ai vu une montée progressive des têtes. Tous les yeux étaient fixés sur moi et la sensation qu'ils transmettaient était terriblement impressionnante ; mais les yeux vifs et pénétrants de M. Garrick, projetant leur éclat du centre de l'orchestre, étaient, entre tous les autres, les objets les plus remarquables.[24]

À mesure que je prenais du courage, je trouvais les applaudissements croissants ; et la nuit se termina par des éclats d'approbation bruyants. J'ai été complimenté de toutes parts ; mais l'éloge d'un objet auquel je souhaitais le plus plaire était flatteur jusqu'à la vanité humaine. J'éprouvais alors, pour la première fois de ma vie, une satisfaction que le langage ne pouvait exprimer. J'ai entendu l'un des hommes les plus fascinants et les génies les plus distingués de l'époque m'honorer d'une approbation partielle. Une sensation nouvelle parut s'éveiller dans mon sein ; J'éprouvais cette émulation que l'âme se plaît à encourager, où la gloire plaira à l'objet estimé. Je n'avais connu jusqu'à cette époque aucune impulsion autre que celle de l'amitié ; J'avais été un exemple de fidélité conjugale ; mais je n'avais jamais connu les périls auxquels le cœur sensible est soumis dans une union de regards totalement indépendante des affections de l'âme.

Le deuxième personnage que j'ai joué était Amanda, dans « A Trip to Scarborough ».[25] La pièce a été modifiée à partir de « Relapse » de Vanbrugh ; et le public, croyant qu'il s'agissait d'une pièce nouvelle, se sentant trompé, exprima une désapprobation considérable. J'ai été terrifié au-delà de toute imagination lorsque Mme Yates, ne pouvant plus supporter les sifflements du public, a quitté la scène et m'a laissé seul face à la tempête des critiques. Je restai debout quelques instants comme si j'avais été pétrifié. M. Sheridan, de l'aile latérale, m'a demandé de ne pas quitter les planches ; feu le duc de Cumberland,[26] depuis la loge, m'a dit de prendre courage : « Ce n'est pas vous, mais la pièce, sifflent-ils, » dit Son Altesse Royale. J'ai fait la révérence ; et cette révérence parut électrifier toute la salle, car un tonnerre d'applaudissements encourageants suivit. La comédie a été laissée se poursuivre et est à cette heure une pièce de théâtre au Drury Lane Theatre.

Le troisième personnage que j'ai joué était Statira , dans "Alexandre le Grand". M. Lacey, alors l'un des propriétaires du Drury Lane Theatre, était le héros de la soirée, et le rôle de Roxana était interprété par Mme Melmoth . Je fus encore reçu avec un *éclat* qui satisfit ma vanité. Ma robe était blanche et bleue, confectionnée d'après le costume persan ; et quoique ce fût alors singulier sur scène, je ne portais ni cerceau ni poudre ; mes pieds étaient liés par des sandales richement ornées, et toute la tenue était pittoresque et caractéristique.

Bien que j'aie toujours été reçu avec l'approbation la plus flatteuse, les personnages dans lesquels j'étais le plus populaire étaient Ophélie, Juliette et Rosalinde. Palmira était également l'une de mes représentations les plus approuvées. Le dernier personnage que j'ai joué était Sir Harry Revel, dans la comédie de Lady Craven "The Miniature Picture" ; et la chanson épilogue de "The Irish Widow"[27] fut mon dernier adieu au travail de ma profession.

M. Sheridan m'a alors informé qu'il souhaitait que je m'habitue à apparaître dans la comédie, car la tragédie semblait évidemment, ainsi que mon *point fort* , être ma préférence. En même temps, il m'a fait savoir qu'il souhaitait que je joue un rôle dans « L'École du scandale ». J'étais maintenant si déformé par ma taille croissante que j'ai présenté mes excuses, informant M. Sheridan que je devrais probablement être confiné dans ma chambre au moment où sa pièce depuis toujours célèbre ferait sa première apparition. Il a accepté les excuses et, peu de temps après, j'ai donné au monde ma deuxième enfant, Sophia. Je résidais maintenant à Southampton Street, Covent Garden.

Avant cet événement, j'ai eu ma soirée-bénéfice, au cours de laquelle j'ai joué le rôle de Fanny, dans "Le Mariage Clandestin". M. King, le Lord Ogleby ; Mlle Pope, Mlle Sterling ; et Mme Heidelberg, Mme Hopkins.

Les attentions de M. Sheridan à mon égard étaient incessantes. Il prenait plaisir à promouvoir ma conséquence au théâtre ; il louait mes talents et s'intéressait à mon confort domestique. J'ai été fiancé avant mes débuts et j'ai reçu ce qui était alors considéré comme un beau salaire. Mon bénéfice a été flatté.

Les loges étaient remplies de personnes du plus haut rang et du plus haut rang, et j'attendais avec délice la célébrité et la fortune.

Au bout de six semaines, j'ai perdu mon bébé. Elle expira dans mes bras en convulsions, et ma détresse fut indescriptible. Le jour de sa dissolution, M. Sheridan m'a rendu visite ; le petit malade était sur mes genoux et je le regardais avec une angoisse angoissante . Cinq mois s'étaient alors écoulés depuis que M. Sheridan m'avait été présenté pour la première fois ; et bien que, pendant cette période, j'aie vu de nombreuses preuves de sa sensibilité exquise, je n'en ai jamais vu une qui ait autant impressionné mon esprit que sa physionomie en entrant dans mon appartement. Il a probablement oublié le sentiment du moment, mais je me souviendrai à jamais de son impression.

Je n'avais pas le pouvoir de parler. Tout ce qu'il a dit, c'est : "Belle petite créature !" en même temps je regardais mon enfant et je soupirais avec une tristesse sympathique qui pénétrait mon âme. Avais-je jamais entendu un tel soupir sortir du sein d'un mari ? Hélas! Je n'ai jamais connu le doux et apaisant réconfort de la sympathie conjugale ; Je n'ai jamais été aimé de celui que le destin a désigné pour être le maître légal de mes actions. Je ne condamne pas M. Robinson; Je sais trop bien que nous ne pouvons pas commander nos affections. Je déplore seulement qu'il n'ait pas observé quelque décence dans ses infidélités ; et qu'en satisfaisant son propre caprice, il oubliait combien il exposait sa femme aux mortifications les plus dégradantes.

La mort de Sophia a si profondément affecté mon moral que j'ai été rendu totalement incapable de réapparaître cette saison-là. J'obtins donc la permission de M. Sheridan de visiter Bath pour retrouver mon repos. De Bath, je suis allé à Bristol… à Bristol ! Pourquoi ma plume semble-t-elle soudainement arrêtée pendant que j'écris le mot ? Je ne sais pourquoi, mais une mélancolie indéfinissable accompagne toujours l'idée de mon pays natal. Je contemple aussitôt l'édifice gothique, les cloîtres solitaires, les nefs élevées de l'antique cathédrale, car, à quelques pas de son mur, ce sein, qui n'a jamais connu une année de bonheur, palpitait d'abord en respirant l'air. de ce mauvais monde ! Est-ce dans son enceinte consacrée que ce cœur va bientôt moisir ? Dieu seul le sait, et devant sa volonté je m'incline implicitement.

Je transcris ce passage le 29 mars 1800. Je sens ma santé se dégrader, mon esprit brisé. Je regarde en arrière sans regret car tant de mes jours sont comptés ; et, s'il était en mon pouvoir de choisir, je ne voudrais pas les mesurer à nouveau. Mais où vais-je ? Je reprends mon triste récit.

Toujours inquiet, toujours perplexe face à de douloureuses sollicitudes, je retournai à Londres. Cela faisait plusieurs mois que je n'avais pas terminé ma dix-neuvième année. A mon arrivée, je pris un logement à Leicester Square. M. Sheridan est venu me voir à mon retour en ville et m'a communiqué le triste sort de M. Thomas Linley,[28] le défunt frère de Mme Sheridan, — il s'est malheureusement noyé chez le duc d' Ancaster . Quelques jours plus tard, M. Sheridan me rendit de nouveau visite, avec une proposition d'engagement pour jouer pendant l'été au théâtre de M. Colman à Haymarket.[29] J'avais refusé plusieurs offres des directeurs provinciaux et je sentais un sentiment d'inquiétude. une aversion presque insurmontable à l'idée de flâner. M. Sheridan m'a néanmoins fortement recommandé d'accepter l'offre de M. Colman ; et je finis par y consentir, à condition que les personnages que je devais interpréter fussent choisis et limités. M. Colman y consentit volontiers.

Le premier rôle qui fut placé sur la liste fut Nancy Lovel, dans la comédie "Le Suicide". J'ai reçu le personnage écrit et j'ai attendu la répétition ; mais mon étonnement fut infini quand je vis le nom de Miss Farren[30] annoncé dans les factures. J'ai écrit une lettre à M. Colman pour lui demander une explication. Il répondit qu'il avait promis le rôle à Miss Farren, qui avait ensuite joué une ou deux saisons au Haymarket Theatre. Je me suis senti insulté. J'ai insisté pour que M. Colman remplisse son engagement ou pour me donner la liberté de quitter Londres : il a refusé cette dernière. J'ai demandé à jouer le rôle de Nancy Lovel. M. Colman était trop partial envers Miss Farren pour risquer de l'offenser. Je refusai de jouer jusqu'à ce que ce premier personnage me soit restitué, comme par accord, et l'été se passa sans que je joue une seule fois, bien que mon salaire fût payé chaque semaine et régulièrement.

Au cours de l'hiver suivant, j'interprétai, avec une approbation croissante, les personnages suivants :

Ophélie, dans "Hamlet".

Viola, dans "La Douzième Nuit".

Jacintha, dans « Le mari suspect ».

Fidelia, dans "The Plain Dealer".

Rosalind, dans "Comme vous l'aimez".

Oriana, dans "L'Inconstant".

Octavia, dans "Tout pour l'amour".

Perdita, dans "Le Conte d'hiver".

Palmira, dans « Mahomet ».

Cordélia, dans "Le Roi Lear".

Alinda, dans "La loi de Lombardie".

La veuve irlandaise.

Araminta, dans "Le vieux célibataire".

Sir Harry Revel, dans "Le tableau miniature".

Emily, dans "La Fugue".

Miss Richley, dans "La Découverte".

Statira , dans « Alexandre le Grand ».

Juliette, dans "Roméo et Juliette".

Amanda, dans "Le voyage à Scarborough".

Lady Anne, dans "Richard III".

Imogène, dans "Cymbeline".

Lady Macbeth,[31] dans « Macbeth », etc.

C'est maintenant que j'ai commencé à connaître les périls liés à une vie dramatique. C'est à cette époque que se présentèrent les tentations les plus séduisantes pour m'éloigner des sentiers de la tranquillité domestique, du bonheur domestique, je ne peux pas le dire, car mon destin n'a jamais été de le connaître. Mais j'avais encore la consolation d' un nom intact. J'avais le plus grand patronage féminin, un cercle d'amis les plus respectables et partiaux.

Durant cette période, j'ai reçu la visite quotidienne de mes meilleures mères. Mon plus jeune frère était parti l'hiver précédent pour Livourne, où mon aîné était établi depuis de nombreuses années comme marchand de la plus haute respectabilité.

Si je devais citer les noms de ceux qui ont tenté la fortune dans ce moment de péril public, je pourrais susciter quelques reproches dans bien des familles du monde à la mode. Parmi ceux qui offraient le plus généreusement d'acheter mon indiscrétion, il y avait feu le duc de Rutland ; un règlement de six cents livres par an fut proposé comme moyen de m'éloigner complètement de mon mari. J'ai refusé l'offre. Je souhaitais rester, aux yeux du public, digne de son patronage. Je n'entrerai pas dans le détail des tentations qui assaillirent mon courage.

Les attentions flatteuses et zélées dont faisait preuve M. Sheridan contrastaient de façon frappante avec la négligence marquée et croissante de mon mari. J'ai découvert maintenant qu'il soutenait deux femmes, dans une même maison, à Maiden Lane, à Covent Garden. L'un était danseur artistique au Drury Lane Theatre ; l'autre, une femme au libertinage déclaré. Il passait avec cela toutes les heures qu'il pouvait me voler ; et je constatai que mon salaire était parfois insuffisant par rapport aux dépenses encourues par le cercle élargi de nouvelles connaissances que M. Robinson avait formé depuis mon apparition dans la scène dramatique. Ajouté à cela, les créanciers des obligations devinrent si bruyants, que tous mes bénéfices furent affectés à leurs demandes ; et la deuxième année après mon apparition au Drury Lane Theatre, M. Robinson m'a une fois de plus persuadé de faire une visite à Tregunter .

Je fus maintenant reçu avec plus de civilité et plus chaleureusement que je ne l'avais été lors de toute autre arrivée. Même si le caractère sacré des manières de Miss Robinson condamnait une vie dramatique, le travail était jugé rentable, et la prétendue immoralité était par conséquent tolérée ! Si répugnante que fût cette visite, j'espérais qu'elle favoriserait l'intérêt de mon mari et confirmerait sa réconciliation avec son père ; Je résolus donc de l'entreprendre. Je sentais maintenant que je pouvais subvenir honorablement à mes besoins ; et la conscience de l'indépendance est la seule vraie félicité dans ce monde d'humiliations.

M. Harris était maintenant établi à Tregunter House, et plusieurs partis furent formés, tant au pays qu'à l'étranger, pour mon amusement. J'étais consulté comme l'oracle même des modes ; J'étais regardé et examiné avec la curiosité la plus curieuse. Mme Robinson, la jeune actrice prometteuse, était un personnage bien différent de Mme Robinson qui, accablée de chagrins, était venue demander asile sous le toit de l'ostentation vulgaire. Je ne restai que quinze jours au Pays de Galles, puis je revins à Londres pour préparer l'ouverture du théâtre.

Nous nous sommes arrêtés à Bath en allant en ville, où M. Robinson a rencontré M. George Brereton, avec qui, à Newmarket, il avait fait la connaissance quelque temps auparavant. M. Brereton était un homme fortuné et marié à sa belle cousine, fille du major Brereton, alors maître des cérémonies à Bath. Autrefois , M. Robinson devait une somme d'argent à M. George Brereton, pour laquelle il avait donné un billet à ordre. A notre arrivée à Bath, nous reçumes la visite de ce créancier, qui assura à M. Robinson qu'il n'était pas pressé de payer sa note, et en même temps nous pressa très instamment de rester quelques jours dans cette ville à la mode. Nous n'étions pas pressés de retourner à Londres, ayant encore plus de trois semaines de vacances. Nous résidions au « Three Tuns », une des meilleures auberges, et M. Brereton était en toutes occasions particulièrement attentif.

Le motif de cette assiduité me fut enfin révélé par une déclaration d'amour violente et fervente, qui m'étonna et me laissa perplexe. Je savais que M. Brereton était d'un caractère des plus impétueux ; qu'il avait combattu de nombreux duels ; qu'il était capable de n'importe quel outrage ; et qu'il avait mon mari entièrement en son pouvoir. Toutes les avances qu'il avait la témérité de faire étaient de ma part rejetées avec indignation. Je n'avais pas la résolution d'informer M. Robinson de son danger, et je pensais que la seule chance d'y échapper était de partir immédiatement pour Bristol, où je voulais passer quelques jours avant mon retour dans la métropole.

Le lendemain matin, alors que nous quittions l'auberge de Temple Street pour visiter Clifton, M. Robinson fut arrêté à la demande de M. George Brereton, qui attendait lui-même dans une chambre haute pour voir l'ordonnance exécutée. J'oublie la somme exacte pour laquelle M. Robinson avait donné son billet à ordre, mais je me souviens bien que cette somme dépassait ses moyens de payer. Notre consternation était indescriptible.

Quelques minutes plus tard, j'ai été informé qu'une dame souhaitait me parler. Concluant qu'il s'agissait d'une vieille connaissance, et heureux de sentir que, dans ce dilemme embarrassant, j'avais encore un ami à qui parler, j'ai suivi le serveur dans une autre pièce. M. Robinson a été arrêté par l'agent du shérif.

En entrant dans l'appartement, j'aperçus M. Brereton.

"Eh bien, madame," dit-il avec un sourire sarcastique, "vous avez mis votre mari dans un joli embarras ! Si vous n'aviez pas été sévère envers moi, non seulement cette misérable dette aurait été annulée, mais toute somme que je pourrais commander aurait été à son service. Il doit maintenant soit me payer, soit me combattre, soit aller en prison et tout cela parce que vous me traitez avec une rigueur sans exemple .

Je l'ai supplié de réfléchir avant de me conduire à la distraction.

« J'ai réfléchi, dit-il, et je trouve que vous possédez le pouvoir de faire de moi ce que vous voudrez. Promettez-moi de retourner à Bath, de vous comporter avec plus de bonté , et je congédierai sur-le-champ votre mari.

J'ai éclaté en sanglots.

"Vous ne pouvez pas être assez inhumain pour proposer de telles conditions !" dis-je.

"L'inhumanité est de votre côté", répondit M. Brereton. "Mais je n'ai pas de temps à perdre ; je dois retourner à Bath ; ma femme est dangereusement malade ; et je ne souhaite pas que mon nom soit exposé dans une affaire de cette nature."

"Alors, pour l'amour du ciel, libérez mon mari !" dis-je. M. Brereton sourit en sonnant et ordonna au garçon de chercher sa voiture. Je perdis alors tout contrôle de moi-même et, avec les invectives les plus sévères, je condamnai l'infamie de sa conduite. « Je retournerai à Bath, » dis-je ; " mais ce sera pour dénoncer vos machinations déshonorantes et barbares. J'informerai cette charmante épouse de la trahison que vous avez agi. Je proclamerai au monde que les arts communs de la séduction ne sont pas assez dépravés pour l'esprit d'un libertin et d'un homme. joueur."

J'ai prononcé ces mots d'un ton de voix si fort qu'il a changé de couleur et m'a demandé d'être discret et patient.

« Jamais, pendant que vous m'insultez et tenez mon mari en votre pouvoir, » dis-je. « Vous avez poussé l'outrage presque jusqu'au bout ; vous avez éveillé tout l'orgueil et tout le ressentiment de mon âme, et je procéderai comme Je pense que c'est correct."

s'efforçait maintenant de me calmer. Il m'a assuré qu'il était animé d'une sincère considération pour moi ; et que, sachant combien mon mari m'estimait peu, il pensait que ce serait un acte de bonté de m'éloigner de lui. « Sa négligence à votre égard justifiera toute mesure que vous pourrez prendre », a-t-il ajouté ; " et c'est un sujet d'étonnement universel que vous, qui en d'autres occasions pouvez agir avec un esprit si convenable, continuez docilement à supporter de telles infidélités de la part d'un mari. " J'ai frémi; car ce plaidoyer avait, dans de nombreux cas, été invoqué comme excuse pour des avances libertines ; et l'indifférence avec laquelle j'étais traité était, au théâtre et dans tout mon cercle d'amis, un sujet de conversation.

Affligé au-delà du pouvoir de l'exprimer face à cette nouvelle humiliation, j'ai arpenté la pièce avec une inquiétude angoissante .

"Comme un tel mari mérite peu une telle femme !" continua M. Brereton ; "Comme il doit être insipide, pour laisser une telle femme pour le sexe le plus bas et le plus dégradé ! Quittez-le et fuyez avec moi. Je suis prêt à faire tous les sacrifices que vous exigerez. Dois-je proposer à M. Robinson de laisser tu pars ? Dois-je lui offrir sa liberté à condition qu'il te permette de te séparer de lui ? Par sa conduite il prouve qu'il ne t'aime pas ; pourquoi alors s'efforcer de le nourrir ?

J'étais presque paniqué.

"Voici, madame," continua M. Brereton après une pause de quatre ou cinq minutes, "voici la libération de votre mari." En disant cela , il jeta un papier écrit sur la table. « Maintenant, ajouta-t-il, je compte sur votre générosité. »

Je tremblais et j'étais incapable de parler. M. Brereton m'a conjuré de me calmer et de cacher ma détresse aux gens de l'auberge. "Je reviendrai à Bath", dit-il. "Je m'attendrai à vous y voir." Il quitta maintenant la pièce. Je l'ai vu monter dans sa chaise et sortir de la porte de l'auberge. Je me suis alors précipité vers mon mari avec la décharge ; et toutes les dépenses liées à l'arrestation étant peu après réglées, nous partîmes pour Bath.

M. Robinson demanda à peine ce qui s'était passé ; mais je lui ai assuré que mes persuasions avaient produit un changement si soudain dans la conduite de M. Brereton. J'ai dit que j'espérais qu'il ne remettrait plus jamais sa liberté entre les mains d'un joueur, ni le repos de sa femme entre les mains d'un libertin. Il semblait insensible au péril qui accompagnait l'un et l'autre.

Attendant des lettres par la poste, nous attendîmes le lendemain, qui était dimanche, à Bath ; cependant, afin d'éviter M. Brereton, nous avons déménagé au White Lion Inn. Mais quel ne fut pas mon étonnement, dans l'après-midi, lorsque, debout à la fenêtre, j'aperçus M. George Brereton marchant de l'autre côté du chemin, avec sa femme et sa non moins aimable sœur ! Je découvris maintenant que l'histoire de sa dangereuse maladie était fausse, et je me flattais de ne pas être vue avant de me retirer de la fenêtre.

Nous nous asseyâmes maintenant pour dîner, et quelques minutes plus tard, M. George Brereton fut annoncé par le serveur. Il me salua froidement et fit aussitôt mille excuses à M. Robinson ; a déclaré qu'il avait payé le billet; qu'il était menacé pour l'argent ; et qu'il était venu à Bristol, bien que trop tard, pour empêcher l'arrestation qui avait eu lieu. M. Robinson a répondu avec scepticisme que cela n'avait désormais que peu d'importance ; et M. Brereton prit congé, disant qu'il aurait l' honneur de nous revoir dans la soirée. Nous n'attendîmes pas sa compagnie, mais aussitôt après le dîner nous partîmes pour Londres.

À mon arrivée en ville, j'ai vu M. Sheridan, dont les manières n'avaient rien perdu de leur intéressante attention. Il continuait à me rendre visite très fréquemment et me donnait toujours les conseils les plus amicaux . Il savait que je n'étais pas correctement protégé par M. Robinson, mais il était trop généreux pour fonder sa satisfaction sur la dénigrement d'autrui. Les moments les plus heureux que je connus alors se passèrent dans la société de cet être distingué. Il m'a vu mal accordé à un homme qui ne m'aimait ni ne m'estimait ; il déplorait mon sort, mais avec une convenance si délicate qu'elle me consolait en me révélant le malheur de ma situation. À mon retour en ville, le duc de Rutland renouvela ses sollicitations. J'ai reçu aussi les professions d'estime et d'admiration les plus illimitées de la part de plusieurs autres personnes. Parmi la liste, je reçus des propositions de nature libertine de la part d'un duc royal, d'un haut marquis et d'un marchand de ville possédant une fortune considérable, transmises par l'intermédiaire de modistes, de fabricants de mantoues, etc. Juste à cette époque, mon frère aîné visitait Angleterre; mais telle était son aversion invincible pour mon métier d'actrice, qu'il ne tenta qu'une seule fois, au cours d'un séjour de quelques mois à Londres, de me voir jouer. Il l'a alors seulement tenté ; car, tandis que j'avançais sur les planches, il quitta son siège dans la tribune et quitta aussitôt le théâtre. Ma chère mère n'avait pas moins d'aversion pour cette poursuite ; elle ne m'a jamais vu sur scène qu'avec un regret douloureux. Heureusement, mon père est resté quelques années hors d'Angleterre, de sorte qu'il ne m'a jamais vu dans mon caractère professionnel.

Ma popularité augmentant chaque soir où j'apparaissais, mes perspectives, à la fois de renommée et de richesse, commençaient à s'éclaircir. Nous avons maintenant loué la maison qui est située entre les Hummums et les Bedford Arms, à Covent Garden ; il avait été construit (je crois) par le docteur Fisher, qui épousa la veuve du célèbre acteur Powel ; mais M. Robinson a pris les locaux de Mme Mattocks, du Covent Garden Theatre. La maison était particulièrement commode à tous égards ; mais surtout en raison de sa proximité avec Drury Lane. Ici, j'espérais profiter au moins de quelques jours joyeux, car je constatais que mon cercle d'amis s'agrandissait presque d'heure en heure.

L'un de ceux qui m'ont prêté le plus d'attention était Sir John Lade. Le bon baronnet, alors à peine majeur, était notre visiteur constant, et les cartes contribuaient à tromper ces soirées qui n'étaient pas consacrées au travail dramatique . M. Robinson a joué plus profondément que ce qui était discret, mais il était, au bout de quelques semaines, un vainqueur très considérable.

À mesure que le jeu prenait de l'influence sur l'esprit de mon mari, le peu d'estime qu'il lui restait pour moi diminuait visiblement. Nous avions désormais des chevaux, un phaéton et des poneys ; et mes modes vestimentaires étaient suivies avec une avidité flatteuse. Ma maison était bondée de visiteurs et mes levées matinales étaient si encombrées que je pouvais à peine trouver une heure tranquille pour étudier. Mon frère était alors rentré en Italie.

M. Sheridan était toujours mon ami le plus estimé. Il me conseilla avec la plus douce inquiétude, et il me prévint du danger que produiraient les dépenses et qui pourraient interrompre les progrès croissants de ma réputation dramatique. Il a vu les trophées que la flatterie jonchait sur mon chemin ; et il déplorait que j'étais de tous côtés entouré de tentations. Il y avait quelque chose de magnifiquement sympathique dans chaque mot qu'il prononçait ; ses avertissements semblaient dictés par un pouvoir prémonitoire, qui lui disait que j'étais destiné à être trompé !

Dans la situation où j'étais à cette époque, il était difficile d'éviter la société de M. Sheridan. Il était directeur du théâtre. Je ne pouvais éviter de le voir et de converser avec lui lors des répétitions et dans les coulisses, et sa conversation était toujours de nature à me fasciner et à me charmer. La brillante réputation qu'il avait justement acquise pour ses talents supérieurs, et la renommée qui était complétée par sa célèbre « école du scandale », l'avaient maintenant rendu si admiré, que toutes les couches du monde courtisaient sa société. Le salon était fréquenté par la noblesse et les hommes de génie ; parmi eux se trouvaient M. Fox[32] et le comte de Derby. La scène était désormais éclairée par les meilleurs critiques et embellie par les plus grands talents ; et il n'est pas peu remarquable que le drame ait été d'une production inhabituellement productive, le théâtre étant plus fréquenté que d'habitude, pendant cette saison où les principaux personnages dramatiques étaient interprétés par des femmes de moins de vingt ans. Parmi eux se trouvaient Miss Farren (maintenant Lady Derby), Miss Walpole (maintenant Mme Atkins), Miss P. Hopkins (maintenant Mme John Kemble) et moi-même.

J'étais alors mariée depuis plus de quatre ans ; ma fille Maria Elizabeth avait presque trois ans. J'avais alors été vu et connu dans tous les lieux publics dès l'âge de quinze ans ; pourtant, je connaissais aussi peu les tromperies du monde que si j'avais été éduqué dans les déserts de Sibérie. Je croyais chaque femme amicale, chaque homme sincère, jusqu'à ce que je découvre des preuves que leurs caractères étaient trompeurs.

J'avais maintenant joué deux saisons, en tragédie et en comédie, avec Miss Farren et feu M. Henderson. Ma première apparition dans Palmira (dans « Mahomet ») eut lieu avec le Zaphna de M. J. Bannister, l'année précédente ; et bien que les extraordinaires pouvoirs comiques de cet excellent acteur et homme aimable aient établi sa réputation de comédien, son premier essai tragique fut considéré comme une soirée des plus prometteuses. La duchesse de Devonshire m'honorait toujours de sa protection et de son amitié, et je possédais également l'estime de plusieurs femmes respectables et distinguées.

La pièce du « Conte d'hiver » était cette saison commandée par Leurs Majestés.[33] Je n'avais jamais joué devant la famille royale ; et le premier personnage dans lequel je devais apparaître était celui de Perdita. J'avais fréquemment joué ce rôle, tant avec l'Hermione de Mme Hartley qu'avec Miss Farren : mais j'ai ressenti un étrange degré d'inquiétude lorsque j'ai vu mon nom annoncé pour le jouer devant la famille royale.[34]

Dans la loge, j'ai été rallié à l'occasion ; et M. Smith, dont les manières courtoises et la conversation éclairée faisaient de lui un ornement pour la profession, qui jouait le rôle de Léontes, s'écria en riant : « Par Jupiter, Mme Robinson, vous ferez une conquête du prince, car ce soir, tu es plus beau que jamais. J'ai souri devant ce compliment immérité, et je ne prévoyais pas la grande variété d'événements qui découleraient de l'exposition de cette nuit-là !

Alors que je me tenais dans l'aile en face de la loge du prince, attendant de monter sur scène, M. Ford, le fils du directeur, et maintenant un respectable défenseur des lois, me présenta un ami qui l'accompagnait ; cet ami était Lord Vicomte Malden, maintenant comte d'Essex.[36]

Nous entamâmes une conversation pendant quelques minutes, le prince de Galles nous observant tout le temps et parlant fréquemment au colonel (maintenant général) Lake et à l' honorable M. Legge, frère de Lord Lewisham, qui attendait sur son navire royal. Altesse. Je me dépêchai de parcourir la première scène, non sans beaucoup d'embarras, à cause de l'attention constante avec laquelle le prince de Galles m'honorait . En effet, quelques remarques flatteuses faites par

Son Altesse Royale me parvinrent à l'oreille alors que je me tenais près de sa loge, et je fus submergé de confusion.

L'attention particulière du prince fut remarquée de tous , et je fus de nouveau rallié à la fin de la pièce. Lors de la dernière révérence, la famille royale a rendu avec condescendance un salut aux interprètes ; mais au moment où le rideau tombait, mes yeux rencontrèrent ceux du prince de Galles, et avec un regard que je n'oublierai jamais, il inclina doucement la tête une seconde fois ; J'ai ressenti le compliment et j'ai rougi de ma gratitude.

Pendant le divertissement, Lord Malden ne cessa de converser avec moi. Il était jeune, agréable et parfaitement accompli. Il remarqua les applaudissements particuliers que le prince avait accordés à ma performance ; dit mille choses civiles ; et me retint en conversation jusqu'à la fin de la représentation de la soirée.

J'allais maintenant vers ma chaise qui attendait, lorsque j'ai rencontré la famille royale qui traversait la scène. J'ai de nouveau été honoré d'un salut très marqué et très bas de la part du prince de Galles. A mon retour à la maison, j'ai eu une fête pour souper ; et toute la conversation était centrée sur des éloges sur la personne, les grâces et les manières aimables de l'illustre héritier présomptif.

Deux ou trois jours après, Lord Malden me fit une visite matinale. M. Robinson n'était pas chez lui et je le reçus assez maladroitement. Mais l'embarras de Sa Seigneurie dépassait de loin le mien. Il essaya de parler, s'arrêta, hésita, s'excusa ; Je ne savais pas pourquoi. Il espérait que je lui pardonnerais ; que je ne mentionnerais pas quelque chose qu'il devait communiquer ; que je considérerais la délicatesse particulière de sa situation, puis agirais comme je le jugerais approprié. Je ne pouvais pas comprendre ce qu'il voulait dire et j'ai donc demandé qu'il soit explicite.

Après quelques instants de rumination évidente, il sortit en tremblant une petite lettre de sa poche. Je l'ai pris et je ne savais que dire. Elle était adressée à Perdita. J'ai souri, je crois plutôt sarcastiquement, et j'ai ouvert le *billet* . Il ne contenait que quelques mots, mais ceux-ci exprimaient une courtoisie plus que commune ; ils étaient signés Florizel .[37]

"Eh bien, mon seigneur, et qu'est-ce que cela signifie ?" dis-je, à moitié en colère.

"Tu ne peux pas deviner l'écrivain ?" » dit Lord Malden.

"Peut-être vous-même, monseigneur", m'écriai-je gravement.

"Sur mon honneur , non", dit le vicomte. "Je n'aurais pas osé vous parler ainsi avec une si courte connaissance."

Je l'ai pressé de me dire de qui venait cette lettre. Il hésita encore ; il semblait confus et désolé d'avoir entrepris de le remettre.

« J'espère que je ne perdrai pas votre bonne opinion », dit-il ; "mais-"

"Mais quoi, monseigneur ?"

"Je ne pouvais pas refuser, car la lettre vient du prince de Galles."

J'étais epoustouflé; J'avoue que j'étais agité ; mais j'étais aussi quelque peu sceptique quant à la véracité de l'affirmation de Lord Malden. Je lui rendis une réponse formelle et douteuse, et Sa Seigneurie prit congé peu après.

Mille fois j'ai lu cette lettre courte mais expressive. Pourtant, je ne croyais pas implicitement qu'il avait été écrit par le prince ; Je considérais plutôt cela comme une expérience faite par Lord Malden, soit sur ma vanité, soit sur la convenance de ma conduite. Le lendemain soir, le vicomte renouvelle sa visite. Nous organisâmes une partie de cartes de six ou sept personnes, et le prince de Galles fut de nouveau l'objet d'un panégyrique sans limites. Lord Malden a parlé des manières de Son Altesse Royale comme des plus raffinées et des plus fascinantes ; de son caractère comme étant le plus engageant ; et de son esprit, le plus rempli de tous les sentiments aimables. J'entendais ces louanges, et mon cœur battait avec une fierté consciente, tandis que ma mémoire se tournait vers la lettre partielle mais délicatement respectueuse que j'avais reçue la veille au matin.

Le lendemain, Lord Malden m'apporta une deuxième lettre. Il m'assura que le prince était très mécontent que je ne sois offensé de sa conduite, et qu'il me conjura d'aller cette nuit-là à l'Oratorio, [38] où il me convaincrait par quelque signal qu'il était l'auteur des lettres. , en supposant que j'étais encore sceptique quant à leur authenticité.

Je suis allé à l'Oratorio ; et, en m'asseyant dans la loge du balcon, le prince m'observa presque instantanément. Il a tenu le billet imprimé devant son visage et a passé sa main sur son front, toujours fixé sur moi. J'étais confus et je ne savais pas quoi faire. Mon mari était avec moi et j'avais peur qu'il observe ce qui se passait. Cependant le prince continuait à faire des signes, comme bouger sa main sur le bord de la boîte comme pour écrire, puis parler au duc d'York[39] (alors évêque d'Osnaburg), qui me regardait aussi avec une attention particulière.

Je vis alors un des messieurs en attente apporter au prince un verre d'eau ; avant de le porter à ses lèvres , il m'a regardé. La conduite de Son Altesse Royale était si marquée que de nombreux spectateurs l'ont remarquée ; plusieurs personnes dans la fosse dirigeaient leurs regards vers l'endroit où j'étais assis ; et, le lendemain, une des gravures diurnes remarqua qu'il y avait un passage de l'Ode de Dryden qui parut particulièrement intéressant au prince de Galles, qui...

"J'ai regardé la foire

Qui a causé ses soins,

Et j'ai soupiré , j'ai regardé et j'ai soupiré encore.

Quelque flatteur qu'il eût pu être pour la vanité féminine de savoir que le prince le plus admiré et le plus accompli de l'Europe m'était dévoué ; Si dangereuse pour le cœur que soit l'idolâtrie que Son Altesse Royale a professée pendant de nombreux mois dans des lettres presque quotidiennes qui m'ont été transmises par Lord Malden, j'ai néanmoins refusé toute entrevue avec Son Altesse Royale. Je n'étais pas insensible à toute sa puissance d'attraction ; Je le considérais comme l'un des hommes les plus aimables. Il y avait dans son langage une belle naïveté, une adoration chaleureuse et enthousiaste, exprimée dans chaque lettre, qui m'intéressait et me charmait. Pendant tout le printemps, jusqu'à la fermeture du théâtre, cette correspondance continua, me donnant chaque jour une nouvelle assurance d'une affection inviolable.

Après avoir correspondu quelques mois sans jamais nous parler (car je refusais toujours de rencontrer Son Altesse Royale, par crainte de l' *éclat* que produirait une telle liaison, et par crainte de lui nuire aux yeux de ses royaux parents), J'ai reçu, par les mains de Lord Malden, le portrait en miniature du prince, peint par feu M. Meyer. Cette photo est maintenant en ma possession. Dans l'étui se trouvait un petit cœur découpé dans du papier, que je possède également ; d'un côté était écrit : *"Je ne change qu'en mourant* ; de l'autre : Inaltérable à ma Perdita pendant toute la vie.

Pendant plusieurs mois de correspondance confidentielle, j'ai toujours offert à Son Altesse Royale les meilleurs conseils en mon pouvoir ; Je rejetais toute pensée sordide et intéressée ; Je lui ai recommandé d'être patient jusqu'à ce qu'il devienne son propre maître ; attendre qu'il en sache davantage sur mon esprit et mes manières, avant de s'engager dans un attachement public envers moi ; et surtout de ne rien faire qui puisse provoquer le mécontentement de la famille de Son Altesse Royale. Je le suppliai de se rappeler qu'il était jeune et entraîné par l'impétuosité de la passion ; que si je consentais à quitter ma profession et mon mari, je serais entièrement abandonnée à sa merci. J'imaginais fortement les tentations auxquelles la beauté l'exposerait ; les nombreux arts qui seraient pratiqués pour me miner dans ses affections ; les injures publiques que la calomnie et l'envie m'infligeraient ; et le malheur que je souffrirais, si, après lui avoir donné toutes les preuves de confiance, il changeait dans ses sentiments à mon égard. A tout cela, je reçus des assurances répétées d'une affection inviolable ; et je crois très fermement que Son Altesse Royale pensait ce qu'il professait ; en effet, son âme était trop naïve, son esprit trop libéral et son cœur trop susceptible, pour tromper avec préméditation, ou pour nourrir ne serait-ce qu'un instant l'idée d'une tromperie délibérée.

A chaque entrevue avec Lord Maiden, je m'apercevais qu'il regrettait la tâche qu'il avait entreprise ; mais il m'a assuré que le prince était presque frénétique chaque fois qu'il suggérait de refuser d'intervenir. Une fois, je me souviens que Sa Seigneurie m'avait dit que feu le duc de Cumberland lui avait rendu visite tôt le matin, dans sa maison de Clarges Street, l'informant que le prince était très malheureux à cause de moi et le suppliant de continuer ses services seulement. encore un peu de temps. L'établissement du prince était alors en agitation ; à cette époque, Son Altesse Royale résidait encore à Buckingham House.

Il fut alors proposé que je rencontre Son Altesse Royale dans ses appartements, sous un déguisement d'homme. J'avais l'habitude de jouer dans ce costume, et le prince m'avait vu, je crois, dans le personnage de la veuve irlandaise. Je m'opposai résolument à ce projet. L'indélicatesse d'une telle démarche, ainsi que le danger d'être découvert, m'ont fait reculer devant cette proposition. Mon refus jeta Son Altesse Royale dans l'agitation la plus pénible, comme l'exprimait la lettre que je reçus le lendemain matin. Lord Malden déplora de nouveau qu'il s'était livré à ces relations sexuelles, et déclara qu'il avait lui-même conçu une passion si violente pour moi qu'il était le plus misérable et le plus malheureux des mortels.

Pendant cette période, bien que M. Robinson fût étranger à mes relations épistolaires avec le prince, sa conduite fut entièrement négligente. Il était parfaitement insouciant de ma renommée et de mon repos ; il passait ses loisirs avec les femmes les plus abandonnées, et même mes propres domestiques se plaignaient de ses avances illicites. Je me souviens d'un homme qui était simple jusqu'à la laideur ; elle était petite, mal faite, sordide et sale ; un jour, au retour d'une répétition, j'ai découvert que cette femme était enfermée avec mon mari dans ma chambre. Je savais aussi que M. Robinson poursuivait ses relations avec une femme qui logeait à Maiden Lane et qui n'était que l'une des rares à prouver son apostasie domestique.

Son indifférence produisait naturellement de mon côté une aliénation d'estime, et l'adoration croissante du plus charmant des mortels réconciliait d'heure en heure mon esprit à l'idée d'une séparation. Les assurances sans limites d'affection durable que j'ai reçues de Son Altesse Royale dans de nombreuses lettres des plus éloquentes, le mépris que j'ai éprouvé de la part de mon mari et le travail perpétuel que j'ai enduré pour son soutien, ont enfin commencé à lasser mon courage. Pourtant, j'étais réticent à devenir le sujet d'une animosité publique, et je continuais à protester auprès de mon mari sur la méchanceté de sa conduite.

[Le récit de Mme Robinson se termine ici.]

CONTINUATION

PAR UN AMI

Parmi les personnes qui ont attiré à diverses époques l'attention du public, il en est peu dont les vertus aient été aussi peu connues, ou dont les caractères aient été aussi injustement estimés, que le sujet du mémoire précédent. Limiter dans des limites étroites les nombreuses circonstances qui ont marqué les dernières années de la vie de Mme Robinson sera une tâche non peu difficile. Les périodes antérieures de son existence, rendues plus intéressantes par le récit de sa propre plume, ont sans doute été à juste titre appréciées par le lecteur réfléchi et sincère, dont elles ne pouvaient manquer d'éveiller la sympathie. Qu'elle n'ait pas vécu pour conclure l'histoire d'une vie à peine moins mouvementée que malheureuse ne peut que susciter un regret sincère.

Les conflits qui ébranlèrent l'esprit et les passions qui se succédèrent dans le sein de Mme Robinson, à l'époque où se termine son récit, une crise peut-être la plus importante de sa vie, peuvent être plus faciles à concevoir qu'à décrire. Un métier laborieux, quoique captivant, dont les profits étaient inégaux aux dépenses de son établissement, et les assiduités de son illustre amant, vers qui elle cherchait naturellement protection, concouraient à diviser son attention et à égarer son esprit inexpérimenté. La partialité de son royal admirateur avait commencé à exciter l'observation, à éveiller la curiosité et à provoquer les passions malignes qui, sous un souci affecté de décorum, prenaient l'apparence de la vertu. Les journaux quotidiens regorgeaient d'allusions à la faveur de Mme Robinson envers « quelqu'un dont les manières étaient irrésistibles et dont le sourire était la victoire ». Ces circonstances, ajoutées aux devoirs constants de Lord Malden, dont les attentions étaient aussi peu comprises qu'interprétées avec méchanceté, conspirèrent à distraire une jeune créature, dont la situation exposée, dont le caractère hésitant et informe, la rendait trop odieuse à mille erreurs et périls. .

Mettre fin à sa correspondance avec le prince paraissait le remède le plus douloureux que pût adopter un cœur fasciné par ses exploits et apaisé par ses professions d'attachement inviolable. Elle savait qu'aux yeux du monde, la réputation de la femme est censée intacte, tandis que le mari, supportant passivement son déshonneur , lui donne la sanction de sa protection. Les milieux de la mode offraient plus d'un exemple de cet acquiescement obligeant aux turpitudes matrimoniales. Si Mme Robinson aurait pu se réconcilier avec ses propres sentiments de rester sous le toit de son mari, dont elle avait perdu la protection, et pour ajouter l'insulte à l'infidélité, les attentions de son illustre admirateur auraient pu donner à sa popularité un *éclat supplémentaire* . Son mari n'aurait pas non plus pu souffrir dans ses perspectives mondaines, d'être un peu complaisamment aveugle aux motivations de son royal visiteur. Mais sa naïveté ne lui permettait pas de faire de l'homme pour lequel elle avait autrefois éprouvé de l'affection un objet de ridicule et de mépris. Elle résolut donc de braver le monde, et, pour se soutenir contre ses censures, de compter sur la protection et l'amitié de celui à qui elle sacrifiait son respect.

Les directeurs du Drury Lane Theatre, soupçonnant que Mme Robinson avait l'intention, à la fin de la saison, de se retirer de la scène, n'ont omis aucun moyen qui pourrait tendre à l'engager à renouveler ses engagements. Dans cette optique, ils lui proposèrent une avance considérable sur son salaire, tandis qu'à leurs sollicitations, elle répondait de manière indécise. S'élevant d'heure en heure dans une profession à laquelle elle était attachée avec enthousiasme, les applaudissements publics, que son apparence ne manquait jamais d'exciter, étaient trop gratifiants pour qu'on y renonce sans regret.

Durant cette irrésolution, elle fut persécutée par de nombreuses lettres anonymes, qu'elle continua à traiter avec dérision ou mépris. La correspondance entre Mme Robinson et le prince n'avait jusqu'alors été qu'épistolaire. Ces relations avaient duré plusieurs mois, Mme Robinson n'ayant pas eu assez de courage pour risquer une entrevue personnelle et défier les reproches du monde.

Enfin, après de nombreuses alternances de sentiments, une entrevue avec son royal amant fut consentie par Mme Robinson, et proposée, par la direction de Lord Malden, d'avoir lieu à la résidence de sa seigneurie dans Dean Street, Mayfair. Mais la situation restreinte du prince, contrôlé par un tuteur rigide, rendait ce projet d'exécution difficile. Une visite à Buckingham House fut alors évoquée ; ce à quoi Mme Robinson s'opposa positivement, comme une tentative téméraire, pleine de périls pour son auguste admirateur. Lord

Maiden étant de nouveau consulté, il fut décidé que le prince rencontrerait Mme Robinson pendant quelques instants à Kew,[41] sur les bords de la Tamise, en face du vieux palais, alors résidence d'été des princes aînés. Pour le récit de cet incident, un extrait d'une lettre de Mme Robinson, écrite quelques années plus tard, à un ami estimé et décédé depuis, qui, pendant la période de ces événements, résidait en Amérique, ne sera peut-être pas inacceptable pour le lecteur. La date de cette lettre est en 1783.

La Première Rencontre de Mme Robinson et du Prince de Galles Gravure originale d'Adrien Marcel

"Enfin, un soir fut fixé pour cette entrevue tant redoutée. Lord Maiden et moi dînâmes à l'auberge de l'île entre Kew et Brentford. Nous attendîmes le signal pour traverser la rivière dans un bateau qui avait été engagé à cet effet. Ciel je peux voir combien de conflits mon cœur agité a enduré dans ce moment si important ! J'admirais le prince ; j'étais reconnaissant pour son affection le plus attachant des êtres créés avec lui pendant plusieurs mois, et ses lettres éloquentes. la sensibilité exquise qui respirait dans chaque ligne, ses ardentes professions d'adoration, s'étaient réunies pour ébranler ma faible résolution. Le mouchoir était agité sur la rive opposée, mais le signal était, au crépuscule de la soirée, rendu presque imperceptible. J'ai pris ma main, je suis monté dans le bateau et, quelques minutes plus tard , nous avons débarqué devant les portes de fer du vieux palais de Kew. L'entretien n'a duré qu'un instant. Le prince de Galles et le duc d'York (alors évêque d'Osnaburg) étaient. en descendant l'avenue. Ils se sont empressés de nous rencontrer. Quelques mots, à peine articulés, furent prononcés par le prince, lorsqu'un bruit de gens venant du palais nous fit sursauter. La lune se levait maintenant ; et l'idée d'être entendu, ou de voir Son Altesse Royale sortir à une heure aussi inhabituelle, terrifiait tout le groupe. Après quelques paroles encore des plus affectueuses prononcées par le prince, nous nous séparâmes, et Lord Maiden et moi retournâmes sur l'île. Le prince ne quitta jamais l'avenue ni la présence du duc d'York pendant toute cette courte entrevue. Hélas! mon ami, si mon esprit était auparavant influencé par l'estime, il s'éveillait maintenant à l'admiration la plus enthousiaste. Le rang de prince ne faisait plus peur à celui qui le considérait désormais comme l'amant et l'ami. Les grâces de sa personne, la douceur irrésistible de son sourire, la tendresse de sa voix mélodieuse mais virile, resteront dans ma mémoire jusqu'à ce que chaque vision de cette scène changeante soit oubliée.

" Nombreuses et fréquentes furent les entrevues qui eurent ensuite lieu dans cet endroit romantique ; nos promenades duraient parfois jusqu'à minuit passé ; le duc d'York et lord Malden étaient toujours de la partie ; notre conversation était composée de sujets généraux. Le prince avait de son J'ai été entièrement isolée et j'ai naturellement pris beaucoup de plaisir à converser sur le monde occupé, ses mœurs et ses activités, ses personnages et ses paysages. Rien ne pouvait être plus délicieux ou plus rationnel que nos déambulations nocturnes. Je portais toujours un habit de couleur sombre , le reste de ma vie. notre groupe s'enveloppait généralement de capotes pour se déguiser, à l'exception du duc d'York, qui nous alarmait presque universellement par l'étalage d'un habit chamois, la couleur la plus voyante qu'il aurait pu choisir pour une aventure de cette nature. L' ingénuité polie et fascinante. Les manières de Son Altesse Royale ne contribuèrent pas peu à égayer nos promenades. Il chantait avec un goût exquis, et les tons de sa voix brisés sur le silence de la nuit ont souvent semblé à mes sens ravis comme une mélodie plus qu'une mélodie mortelle. J'ai souvent déploré la distance que le destin avait mise entre nous. Comment mon âme aurait-elle idolâtré un tel mari ! Hélas! combien de fois, dans l'enthousiasme ardent de mon âme, ai-je formé le vœu que cet être fût à moi seul ! vers qui des millions de personnes devaient chercher protection.

« Le duc d'York était maintenant sur le point de quitter le pays pour Hanovre ; le prince était également sur le point de recevoir son premier établissement ; et la crainte que son attachement à une femme mariée puisse nuire à Son Altesse Royale dans l'opinion du Le monde rendait de la plus haute importance la prudence que nous observions invariablement. Un temps considérable s'écoulait dans ces délicieuses scènes de bonheur visionnaire, l'attachement du prince semblait croître de jour en jour, et je me considérais comme le plus heureux des êtres humains que nous ayons eus . J'ai apprécié nos rencontres dans le quartier de Kew, et je note qu'il attendait seulement avec impatience l'aménagement de l'établissement de Son Altesse Royale pour l'aveu public de notre attachement mutuel.

"J'avais renoncé à ma profession. Le dernier soir de mon apparition sur scène, j'ai représenté le personnage de Sir Harry Revel, dans la comédie de "The Miniature Picture", écrite par Lady Craven,[42] et "The Irish Widow". ' En entrant dans la loge, j'informai M. Moody, qui jouait la farce, que je ne viendrais plus après cette nuit et, m'efforçant de sourire pendant que je chantais, je répétai :

' Oh joie pour vous tous dans toute sa mesure,

    Alors souhaite et prie la veuve Brady ! »

qui étaient les dernières lignes de ma chanson dans « The Irish Widow ». Cet effort pour cacher l'émotion que j'éprouvais en quittant un métier que j'aimais avec enthousiasme fut de courte durée, et j'éclatai en larmes en me présentant. Mon regret de me rappeler que je foulais pour la dernière fois les planches où j'avais si souvent reçu les plus gratifiants témoignages d'approbation publique ; où l'effort mental avait été enhardi par la valeur privée ; que je fuyais une heureuse certitude, peut-être pour poursuivre une déception fantôme, a presque accablé mes facultés et m'a privé pendant quelque temps de la faculté d'articuler. Heureusement, la personne sur scène qui m'accompagnait a dû commencer la scène, ce qui m'a laissé le temps de me ressaisir. Cependant, j'étais machinalement ennuyé par les affaires de la soirée, et, malgré les expressions enthousiastes et les applaudissements du public, j'ai été plusieurs fois près de m'évanouir.

« Les journaux quotidiens complaisaient maintenant la méchanceté de mes ennemis par les paragraphes les plus scandaleux concernant le prince de Galles et moi-même. Je trouvai qu'il était maintenant trop tard pour arrêter le torrent croissant d'injures qui se déversait sur moi de toutes parts. apparaissant en public, j'étais accablé par les regards de la multitude, j'étais souvent obligé de quitter le Ranelagh, à cause de la foule que la curiosité s'était rassemblée autour de ma loge, et, même dans les rues de la métropole, j'osais à peine entrer ; J'ai attendu plusieurs heures que la foule qui entourait ma voiture se soit dispersée, dans l'attente que je quitte la boutique. Je ne peux réprimer un sourire devant l'absurdité d'une telle démarche, quand je me souviens de cela pendant près de trois heures. Au fil des saisons, j'étais presque tous les soirs sur scène, et que j'avais alors passé près de cinq ans avec M. Robinson dans tous les lieux de divertissement à la mode. Vous, mon cher monsieur, dans vos repaires tranquilles de simplicité transatlantique, aurez quelques difficultés à y parvenir. en réconciliant ces choses dans votre esprit – ces cas inexplicables d'absurdité nationale. Pourtant, c'est ainsi. Je suis bien assuré que si un être possédant plus que des dons humains visitait ce pays, il connaîtrait l'indifférence, voire la négligence totale, tandis qu'un mortel moins digne pourrait être vénéré comme l'idole de son époque, s'il était murmuré dans la notoriété. les commentaires de la multitude. Mais Dieu merci ! mon cœur n'était pas formé dans le moule d'une effronterie insensible. Je frémis devant le gouffre qui s'offrait à moi, et éprouvais une petite satisfaction à savoir avoir fait un pas que beaucoup de ceux qui condamnaient n'auraient pas été moins disposés à imiter s'ils avaient été placés dans la même situation.

"Avant mon premier entretien avec Son Altesse Royale, dans une de ses lettres, j'ai été étonné de trouver une caution de la nature la plus solennelle et la plus contraignante contenant une promesse de la somme de vingt mille livres, à payer au terme de son mandat royal. Altesse arrive à maturité.

" Ce papier était signé par le prince et scellé des armes royales. Il était exprimé en termes si libéraux, si volontaires, si marqués d'une véritable affection, que j'avais à peine la force de le lire. Mes larmes, excitées par les sentiments les plus angoissants . Ces conflits obscurcissaient les lettres et effaçaient presque les sentiments qui resteront imprimés dans mon esprit jusqu'à la dernière période de mon existence. Cependant, je me sentais choqué et mortifié à l'idée indélicate de contracter des engagements pécuniaires avec un prince pour lequel. Je comptais sur cet établissement pour jouir de tout ce qui rendait la vie désirable. J'étais surpris de le recevoir ; l'idée de l'intérêt ne m'était jamais venue à l'esprit. En sécurité dans son cœur, j'avais compté dans cette délicieuse certitude tous mes trésors futurs. J'avais refusé de nombreux cadeaux splendides que Son Altesse Royale m'avait proposé de commander chez Grey's et chez d'autres bijoutiers . Le prince m'a présenté quelques bijoux insignifiants, dont la valeur totale n'excédait pas cent guinées. Même ceux-là, lors de notre séparation, je suis revenu auprès de Son Altesse Royale par les mains du général Lake.

« L'époque qui approchait allait détruire toutes les visions féeriques qui remplissaient mon esprit de rêves de bonheur. Au moment où tout se préparait pour l'établissement de Son Altesse Royale, où j'attendais avec impatience l'arrivée du jour où je pourrais voici mon ami adoré recevant gracieusement les acclamations de ses futurs sujets, alors que je pouvais jouir de la protection publique de cet être pour lequel j'ai tout abandonné, je reçus une lettre de Son Altesse Royale, une lettre froide et méchante m'informant brièvement que ' nous ne devons plus nous rencontrer !

"Et maintenant, mon ami, permettez-moi de prendre Dieu à témoin que j'ignorais pourquoi cette décision avait eu lieu dans l'esprit de Son Altesse Royale. Deux jours seulement avant que cette lettre soit écrite, j'avais vu le prince à Kew, et son l'affection semblait illimitée car intacte.

"Étonné, affligé, au-delà du pouvoir de l'expression, j'écrivis immédiatement à Son Altesse Royale, lui demandant une explication. Il resta silencieux. J'écrivis de nouveau , mais je ne reçus aucune élucidation de ce mystère le plus cruel et le plus extraordinaire. Le prince était alors à Windsor. Je partis dans un petit phaéton à poney, misérable et seul accompagné de personne sauf de mon postillon (un enfant de neuf ans). Il faisait presque nuit lorsque nous quittâmes Hyde Park Corner. À mon arrivée à Hounslow, l'aubergiste m'informa que. toutes les voitures qui avaient traversé la lande au cours des dix dernières nuits avaient été attaquées et pillées. J'avoue que l'idée d'un danger personnel ne faisait pas peur à mon esprit dans l'état où il était alors, et la possibilité de l'anéantissement, débarrassée du crime de suicide. , encouragea plutôt que diminua ma détermination d'avancer. Nous étions à peine arrivés au milieu de la bruyère que mes chevaux furent surpris par l'apparition soudaine d'un homme se précipitant sur le bord de la route. Le garçon, en l'apercevant, éperonna instantanément son poney. , et, par un bond soudain de notre véhicule léger, le voyou manqua sa prise sur la rêne avant. Nous avancions maintenant à toute vitesse, tandis que le footpad courait pour tenter de nous dépasser. Enfin, mes chevaux dépassant heureusement la persévérance de l'assaillant, nous atteignîmes en toute sécurité la première « Magpie », une petite auberge sur la bruyère. L'inquiétude que, malgré ma résolution, cette aventure avait créée, s'augmenta lorsque je me rappelai pour la première fois que j'avais alors dans mon stock noir un brillant étalon d'une valeur très considérable, qui ne pouvait avoir été possédé que par le voleur en étranglant le porteur.

" Si mon cœur palpitait de joie à l'idée d'avoir échappé à l'assassinat, une circonstance se produisit peu après et qui ne tendit pas à apaiser mon émotion. C'était l'apparition de M. H. Meynell et de Mme A.... Mon âme inquiétante vit instantanément un rival, et, avec un empressement jaloux, interpréta la conduite jusqu'alors inexplicable du prince par le fait qu'il avait fréquemment exprimé son désir de connaître cette dame.

"À mon arrivée, le prince ne voulait pas me voir. Mes angoisses étaient désormais indescriptibles . J'ai consulté Lord Malden et le duc de Dorset, dont l'esprit honorable et l'amitié véritablement désintéressée avaient été illustrés à de nombreuses reprises à mon égard. Ils étaient tous deux perdus. Pour deviner la cause de ce changement soudain dans les sentiments du prince, le prince de Galles avait jusqu'alors assidûment cherché les occasions de me distinguer plus publiquement qu'il n'était prudent dans la situation de Son Altesse Royale. C'était le 4 août précédent. June Je me rendis, par son désir, dans la loge du chambellan au bal du soir d'anniversaire ; l'observation pénible du cercle fut attirée vers la partie de la loge dans laquelle j'étais assis par les attentions marquées et peu judicieuses de Son Altesse Royale où je n'avais pas été. Arrivé plusieurs minutes avant d'être témoin d'une espèce singulière de coquetterie à la mode, avant que Son Altesse ne commence son menuet, j'aperçus une femme de haut rang choisir dans le bouquet qu'elle portait deux boutons de roses, qu'elle offrit au prince, comme il me l'apprit plus tard. , emblématique d'elle-même et de lui. J'ai vu Son Altesse Royale faire immédiatement signe à un noble, qui faisait depuis partie de son établissement, et, me regardant avec le plus grand sérieux, murmurer quelques mots, en lui présentant en même temps son trophée nouvellement acquis dans quelques instants. Lord C... entra dans la loge du chambellan et, me remettant les boutons de rose, m'informa qu'il avait été chargé par le prince de le faire. Je les mis dans mon sein et, je l'avoue, je me sentis fier du pouvoir avec lequel ils le faisaient. J'ai ainsi publiquement mortifié un rival exalté. Son Altesse Royale m'a maintenant ouvertement distingué dans tous les lieux publics de divertissement, à la chasse du roi près de Windsor, aux revues et aux théâtres. Le prince semblait seulement heureux de me témoigner son affection.

"Comme le changement dans mes sentiments a donc été terrible ! Et je répète encore une fois très solennellement que j'ignorais totalement toute cause juste pour un changement aussi soudain.

« Mes « bons amis » m'informèrent alors soigneusement de la multitude d'ennemis secrets qui étaient toujours employés à m'éloigner de l'esprit du prince. Un amant si fascinant, si illustre ne pouvait manquer d'exciter l'envie de mon propre sexe. de toutes les descriptions, j'avais envie d'attirer l'attention de Son Altesse Royale. Hélas ! je n'avais ni rang ni pouvoir pour m'opposer à de tels adversaires. Toutes les machines de la méchanceté féminine étaient mises en mouvement pour détruire mon repos, et chaque petite calomnie était répétée avec des récits décuplés. Les mensonges les plus infâmes et les plus flagrants ont été inventés, et j'ai été de nouveau assailli par des brochures, des paragraphes, des caricatures et toute l'artillerie de la calomnie, tandis que le seul être vers qui j'avais alors recherché protection était dans une situation telle qu'il ne pouvait pas pour se le permettre.

« Ainsi perplexe, je vous ai écrit, mon ami, et j'ai imploré votre avis. Mais vous étiez loin ; votre âme ravie était absorbée à chérir la plante de la liberté humaine, qui a depuis fleuri avec une splendeur indépendante sur vos heureuses provinces. J'attends l'arrivée du paquet, mais aucune réponse ne me fut donnée. Dans l'angoisse de mon âme , je m'adressai une fois de plus au prince de Galles ; je me plaignis, peut-être avec trop de véhémence, de son injustice et des calomnies de mes ennemis ; fabriqué contre moi, du mensonge dont il n'était que trop sensible. Je l'ai conjuré de me rendre justice. Il l'a fait, il m'a écrit une lettre des plus éloquentes, rejetant les causes alléguées par un monde calomniateur, et m'acquittant pleinement de la justice. accusations qui avaient été propagées pour me détruire.

"Je résidais maintenant dans Cork Street, Burlington Gardens. La maison, qui était soignée, mais en aucun cas splendide, avait été récemment aménagée pour la réception de la comtesse de Derby, lors de sa séparation d'avec son seigneur. Ma situation maintenant toutes les heures Le prince persistait encore méchamment à se retirer de ma société. J'étais maintenant profondément encombré d'une dette que je désespérais d'avoir jamais le pouvoir de payer. J'avais quitté mon mari et ma profession.

"Mon éloignement du prince était maintenant le thème de l'animadversion publique, tandis que les traits nouvellement revigorés de mes anciens ennemis, les empreintes quotidiennes, étaient de nouveau lancés sur ma tête sans défense avec une fureur décuplée. Les regrets de M. Robinson, maintenant qu'il avait m'a perdu, est devenu insupportable ; il m'a écrit sans cesse dans le langage d'une affection sans bornes, et il n'a pas manqué, lors de notre rencontre, d'exprimer son agonie de notre séparation, et même son souhait de nos retrouvailles.

« J'avais, à une époque, résolu de retourner à mon métier ; mais quelques amis que je consultais redoutaient que le public ne souffre pas ma réapparition sur scène. Cette idée m'intimidait et empêchait mes efforts pour cette indépendance dont mon romantique la crédulité m'avait volé. J'ai été ainsi fatalement amené à renoncer à ce qui aurait été une ressource ample et honorable pour moi et mon enfant. Mes dettes s'élevaient à près de sept mille livres. Mes créanciers, dont l'illibéralisme insultant ne pouvait être égalé que par leurs impositions illimitées. , m'a assailli toutes les heures.

" Entre-temps, j'étais entièrement négligé par le prince, tandis que les assiduités de Lord Malden augmentaient chaque jour. Je n'avais aucun autre ami sur lequel je pouvais compter pour une assistance ou une protection. Quand je dis protection, je ne veux pas dire assistance pécuniaire, Lord Mailden étant, à l'époque évoquée, encore plus pauvre que moi, — la mort de la grand-mère de Sa Seigneurie, Lady Frances Coningsby, ne l'avait pas alors placé au-dessus de la pénurie de ses propres revenus.

"Les attentions de Lord Maiden à mon égard l'ont de nouveau exposé à toutes les humiliations des périodes passées. Le prince m'a assuré une fois de plus de son souhait de renouveler notre ancienne amitié et affection, et m'a exhorté à le rencontrer dans la maison de Lord Malden dans Clarges Street. J'étais à cette époque un peu frénétique, profondément endetté, persécuté par mes ennemis et perpétuellement reproché par mes parents. J'aurais volontiers renoncé à une existence devenue pour moi un fardeau intolérable ; chagrin, et je résolus, quoi que mon cœur puisse souffrir, de garder un visage placide lorsque je rencontrais les regards interrogateurs de mes ennemis triomphants.

"Après bien des hésitations, sur les conseils de Lord Malden, j'ai consenti à rencontrer Son Altesse Royale. Il m'a abordé avec toutes les apparences d'un tendre attachement, déclarant qu'il n'avait jamais cessé un seul instant de m'aimer, mais que j'avais de nombreux ennemis cachés. , qui faisaient tous leurs efforts pour me miner. Nous passâmes quelques heures dans la conversation la plus amicale et la plus délicieuse, et je commençai à me flatter que tous nos différends étaient réglés. Mais quels mots peuvent exprimer ma surprise et mon chagrin, quand, en rencontrant les siens. Altesse Royale dès le lendemain à Hyde Park, il tourna la tête pour ne pas me voir, et fit même semblant de ne pas me connaître !

" Accablé par ce coup, ma détresse ne connut aucune limite. Pourtant le Ciel peut être témoin de la vérité de mon affirmation, même dans ce moment de désespoir complet, où l'oppression m'inclina jusqu'à terre, je n'en blâme pas le prince. Je l'ai fait alors, et toujours doit, considérer son esprit comme noblement et honorablement organisé , et je ne pouvais pas non plus m'apprendre à croire qu'un cœur, siège de tant de vertus, puisse devenir inhumain et injuste. On m'avait appris dès mon enfance à croire que les stations élevées sont entourées de visions trompeuses, qui brillent mais pour éblouir, comme un météore sans substance, et qui sont plus flatteuses pour trahir. Mon destin a été de rencontrer des légions de ces fantômes ; J'ai été sans cesse marqué par leurs persécutions, et je deviendrai enfin leur victime.

Mme Robinson d'après une peinture de Gainsborough

Ici s'interrompt le récit de Mme Robinson, avec quelques réflexions auxquelles le récit avait donné lieu. Bien que des recherches assidues aient été faites pour élucider l'obscurité dans laquelle les événements précédents sont impliqués, peu d'informations ont été obtenues. Tout ce que l'on peut apprendre avec certitude, c'est sa séparation définitive d'avec le prince de Galles en 1781.

Le génie et les manières engageantes de Mme Robinson, qui était encore très jeune, lui avaient valu l'amitié de plusieurs des hommes les plus éclairés de cet âge et de ce pays ; sa maison était le rendez-vous des talents. Bien qu'elle soit encore inconsciente des pouvoirs de son esprit, qui s'étaient à peine alors développés, elle fut honorée de la connaissance et de l'estime de Sir Joshua Reynolds, MM. Sheridan, Burke, Henderson, Wilkes, Sir John Elliot, etc., hommes distingués. talents et caractère. Mais quoique entourée de sages, d'esprits et de gais, son esprit, naturellement pensif, était encore dévoré d'une douleur secrète ; ni les caresses de la flatterie, ni les réconforts de l'amitié ne purent extraire la flèche qui lui irritait le cœur. Impliquée au-delà de tout pouvoir de désincarcération, elle décida de quitter l'Angleterre et de faire une tournée à Paris.

Abandonner son pays, fuir comme un misérable fugitif, ou devenir victime de la malice et gonfler le triomphe de ses ennemis, étaient les seules alternatives qui semblaient se présenter. La fuite était humiliante et épouvantable, mais rester en Angleterre était impraticable. Les terreurs et les luttes de son esprit devinrent presque intolérables et la privèrent presque de la raison. L'établissement du prince était maintenant accompli ; c'est à lui, pour qui elle avait fait tous les sacrifices et à qui elle devait ses embarras présents, qu'elle se croyait en droit de demander réparation. Elle écrivit à Son Altesse Royale, mais sa lettre resta sans réponse. L'affaire fut enfin soumise à l'arbitrage de M. Fox et, en 1783, ses réclamations furent ajustées par l'octroi d'une rente de cinq cents livres, dont la moitié devait revenir à sa fille à son décès. Ce règlement devait être considéré comme un équivalent de la caution de vingt mille livres donnée par le prince à Mme Robinson, à payer lors de son établissement, en contrepartie de la démission d'une profession lucrative à la demande particulière de Son Altesse Royale. . Pour beaucoup de personnes, l'assurance d'une indépendance eût fonctionné comme une consolation des souffrances et des difficultés par lesquelles elle avait été obtenue ; mais l'esprit de Mme Robinson ne se plia pas à une situation que la délicatesse de ses sentiments la conduisait à considérer comme une splendide dégradation.

Vers cette époque, Mme Robinson, malgré le changement dans ses affaires, résolut de visiter Paris, pour amuser son esprit et détourner ses pensées du souvenir des scènes passées. Après s'être procuré des lettres d'introduction auprès de quelques agréables familles françaises, ainsi que de sir John

Lambert, banquier anglais résidant à Paris, elle quitta Londres avec la résolution de passer deux mois dans la gaie et brillante métropole de France. Sir John Lambert, après avoir été informé de son arrivée, s'est efforcé de lui procurer des appartements spacieux, une *remise* , une loge à l'Opéra, avec tous les etceteras à la mode et coûteux dont un voyageur anglais inexpérimenté est immédiatement pourvu.

Ce vénérable chevalier joignait à la cordialité du caractère anglais la *gentillesse* d'un Français ; chaque heure était consacrée à l'amusement de son hôte admiré, qui lui était hautement recommandé. Des fêtes se formèrent, avec l'assiduité la plus flatteuse, pour les différents spectacles et lieux de divertissement public. Un brillant rassemblement de visiteurs illustres n'a pas manqué d' honorer à l' opéra la loge de *la belle Anglaise* .

Peu de temps après l'arrivée de Mme Robinson à Paris, le duc d'Orléans et son vaillant ami et associé, le duc de Lauzun (plus tard duc de Biron), lui furent présentés par Sir John Lambert. Ce malheureux prince, avec toute la volatilité du caractère national, déshonorait la nature humaine par ses vices, tandis que l'élégance de ses manières faisait de lui un modèle pour ses contemporains.

Le duc d'Orléans se déclara immédiatement dévoué à la belle étrangère. Ses manières libertines, la présomption avec laquelle il déclarait sa détermination à triompher du cœur de Mme Robinson, contribuèrent à la défendre contre lui ; et, s'il ne parvenait pas à éblouir son imagination par sa magnificence, il la dégoûtait par sa hauteur.

Les fêtes les plus charmantes se donnaient à Mousseau, villa appartenant au duc d'Orléans. près de Paris, à laquelle Mme Robinson refusait invariablement de se présenter. De brillantes courses *à l'Anglaise* s'exhibaient dans les plaines *des Sablons* , pour captiver l'attention de l'inexorable *Anglaise* . Le jour de l'anniversaire de Mme Robinson, un nouvel effort fut fait pour vaincre son aversion et pour obtenir son estime. Une fête rurale fut organisée dans les jardins de Mousseau, lorsque ce beau pandémonium de splendide débauche fut, à une dépense inhabituelle, décoré d'un luxe sans limites.

Le soir, au milieu d'une magnifique illumination, chaque arbre arborait les initiales de *la belle Anglaise* , composées de lampes colorées , entrelacées de couronnes de fleurs artificielles. La politesse obligea Mme Robinson à honorer de sa présence une fête instituée en son honneur . Elle prit cependant la précaution de choisir pour compagne une dame allemande, alors résidante à Paris, tandis que le vénérable chevalier Lambert les servait de chaperon.

Quelques jours après la célébration de cette fête, la reine de France signifia son intention de dîner en public, pour la première fois après son accouchement avec le duc de Normandie, depuis dauphin. Le duc apporta à Mme Robinson un message de la reine, exprimant le souhait que *la belle Anglaise* puisse être incitée à comparaître chez le *grand converti* . Mme Robinson, non moins soucieuse de voir la charmante Marie-Antoinette, profita volontiers de cette invitation et commença immédiatement à se préparer pour cette occasion importante. Les ornements les plus raffinés de mademoiselle Bertin, la modiste régnante, furent achetés pour orner une forme qui, riche en beauté native, ne nécessitait que peu d'embellissement. Une traîne et un corps brillants vert pâle , avec un jupon Tiffany, festonné de bouquets de lilas les plus délicats, ont été choisis par Mme Robinson pour son apparence, tandis qu'un panache de plumes blanches ornait sa tête ; les roses indigènes de ses joues, rayonnantes de santé et de jeunesse, étaient tachées, conformément à la mode de la cour de France, du rouge le plus profond.

A l'arrivée du bel étranger, le duc d'Orléans quitta le roi, qu'il attendait alors, pour lui procurer une place où la reine pût avoir l'occasion d'observer ces charmes dont la renommée avait éveillé sa curiosité.

Le *grand converti* , dont le roi s'acquitta avec plus d'empressement que de grâce, offrit une magnifique démonstration de luxe épicurien. La reine n'a rien mangé. Le mince cordon cramoisi, qui traçait une ligne de séparation entre les gourmets royaux et les plébéiens qui les regardaient, n'était qu'à quelques pieds de la table. Un petit espace séparait la reine de Mme Robinson, que l'observation constante et les louanges bruyamment murmurées de Sa Majesté flattaient de la manière la plus oppressante. Elle parut examiner avec une attention particulière une miniature du prince de Galles, que Mme Robinson portait sur son sein, et dont, le lendemain, elle chargea le duc d'Orléans de demander le prêt. Apercevant que Mme Robinson regardait avec admiration ses bras blancs et polis, tandis qu'elle enfilait ses gants, la reine les découvrit de nouveau et s'appuya quelques instants sur sa main. Le duc, en rendant le tableau, remit à la belle propriétaire une bourse, enfilée de la main d'Antoinette, et qu'elle lui avait chargé de présenter, de sa part, à *la belle Anglaise* . Mme Robinson, peu de temps après ces événements, quitta Paris et retourna dans son pays natal.

En 1784, son sort prit une teinte plus sombre. Elle fut atteinte d'un mal dont elle faillit être victime. Par une exposition imprudente à l'air nocturne en voyage, alors que, épuisée par la fatigue et l'anxiété mentale, elle dormait dans une chaise avec les fenêtres ouvertes, elle provoqua une fièvre qui la cloua au lit pendant six mois. Le désordre se termina à la fin de cette période par un rhumatisme violent qui la priva progressivement de l'usage de ses membres. Ainsi, à vingt-quatre ans, dans l'orgueil de la jeunesse et l'épanouissement de la beauté, cette charmante et malheureuse femme fut réduite à un état d'impuissance plus qu'infantile. Pourtant, même dans une calamité aussi grave, les forces de son esprit et l'élasticité de son esprit ont triomphé de la faiblesse de sa constitution. Cet échec aux plaisirs et à la vivacité de la jeunesse, en la privant de ressources extérieures, la conduisit à cultiver et à développer plus assidument ses talents. Mais la résignation avec laquelle elle s'était soumise à l'une des plus graves calamités humaines fit place à l'espoir, sur l'assurance de son médecin, que par l'air doux d'un climat plus méridional, elle pourrait probablement retrouver la santé et l'activité.

Le souhait favori de son cœur, celui de revoir ses parents, dont elle avait été séparée pendant tant d'années, il était maintenant en son pouvoir de le satisfaire. De son frère aîné, elle avait souvent reçu des invitations, les plus pressantes et les plus affectueuses, à quitter pour toujours un pays où une femme non protégée ne manque rarement d'être victime de calomnies et de persécutions, et à se réfugier au sein de la tranquillité domestique , où la paix , auquel elle était depuis longtemps étrangère, pourrait encore l'attendre. Enchantée à l'idée de combiner avec l'objet de son voyage une acquisition si désirable, et après quoi son cœur épuisé haletait, elle accepta avec empressement cette proposition et partit pour Paris, avec la résolution de se rendre à Livourne. Mais une lettre, à son arrivée, de son médecin, lui prescrivant les bains chauds d'Aix-la-Chapelle en Allemagne, comme un certain réparateur de ses maux, déjoua ses projets. Une fois de plus, elle se lança à la poursuite mélancolique de cette bénédiction qu'elle n'était destinée à jamais plus obtenir.

Pendant son séjour à Aix-la-Chapelle, une aube de relative tranquillité apaisa ses esprits. A l'abri des machinations de ses ennemis, elle résolut, même si le bonheur ne semblait plus à sa portée, de s'efforcer d'être contente. Les assiduités et les attentions que lui témoignaient les gens de toutes conditions offraient un milieu saisissant entre l'hommage volatil et libertin qu'on lui offrait à Paris, et la méchanceté persévérante qui l'avait suivie dans son pays natal. Sa beauté, l'état touchant de sa santé, l'attrait de ses manières et la puissance de son esprit intéressaient tous les cœurs en sa faveur ; tandis que la douceur avec laquelle elle se soumettait à son sort suscitait une admiration non moins fervente et plus authentique que celle que ses charmes dans tout l'éclat de leur puissance avaient jamais extorquée.

Parmi les nombreuses personnes illustres et éclairées résidant alors à Aix-la-Chapelle, qui honorèrent Mme Robinson par leur amitié, elle reçut de feu l'aimable et malheureux duc et la duchesse du Châtelet des marques de distinction particulières. Le duc avait été, pendant qu'il était ambassadeur en Angleterre, l'ami et l'associé du savant lord Mansfield ; sa duchesse, l' *élève* de Voltaire, avait pour marraine Gabrielle Emilia, baronne du Châtelet, si célèbre par ce vif et admirable écrivain. Cette inestimable famille, composée du duc et de la duchesse, de leurs neveux les comtes de Damas et d'une nièce mariée au duc de Simianne , était infatigable dans ses efforts pour soulager l'affliction et amuser l'esprit de leur belle amie. Bals, concerts, déjeuners champêtres se succédaient dans une variété gaie et attrayante ; les heureux effets produits sur la santé et le moral de Mme Robinson étaient considérés par cette famille anglaise comme une ample compensation pour leur sollicitude. Lorsqu'elle fut forcée par des paroxysmes plus graves de sa maladie de s'éloigner de leur société, mille bons stratagèmes furent imaginés et exécutés pour soulager ses souffrances ou adoucir le découragement auquel elles provoquaient inévitablement. Parfois, en entrant dans son bain sombre et mélancolique, dont l'obscurité était augmentée par de hautes fenêtres grillagées, elle apercevait la surface de l'eau couverte de feuilles de roses, tandis que les bains de vapeur étaient imprégnés d' odeurs aromatiques . Les plus jeunes de la famille, lorsque la douleur privait Mme Robinson de repos, passaient fréquemment la nuit sous ses fenêtres, charmant ses souffrances et la trompant de ses chagrins, en chantant ses airs préférés accompagnés de la mandoline.

Ainsi, malgré la maladie, deux hivers agréables s'écoulèrent, lorsque la lueur passagère de la luminosité devint soudainement obscurcie et ses perspectives s'enfoncèrent dans une ombre plus profonde.

Vers cette époque, Mme Robinson eut le malheur de perdre son brave et respecté père, un coup aussi violent qu'inattendu, qui faillit ébranler ses facultés et, pendant un certain temps, bouleversa complètement son moral. Le capitaine Darby, suite à l'échec de sa fortune, avait été présenté au commandement d'un petit navire de munitions, grâce à l'intérêt de certains de ses nobles associés dans l'expédition indienne. N'ayant pas été régulièrement élevé à la mer, c'était la seule nomination navale qu'il pouvait recevoir. Enthousiaste attaché à son métier, il ne néglige aucune occasion de se signaler . Le siège de Gibraltar, en 1783, lui offrit une occasion après laquelle il avait longtemps haleté, lorsque son petit navire et son vaillant équipage arrachèrent par leur courage et leurs efforts l'admiration et les applaudissements de la flotte. Après avoir combattu jusqu'à ce que ses agrès soient presque détruits, il tourna son attention vers les Espagnols en train de couler, qu'il chercha à arracher aux épaves en feu, flottant autour de lui dans toutes les directions, et eut la satisfaction de préserver, bien qu'au péril de sa vie, quelques centaines de ses semblables. Le navire du capitaine Darby fut le premier à atteindre le rocher avec près d'une heure. A son débarquement, le général Elliot le reçut et l'embrassa avec les applaudissements dus à sa vaillante conduite.

En présence de ses officiers, le général déplora qu'un homme aussi courageux n'ait pas été élevé à un métier auquel son intrépidité eût fait un honneur distingué . A cet éloge il ajouta qu'avec le courage d'un lion, le capitaine Darby possédait la fermeté du rocher qu'il avait si vaillamment défendu.

Le commandant lui confia une copie des dépêches , que le capitaine Darby remit vingt-quatre heures avant l'arrivée du navire régulier. Pour cette diligence et la conduite qui l'avait précédée, il reçut les remerciements du conseil d'amirauté, tandis que l'autre capitaine reçut la récompense plus substantielle de cinq cents livres. Une injustice aussi flagrante n'était pas de nature à atténuer le dégoût du capitaine Darby pour l'Angleterre, qu'il quitta après avoir fait de affectueux adieux à sa malheureuse famille.

A soixante-deux ans, il partit reconquérir à l'étranger la fortune qu'il avait sacrifiée au service des siens. Avec les puissantes recommandations du duc de Dorset et du comte de Simolin , il se rendit à Pétersbourg. Du comte de Simolin il continua à éprouver, jusqu'à la dernière période de son existence, une amitié constante et zélée. Le capitaine Darby n'était au service impérial russe que depuis deux ans lorsqu'il fut promu au commandement d'un navire de soixante-quatorze canons , avec la promesse d'être nommé amiral à la première vacance. Le 5 décembre 1785, la mort arrête sa carrière. Il fut enterré avec les honneurs militaires et soigné sur la tombe par ses amis, l'amiral Greig, les comtes Czernichef et De Simolin , avec les officiers de la flotte.[43]

Cet honorable témoignage de la valeur de son père était la seule consolation qui restait à sa fille, dont la santé affaiblie et l'esprit brisé sombraient sous ces coups répétés.

Au cours des quatre années suivantes de la vie de Mme Robinson, peu d'événements dignes de mention se produisirent. A la recherche de la santé perdue, qu'elle avait si longtemps et vainement poursuivie, elle résolut de réparer aux bains de Saint-Amand, en Flandre, ces réceptacles de boue répugnante et de reptiles, inconnus dans d'autres sols, qui s'attachent aux corps. de ceux qui se baignent. Mme Robinson fit de nombreuses visites dans ces fossés déplaisants avant de pouvoir se décider à y entrer. Ni l'exemple de ses compagnons de souffrance, ni l'assurance de guérisons opérées par leur merveilleuse efficacité, ne purent longtemps vaincre son dégoût. Enfin, le souci de rétablir sa santé, joint aux remontrances sincères de ses amis, la détermina à faire cet effort. Pour se trouver près des bains, où il faut entrer une heure avant le lever du soleil, elle loua une petite mais belle chaumière près de la source, où elle passa l'été 1787. Ces vallons paisibles et ces bois vénérables étaient, à pas de période lointaine, destinée à devenir le siège de la guerre et de la dévastation, et la maison même dans laquelle résidait Mme Robinson fut transformée en quartier général d'un général républicain français.[44]

Le prince de Galles d'après une peinture de Sir Thomas
Lawrence

Tous ses efforts pour maîtriser son désordre se révélèrent
inefficaces, Mme Robinson abandonna sa poursuite
mélancolique et infructueuse et résolut une fois de plus de
retourner dans son pays natal. En passant par Paris, elle arriva
en Angleterre au début de 1787, période à partir de laquelle on
peut dater le début de sa carrière littéraire. À son arrivée à
Londres, elle fut accueillie affectueusement par les quelques
amis dont l'attachement ni la méchanceté ni les fortunes
défavorables ne pouvaient affaiblir ou éloigner. Pendant une
absence de cinq ans, la mort avait fait des incursions dans le
petit cercle de ses relations ; beaucoup de ceux dont l'idée avait
été son réconfort dans l'affliction, et dont elle s'était réjouie
d'attendre l'accueil, étaient maintenant, hélas ! pas plus.[45]

Une fois de nouveau établie à Londres et entourée d'amis
sociaux et rationnels, Mme Robinson commença à connaître
une relative tranquillité . Le prince de Galles et son frère le duc
d'York honoraient fréquemment sa résidence de leur présence
; mais l'état de sa santé, qui exigeait plus de repos, ajouté à
l'indisposition de sa fille, menacée d'une phtisie, l'obligea à se
retirer dans une situation de plus grande retraite. La sollicitude
maternelle pour un enfant bien-aimé et unique occupait
désormais toute son attention ; ses assiduités furent

incessantes et exemplaires pour la restauration d'un être à qui elle avait donné la vie, et auquel elle était tendrement dévouée.

Au cours de l' été, son médecin lui a ordonné de se rendre à Brighthelmstone , pour profiter des bains de mer. Pendant des heures passées à veiller péniblement à la santé de son enfant souffrant, Mme Robinson trompait son anxiété en contemplant l'océan, dont les vagues successives, déferlant sur le rivage, battaient contre le mur de leur petit jardin. Pour un esprit naturellement susceptible et teinté de tristesse par les circonstances, cette occupation procurait un plaisir mélancolique, auquel on ne pouvait guère renoncer sans regret. Des nuits entières étaient passées par Mme Robinson à sa fenêtre en profonde méditation, contrastant avec sa situation actuelle les scènes de son ancienne vie.

Tous les moyens qu'une bonne et habile nourrice pouvait inventer pour réjouir et amuser sa pensionnaire étaient mis en pratique par cette mère affectueuse, pendant la période mélancolique de l'accouchement de sa fille. Dans les intervalles d'efforts plus actifs, le silence d'une chambre de malade se révélant favorable à la muse, Mme Robinson déversait ces effusions poétiques qui ont fait tant d'honneur à son génie et orné son tombeau de lauriers inaltérables. Conversant un soir avec M. Richard Burke,[46] respectant la facilité avec laquelle la poésie moderne était composée, Mme Robinson répéta presque la totalité de ces beaux vers, qui furent ensuite donnés au public, adressés : « À celui qui comprendra eux."

"LIGNES

" A CELUI QUI LES COMPRENDRA

« Tu n'es plus l'ami de mon sein ;

Ici doit se terminer la douce illusion,

Cela a charmé mes sens plusieurs années,

À travers des étés souriants, les hivers sont mornes.

Ô amitié ! suis-je condamné à trouver

Tu es un fantôme de l'esprit ?

Une nuance scintillante , un nom vide,

vaporeuse d'une vision née dans l'air ?

Et pourtant, la chère tromperie dure depuis si longtemps

S'est réveillé avec joie ma chanson du matin,

A demandé à mes larmes d'oublier de couler,

    Chas'd chaque douleur, apaisée chaque malheur;

Cette vérité, importune à mon oreille,

Gonfle le profond soupir, rappelle la larme,

Donne au sens le plus intelligent et le plus intelligent,

Vérifie les pouls chauds du cœur,

Assombrit mon destin et s'envole

Chaque lueur de joie à travers le triste jour de la vie.

« Grande-Bretagne, adieu ! J'ai quitté ton rivage ;

Mon pays natal ne charme plus ;

Aucun guide pour baliser la route pénible ;

Aucun climat destiné ; pas de demeure fixe :

Seul et triste, ordonné de retrouver

La vaste étendue d'espace sans fin ;

A voir, du haut de la montagne,

À travers diverses nuances de lumière scintillante ,

Le paysage lointain disparaît

Dans la dernière lueur du jour d'adieu :

Ou, sur le flux lucide frémissant ,

Pour regarder le rayon argenté de la lune pâle ;

Ou quand, dans des accents tristes et plaintifs,

Le triste Philomel se plaint,

D'un ton doux, elle déplore son sort,

Et murmure pour son compagnon absent ;

Inspiré par la sympathie divine,

Je pleurerai ses malheurs, car ils sont les miens.

Conduit par mon destin, où que j'aille,

Sur les plaines brûlantes, sur les collines de neige,

Ou au sein de la vague,

La tempête hurlante est vouée à être brave,—

Où est mon parcours solitaire où je me penche,

Ton image accompagnera mes pas ;

Chaque objet que je suis condamné à voir,

Je t'offrirai une image du souvenir.

Oui; Je te verrai dans chaque flux ,

Cela change avec l'heure qui passe :

Je trouverai ta fantaisie de baguette magique

Porté sur les ailes de chaque vent :

Tes passions sauvages et impétueuses tracent

Au-dessus de l'espace tumultueux des vagues blanches ;

À chaque saison changeante, prouve

Un emblème de ton amour ondulant .

"Archiqué de mon pays, de mes amis et de vous,

Le monde est ouvert à mes yeux ;

Mon esprit s'intéressera à de nouveaux objets ;

J'explorerai la page historique ;

La douce poésie apaisera mon âme ;

Philosophie de chaque contrôle de douleur :

La muse que je chercherai - son feu allumé

Les sens vifs de mon âme inspireront ;

Avec des nerfs plus fins, mon cœur battra,

Touché par la chaleur prométhéenne du ciel ;

Les vents d'Italie porteront ma chanson

En soft- link'd note ses bois parmi ;

Sur le flanc brumeux de la colline bleue,

À travers des déserts sans pistes, déserts et vastes,

Sur les rochers escarpés, dont les torrents coulent

Sur les sables argentés ci-dessous.

Douce terre de mélodie ! c'est à toi

Les passions les plus douces à affiner ;

Tes bosquets de myrtes, tes souches fondantes,

Doit harmoniser et apaiser mes douleurs.

Je ne rejetterai pas non plus une seule pensée derrière moi,

Sur des ennemis implacables, des amis méchants :

Je sens, je sens leur flèche empoisonnée

Percez le nerf vital de mon cœur ;

C'est mêlé à la chaleur vitale

Cela fait battre mon pouls palpitant ;

Bientôt cette chaleur vitale sera terminée,

Ces pouls palpitants ne battent plus !

Non, je respirerai le vent épicé ;

Plongez le ruisseau clair, expirez une nouvelle santé ;

Sur ma joue pâle diffuse la rose,

Et bois l'oubli à mes malheurs.

Cet *improvisateur* produisit chez son auditeur non moins de surprise que d'admiration, lorsque son auteur lui assura solennellement que c'était la première fois qu'il se répétait. M. Burke[47] l'a suppliée de mettre le poème par écrit, une demande qui a été facilement satisfaite. Mme Robinson eut ensuite la satisfaction de trouver cette progéniture de son génie insérée dans le *Registre annuel* , avec un éloge flatteur de la plume de l'éditeur éloquent et ingénieux.

Mme Robinson a continué à se livrer à ce réconfort pour ses esprits abattus et, dans des sonnets, des élégies et des odes, elle a montré les pouvoirs et la polyvalence de son esprit. Par une de ces nuits d' inspiration mélancolique, elle découvrit de sa fenêtre un petit bateau, se débattant dans les embruns, qui s'écrasait contre le mur de son jardin. Bientôt, deux pêcheurs apportèrent à terre dans leurs bras un fardeau que, malgré la distance, Mme Robinson perçut comme étant un corps humain, que les pêcheurs, après avoir recouvert d'une voile depuis leur bateau, laissèrent à terre et disparurent. Mais peu de temps s'écoula avant que les hommes revinrent, apportant avec eux du combustible, avec lequel ils essayèrent vainement de ranimer leur malheureuse charge. Frappée d'une circonstance si touchante, que le calme de la nuit rendait encore plus impressionnante, Mme Robinson resta quelque temps à sa fenêtre, immobile d'horreur. Enfin, retrouvant sa mémoire, elle alarma la famille ; mais avant qu'ils aient pu gagner la plage, les hommes étaient de nouveau repartis. Le matin se leva et le jour tomba sur cette scène tragique. Les baigneurs passèrent et reprirent sans inquiétude, tandis que le cadavre restait étendu sur le rivage, à moins de vingt mètres de la Steine. Au cours de la journée, de nombreuses personnes sont venues examiner le corps, qui n'était toujours pas réclamé et inconnu. Un autre jour s'écoula, et le cadavre ne fut pas enterré, le seigneur du manoir ayant refusé à un individu une tombe dans laquelle ses os pourraient décemment reposer, alléguant comme excuse qu'il n'appartenait pas à cette paroisse. Mme Robinson, humainement indignée de la scène qui se passait, s'efforça, mais sans succès, de se procurer par souscription une petite somme pour accomplir les derniers devoirs d'un misérable exclu. Ne voulant pas, par l'affichage ostentatoire de son nom, offenser les pouvoirs féminins supérieurs et les plus exigeants, elle présenta aux pêcheurs sa propre contribution et refusa davantage d'intervenir. L'affaire tomba ; et le corps de l'étranger, traîné jusqu'à la falaise, fut recouvert d'un tas de pierres, sans le tribut d'un soupir ni la cérémonie d'une prière.

Ces circonstances firent sur l'esprit de Mme Robinson une impression profonde et durable ; même à une époque lointaine, elle ne pouvait les répéter sans horreur et sans indignation. Cet incident a donné naissance au poème intitulé « La plage hantée », écrit quelques mois seulement avant sa mort.

Au cours de l'hiver 1790, Mme Robinson entra dans une correspondance poétique avec M. Robert Merry, sous les noms fictifs de « Laura » et « Laura Maria » ; M. Merry assumant le titre de "Della Crusca ".[48]

Mme Robinson poursuivait alors sa carrière littéraire avec une ardeur redoublée ; mais, éblouie par les fausses métaphores et les extravagances rhapsodiques de certains écrivains contemporains, elle laissa son jugement se tromper et son goût se pervertir ; erreur dont elle devint plus tard sensible. Durant son déguisement poétique, de nombreux poèmes complémentaires lui furent adressés ; plusieurs dames du Blue Stocking Club, tandis que Mme Robinson restait inconnue, se risquaient même à admirer, voire plus, à réciter ses productions dans leur coterie savante et critique.

L'attention que cette nouvelle espèce de correspondance excitait et les éloges qu'on faisait à ses poèmes ne pouvaient manquer de satisfaire l'orgueil de l'écrivain, qui envoya sa prochaine exécution, avec sa propre signature, au journal publié sous le titre de *Le Monde*, s'avouant à la fois l'auteur des vers signés « Laura » et « Laura Maria ». Cette information ayant été reçue par M. Bell, bien qu'admirateur déclaré du génie de Mme Robinson, il répondit avec un certain degré de scepticisme : « Que le poème avec lequel Mme Robinson l'avait honoré était extrêmement joli ; mais qu'il était connaissant bien l'auteur des productions évoquées. Mme Robinson, un peu dégoûtée de cette incrédulité, fit immédiatement venir M. Bell, qu'elle trouva moyen de convaincre de sa véracité et de sa propre injustice.

En 1791, Mme Robinson a produit son poème in-quarto, intitulé " Ainsi va le Monde. » Cet ouvrage, contenant trois cent cinquante lignes, fut écrit en douze heures, en réponse au « Laurel of Liberty » de M. Merry, qui fut envoyé à Mme Robinson un samedi ; le mardi suivant le La réponse a été rédigée et donnée au public.

Encouragée par une approbation populaire au-delà de ses espérances les plus optimistes, Mme Robinson publia maintenant son premier essai en prose, dans le roman " Vancena ", dont l'édition entière fut vendue en un jour, et dont cinq impressions ont suivi depuis. Il faut avouer que cette production devait sa popularité à la célébrité du nom de l'auteur et à l' impression favorable de ses talents donnée au public par ses compositions poétiques, plutôt qu'à son mérite intrinsèque. La même année, les poèmes de Mme Robinson furent rassemblés et publiés en un seul volume. Les noms de près de six cents abonnés, du rang et des talents les plus distingués, ornaient la liste qui précède l'ouvrage.

L'esprit de Mme Robinson, détourné par ces poursuites de sa proie, s'est progressivement réconcilié avec l'état calamiteux de sa santé ; la triste certitude d'une boiterie totale et incurable, alors qu'il était encore dans la floraison et l'été de la vie, était atténuée par la conscience de ses ressources intellectuelles et par l'activité d'une imagination fertile. En 1791, elle passa la plus grande partie de l'été à Bath, occupée par des compositions poétiques plus légères. Mais même ce soulagement lui était désormais interdit pour un moment ; l'exercice perpétuel de l'imagination et de l'intellect, ajouté à une vie uniforme et sédentaire, affectait le système nerveux et contribuait à affaiblir son corps. Son médecin lui avait interdit non seulement de mettre ses pensées sur papier, mais, si cela avait été possible, de réfléchir tout court. Aucun absentéiste évadé de l'école ne pouvait éprouver plus de plaisir à échapper à un maître sévère que Mme Robinson, lorsque, la vigilance de son médecin se relâchant, elle pouvait reprendre ses livres et sa plume.

Comme exemple de la facilité et de la rapidité avec laquelle elle composait, l'anecdote suivante peut être citée. En revenant un soir du bain, elle aperçut, à quelques pas de sa chaise, un homme âgé, pressé par une foule de gens, par qui il fut bombardé de boue et de pierres. Son comportement doux et sans résistance attirant son attention, elle lui demanda quels étaient ses délits et apprit avec pitié et surprise qu'il était un malheureux maniaque, connu uniquement sous le qualificatif de « Jemmy fou ». La situation de ce misérable être saisit son imagination et devint le sujet de son attention. Elle attendait des heures entières l'apparition du pauvre maniaque, et, quelles que fussent ses occupations, la voix du fou Jemmy ne manquerait pas de l'attirer vers la fenêtre. Elle contemplait son visage vénérable mais émacié avec des sensations de respect presque révérencieuses, tandis que les persécutions barbares de la foule irréfléchie ne manquaient jamais de tourmenter ses sentiments.

Une nuit, après s'être baignée, ayant souffert de son trouble plus de douleurs que d'habitude, elle avala, sur ordre de son médecin, près de quatre-vingts gouttes de laudanum. Après avoir dormi quelques heures, elle se réveilla et, appelant sa fille, lui demanda de prendre une plume et d'écrire ce qu'elle devait dicter. Miss Robinson, supposant qu'une demande aussi inhabituelle pouvait provenir du délire excité par l'opium, s'efforça en vain de détourner sa mère de son projet. L'esprit d' inspiration ne devait pas être maîtrisé, et elle répéta, tout au long, l'admirable poème de « The Maniac »[49], beaucoup plus rapidement qu'il ne pouvait être écrit sur papier.

Elle restait allongée en dictant, les yeux fermés, apparemment dans la stupeur que produit fréquemment l'opium, répétant comme une personne qui parle dans son sommeil. Cette touchante performance, réalisée dans des circonstances si singulières, ne fait pas moins honneur au génie qu'au cœur de l'auteur.

Le lendemain matin, Mme Robinson n'avait qu'une idée confuse de ce qui s'était passé et ne pouvait en être convaincue qu'après la production du manuscrit. Elle a déclaré qu'elle avait rêvé de Jemmy le fou toute la nuit, mais qu'elle était parfaitement inconsciente d'avoir été éveillée pendant qu'elle composait le poème, ni des circonstances racontées par sa fille.

Mme Robinson, l'été suivant, décida de faire une autre tournée continentale, avec l'intention de rester quelque temps à Spa. Elle avait envie de retrouver l'accueil amical et la gentillesse libérale que même ses talents reconnus n'avaient pas réussi à lui procurer dans son pays natal. Elle quitta Londres en juillet 1792, accompagnée de sa mère et de sa fille. L'esprit sensible et énergique, heureusement pour celui qui le possède, est doté d'un pouvoir élastique qui lui permet de se relever des effets engourdissants de ces coups de fortune défavorables auxquels il n'est que trop vulnérable. Si une imagination vive ajoute du poignant à la déception, elle a aussi en elle des ressources inconnues des tempéraments plus égaux. Au milieu des sentiments déprimants que Mme Robinson éprouva en redevenant une errante loin de sa maison, elle courtisa l'inspiration de la muse et apaisa, par les belles strophes suivantes, les sensations mélancoliques qui opprimaient son cœur.

"STANZES

"ÉCRIT ENTRE DOUVRES ET CALAIS,

"20 JUILLET 1792

"Boule bondissante, cesse ton mouvement,

Ne me supporte pas si vite ;

Cesse ton océan rugissant et mousseux,

Je ne tenterai plus ta colère.

" Ah ! dans ma poitrine qui bat,

Des passions variées règnent sauvagement ;

Amour, avec fierté Ressentiment rencontre,

Des palpitations tour à tour de joie et de douleur.

"Joie, si loin des ennemis j'erre,

Où leurs railleries ne peuvent plus atteindre ;

Douleur, le cœur de cette femme devient plus affectueux

Quand son rêve de bonheur sera terminé !

"L'amour, banni par une fantaisie inconstante ,

    Repoussés par l'espoir, les mouches indignées ;

Pourtant, quand l'amour et l'espoir disparaissent ,

La mémoire agitée ne meurt jamais.

"Je vais loin, là où le destin me mènera,

Loin à travers les profondeurs troublées ;

Où aucune oreille étrangère ne m'écoutera,

Où aucun œil pour moi ne pleurera.

"Fier a été ma passion fatale !

Fier, mon cœur blessé le sera !

Tandis que chaque pensée, chaque inclination,
Je serai quand même digne de toi !

« Pas un seul soupir ne racontera mon histoire ;
Pas une larme ne tachera ma joue ;
Un chagrin silencieux sera ma gloire,—
Le chagrin, ça ne se baisse pas pour se plaindre !

"Laissez le sein enclin à aller,
Toujours en allant chercher un remède ;
Le mien dédaigne l'idée de changer,
Fièrement destiné à durer.

"Pourtant, avant d'être loin de tout ce que je chérissais ,
——avant de dire adieu ;
Avant que mes jours de douleur ne soient mesurés ,
Prends la chanson qui t'est toujours due !

" Pourtant, croyez-le, pas de passions serviles
Cherchez à charmer votre esprit vagabond ;
    Eh bien, je connais tes inclinations,
      Onduler comme le vent qui passe.

"J'ai aimé toi, je t'aimais tendrement ,
À travers une époque de malheur du monde ;
Comme je t'ai fait preuve d'ingratitude
Que mon triste exil se montre !

"Dix longues années de chagrin anxieux,

Heure par heure, j'ai compté;

Dans l'attente, jusqu'à demain,

Chaque jour je t'aimais davantage !

« La puissance et la splendeur ne pouvaient me charmer ;

Je ne pouvais voir aucune joie dans la richesse !

Les menaces ou les peurs ne pouvaient pas non plus
m'alarmer,

Sauve la peur de te perdre !

"Quand les tempêtes de la fortune te pressèrent ,

J'ai pleuré pour te voir pleurer

Quand des soucis incessants t'affligeaient ,

J'ai endormi ces soucis !

«Quand avec toi, quels maux pourraient me nuire ?

Tu pouvais apaiser chaque douleur ;

Mais absent, rien ne pouvait me charmer ;

Chaque instant semblait un âge.

« Adieu, amant ingrat !

Bienvenue sur le rivage hostile de Gallia :

Maintenant, les brises me transportent ;

Maintenant, nous nous séparons pour ne plus nous revoir. »

En débarquant à Calais, Mme Robinson hésita à continuer. Traverser la Flandre, alors siège de la guerre, comportait trop de périls pour être tenté impunément ; elle résolut donc de rester quelque temps à Calais, dont les amusements insipides et sans esprit n'offraient guère de distraction à son attention ni d'occupation de son esprit. Son temps passait à écouter les plaintes des aristocrates appauvris ou à s'occuper des projets aériens de leurs adversaires triomphants. L'arrivée des voyageurs d'Angleterre ou le retour de ceux de Paris diversifiaient seuls le paysage et fournissaient une ressource au chercheur curieux et actif.

L'arrivée soudaine de son mari bouleversa les sentiments de Mme Robinson : il avait traversé la Manche dans le but de ramener en Angleterre sa fille, qu'il voulait présenter à un frère fraîchement revenu des Indes orientales. Des conflits maternels ébranlèrent à cette occasion l'esprit de Mme Robinson, qui hésitait entre le souci de l'intérêt de son enfant bien-aimé, dont elle n'avait jamais été séparée, et la douleur de s'en séparer. Elle résolut enfin de l'accompagner en Angleterre, et dans ce _but_ quitta Calais le mémorable 2 septembre 1792, jour qui laissera dans les annales de la république une tache indélébile.

Ils n'avaient navigué que depuis quelques heures quand arriva l' _arrêt_ par lequel tous les sujets britanniques dans toute la France étaient retenus.

Mme Robinson se réjouissait de son évasion et envisageait avec ravissement l'idée de voir sa fille placée sous une riche protection, le grand passeport d' honneur et d'estime dans son propre pays. Miss Robinson reçut de son nouveau parent la promesse de protection et de faveur , à condition qu'elle renonçait pour toujours au lien filial qui l'unissait à ses deux parents. Cette proposition a été rejetée par la jeune femme avec bon sens et esprit convenable.

En 1793, une petite farce intitulée « Personne » fut écrite par Mme Robinson. Cette pièce, conçue comme une satire des joueuses, a été reçue au théâtre, les personnages distribués et les préparatifs faits pour son exposition. A cette époque, l'une des principales interprètes abandonna son rôle, alléguant que la pièce était destinée à ridiculiser son amie particulière. Une autre actrice également, bien qu'elle soit "elle-même une animatrice", a été intimidée par une lettre l'informant que "'Personne' ne devrait être damné !" L'auteur reçut également, le même jour, un gribouillage calomnieux, indécent et mal déguisé, lui signifiant que la farce était déjà condamnée. Au lever du rideau, plusieurs personnes dans les galeries, dont les livrées trahissaient leurs patrons, furent entendues déclarer qu'elles étaient envoyées pour maquiller « Personne ». Même les femmes de rang distingué sifflaient à travers leurs fans. Malgré ces manœuvres et ces efforts, la partie la plus

rationnelle du public semblait encline à écouter avant de porter
un jugement et, avec une fermeté qui ne manque jamais
d'effrayer, elle exigea que la pièce continue. Le premier acte
fut donc subi sans interruption ; une chanson de la seconde
étant malheureusement bisée, les mécontents osèrent encore
une fois élever la voix, et la malignité, réprimée de force, éclata
avec une violence redoublée. Pendant trois nuits, le théâtre
présenta une scène de confusion, lorsque l'auteur, après avoir
éprouvé la satisfaction d'une défense zélée et vigoureuse , crut
devoir retirer complètement la cause de discorde.[51]

Mme Robinson a perdu au cours de cette année le seul parent
qui lui restait, qu'elle aimait tendrement et déplorait
sincèrement. Mme Darby expira dans la maison de sa fille, qui,
bien que de loin la moins riche de ses enfants, s'était montrée
tout au long de sa vie la plus attentive et la plus affectueuse.
Dès la première heure de l'échec et de l'éloignement de M.
Darby de sa famille, Mme Robinson avait été la protectrice et
le soutien de sa mère. Même lorsqu'elle était pressée par un
embarras pécuniaire, elle avait eu pour fierté et plaisir de
mettre à l'abri son parent veuf et de la préserver des
désagréments.

Mme Darby avait deux fils, marchands, riches et respectés
dans le monde commercial ; mais Mme Robinson ne
permettrait jamais à sa mère de demander à ces messieurs une
aide qui ne lui serait pas volontairement offerte. Le chagrin
filial de Mme Robinson à la suite de sa perte a affecté sa santé
pendant de nombreux mois ; jusqu'aux dernières heures de sa
vie, sa douleur paraissait renouvelée lorsque se présentait un
objet lié au souvenir de sa mère décédée.

Peu d'événements importants se produisirent au cours des
cinq années suivantes, si ce n'est que pendant cette période les
amis de Mme Robinson observaient avec inquiétude les
ravages graduels que l'indisposition et l'anxiété mentale
faisaient quotidiennement sur son corps. Un cœur naïf,
affectueux, susceptible est rarement favorable au bonheur de
celui qui le possède. C'était le sort de Mme Robinson d'être
trompée là où elle se confiait le plus, de faire l'expérience de la
complaisance et de l'ingratitude là où elle avait droit à la bonté
et droit au soutien. Franche et sans méfiance, elle se laissait
guider dans sa conduite par l'impulsion de ses sentiments ; et,
en s'appuyant trop crédule sur l'attachement apparent de ceux

qu'elle aimait et en qui elle aimait à se confier, elle s'exposait aux impositions des égoïstes et aux stratagèmes des rusés.

En 1799, ses engagements croissants et sa santé déclinante pesaient lourdement sur son esprit. Elle avait volontairement renoncé au confort et aux élégances auxquels elle était habituée ; elle avait réduit même ses dépenses nécessaires et s'était presque isolée de la société. Son médecin avait déclaré que l'exercice seul pouvait prolonger son existence ; cependant l'étroitesse de sa situation l'obligea à renoncer au seul moyen par lequel elle pouvait l'obtenir. Ainsi, prisonnière dans sa propre maison, elle était privée de tout réconfort autre que celui que l'on pouvait obtenir par l'activité de son esprit, qui finit par sombrer sous un effort et une inquiétude excessifs.

L'indisposition l'avait confinée au lit depuis près de cinq semaines, lorsque, après une nuit de souffrances et de périls extrêmes, au cours de laquelle son médecin attendait d'heure en heure sa dissolution, elle s'était endormie dans un sommeil doux et embaumé. À cet instant, la porte de sa chambre fut ouverte de force, avec un bruit qui secoua presque jusqu'à l'anéantissement son corps affaibli, par deux hommes étranges et à l'air de voyou, qui entrèrent avec une brusquerie barbare. Alors qu'elle lui demandait vaguement l'occasion de cet outrage, elle fut informée que l'un de ses visiteurs indésirables était un avocat, et l'autre son client, qui s'était ainsi, avec aussi peu de décence que l'humanité, entré de force dans la chambre d'une femme presque expirante. . Le motif de cette intrusion était d'exiger sa comparution, comme témoin, dans un procès en cours contre son frère, dans lequel ces hommes étaient parties prenantes. Aucune supplication ne put les convaincre de quitter la chambre, où ils restèrent tous deux, interrogeant, de la manière la plus insensible et la plus insultante, la malheureuse victime de leur audace et de leur persécution. L'un d'eux, le client, avec un ricanement barbare et peu viril, se tournant vers son complice, demanda : « Qui, à voir la dame à qui ils parlaient en ce moment, pourrait croire qu'on l'appelait autrefois la belle Mme Robinson ? A cela il ajouta d'autres observations non moins sauvages et brutales ; et, après avoir lancé une citation à comparaître sur le lit, il quitta l'appartement. Le misérable qui pouvait ainsi, en insultant les malades et en violant toutes les lois de l'humanité et de la pudeur commune, déshonorer la figure d'un homme, était un professeur et un prêtre de cette religion qui nous enjoint « de ne pas briser le roseau meurtri ». et pour panser les cœurs brisés ! » Son nom sera supprimé, par respect pour l'ordre dont il est indigne membre. Les conséquences de cette brutalité sur le pauvre malade furent de violentes convulsions, qui avaient presque éteint l'étincelle de vie en lutte.

Peu à peu, sa maladie céda aux soins et à l'habileté de ses médecins, et elle fut de nouveau rétablie en convalescence temporaire ; mais à partir de ce moment, ses forces déclinèrent progressivement. Même si son corps était ébranlé en son centre , sa situation l'obligeait encore à exercer les facultés de son esprit.

Les exercices ludiques de l'imagination se transformaient alors en travaux pénibles du cerveau ; aux nuits d'anxiété sans sommeil succédaient des jours de vexation et d'effroi.

Vers cette époque, elle fut incitée à entreprendre le département poétique pour le rédacteur en chef d'un journal du matin[52] et commença effectivement une série d'odes satiriques, sur des sujets locaux et temporaires, sur lesquelles fut apposée la signature de « Tabitha Bramble ». Parmi ces compositions plus légères, considérées par l'auteur comme indignes d'une place parmi ses poèmes rassemblés, s'introduisait occasionnellement une production plus mûre de son génie, dont la suivante « Ode au printemps », écrite le 30 avril 1780, est une belle et exemple touchant :

"ODE AU PRINTEMPS

"Une saison éclatante de vie ! Le printemps qui respire les odeurs !

    Paré de splendeurs céruléennes ! — vives, — chaleureuses,

Jetant un doux éclat sur les heures roses,

Et invoquant leurs beautés ! doux printemps!

Pour toi commence le monde végétatif

Pour rendre un nouvel hommage. Chaque coup de vent du sud

Chuchote ta venue ; - chaque spectacle tiède

Ravive tes charmes. La brise de la montagne

Transporte l'essence éthérée dans la vallée,

Pendant que la basse vallée rend son trésor parfumé

D'une douceur décuplée. Quand l'aube se dévoile

Ses splendeurs pourpres au milieu des nuages tachetés,

Ton influence réjouit l'âme. Quand midi se lève

Sa canopée brûlante, étendant la plaine

Du propre rayonnement du ciel avec une vaste lumière,

Tu souris triomphant! Chaque petite fleur

Semble exulter en toi, délicieux printemps,

Infirmière luxuriante de la nature ! Au bord du ruisseau,

Qui serpente son cours rapide sur le flanc de la montagne,

ta progéniture : jeunes primevères,

Et tous les bourgeons variés de la naissance la plus sauvage,

Parsemant gaiement la pente verte. Sur l'épine,

Qui arme la haie, les jeunes oiseaux invitent

Avec un joyeux ménestrel, strident et maz'd

Avec des cadences sinueuses : tantôt rapides, tantôt coulées

Dans la chanson basse et gazouillée . Le ciel du soir

Rend le principal lointain ; attraper la voile,

Qui diminue lentement, et avec une teinte pourpre

Varier la vague vert d'eau ; tandis que la jeune lune,

À peine visible parmi les teintes plus chaudes

splendeurs occidentales , lève lentement son front

Modeste et glacé ! Au-dessus de la plaine

Les rosées légères montent, aspergeant la tête du chardon,

Et accrochant ses gouttes claires sur les déchets sauvages

Du parfum de balai . Saison des délices !

pouvoir qui agrandit l'âme , dont la merveilleuse lueur

Peut faire sourire toute la nature ! Ah ! pourquoi pour moi

Venez sans être remarqué , toujours sans plaisir

Ce sein toujours en deuil ? Alors j'ai vu

Les flux les plus doux lient l'urne glacée ;

Les rayons du soleil les plus brillants brillent sur la tombe ;

Et le doux zéphyr embrasse le corps troublé,

Avec des murmures murmurés. Oui, pour moi, ô Printemps !

Tu viens mal accueilli par un sourire de joie;

Tome! ralentis avec cette tombe silencieuse

Où tout est vide et morne ! Encore une fois

Le printemps éternel de l'âme se lèvera,

Non visité par les nuages, par les tempêtes, par le changement,

Rayonnant et inépuisé ! Alors, mes amis,

Vous, ménestrels plumeux, et vous, vents doux,

Orne ta petite heure, et donne tes joies

voyageur aimant le monde ,

Qui, souriant, mesure le long chemin fluide

Cela mène à la mort ! Pour ces vagabonds

La vie est un rêve occupé, agréable et joyeux,

Et la dernière heure importune . Pas à moi,

Oh! ce n'est pas pour moi, sévère Mort, que tu es un ennemi ;

Tu es le messager de bienvenue, qui apporte

Un passeport pour un repos heureux et long. »

Une juste valeur était alors accordée aux efforts de Mme Robinson, par les directeurs du journal, qui « les considéraient comme l'un des principaux embellissements et supports de leur journal ».

Au printemps de 1800, les empiètements quotidiens de sa maladie la forcèrent à abandonner complètement ses emplois littéraires.

Selon les médecins, son trouble déclinait rapidement. Le docteur Henry Vaughan, qui unit à la compétence médicale la philanthropie la plus élevée, prescrit, comme dernière ressource, un voyage à Bristol Wells. Le désir de revoir ses scènes natales incita Mme Robinson à accéder avec empressement à cette proposition. Elle pleurait d'un plaisir mélancolique à l'idée de fermer à jamais les yeux sur un monde de vanité et de déception dans le lieu où elle avait respiré pour la première fois, et de terminer ses chagrins dans le lieu où elle était née ; mais même ce triste réconfort lui fut refusé, faute de moyens pécuniaires pour l'exécuter. En vain elle s'adressait à ceux sur lesquels l'honneur , l'humanité et la justice lui donnaient des droits incontestables. Elle daignait même demander, en guise de donation, le retour des sommes accordées en prêt dans sa prospérité.

Ce qui suit est la copie d'une lettre adressée à cette occasion à un noble débiteur, et trouvée parmi les papiers de Mme Robinson après son décès :

'À--

"23 avril 1800.

" MON SEIGNEUR : — Déclaré par mes médecins en déclin rapide, j'espère que Votre Seigneurie aura la bonté de m'assister avec une partie de la somme pour laquelle vous m'êtes redevable. Sans votre aide, je ne peux pas faire d'essai de les eaux de Bristol, le seul remède qui me présente quelque espoir de conserver mon existence. Je serais fâché de mourir en inimitié avec qui que ce soit, et vous pouvez être assuré, mon cher seigneur, que je n'en aurais aucune envers vous. inutile de vous demander de venir chez moi ; mais si vous me faisiez cet honneur , je serais heureux, très heureux de vous voir, étant,

"Mon cher seigneur,

"Votre serviteur,

"MARY ROBINSON."

A cette lettre, aucune réponse n'a été reçue ! D'autres commentaires sont inutiles.

La dernière représentation littéraire de Mme Robinson était un volume de Contes lyriques. Elle se rendit peu de temps après dans un petit cottage *ornée* , appartenant à sa fille, près de

Windsor. L'occupation et les divertissements ruraux, l'air calme et pur, apparurent pendant un temps pour lui remonter le moral et rénover son corps brisé. Une fois de plus, son esprit actif retourna à ses occupations habituelles et favorites ; mais le travail de fournir la variété constante exigée par une impression quotidienne, ajouté à d'autres engagements, qu'elle désespérait presque de pouvoir remplir, pesait lourdement sur son moral et alourdi son corps affaibli. Pourtant, au mois d'août, elle commença et termina, en dix jours, une traduction du « Tableau de Palerme » du docteur Hagar, effort par lequel elle fut grandement affaiblie. Elle dut renoncer, quoique à contrecœur, à la traduction du Messie de Klopstock, qu'elle avait proposé de donner au lecteur anglais en vers blancs, tâche particulièrement adaptée à son génie et à la tournure de son esprit.

Mais, au milieu de la pression d'une détresse compliquée, l'esprit de cette malheureuse femme était supérieur aux concessions inappropriées, et traitait avec une juste indignation les offres de service qui exigeaient le sacrifice de son intégrité.

Elle poursuivit pourtant, quoique avec difficulté et à de nombreux intervalles, ses vocations littéraires. Lorsque la douleur et la langueur l'obligèrent à limiter ses efforts, ses employeurs insensibles l'accusèrent de négligence. Cette inconsidération, même si elle se plaignait rarement, affectait son moral et s'attaquait à son cœur. A mesure qu'elle descendait d'heure en heure vers cet asile où « reposent les fatigués », son esprit semblait acquérir une force proportionnelle à la faiblesse de son corps. Lorsqu'elle ne pouvait plus supporter la fatigue d'être éloignée de sa chambre, elle gardait un parfait calme d'esprit et, dans les intervalles de souffrances corporelles extrêmes, écoutait pendant que sa fille lui lisait, avec un intérêt apparent et une concentration de pensée : faisant fréquemment des observations sur ce qui se passerait probablement lorsqu'elle aurait dépassé cette « terre d'où aucun voyageur ne revient ». La nature flatteuse de son trouble inspirait parfois à ses amis les espoirs les plus optimistes de son rétablissement ; elle même, par moments, chérissait cette idée. Mais à ces lueurs d'espoir, comme des éclairs à travers la tempête, succédèrent une tristesse plus profonde, et la conscience de son destin prochain revint dans l'esprit de la victime avec une conviction accrue.

Peu de jours après son décès, elle rassembla et arrangea ses œuvres poétiques, qu'elle engagea sa fille, par une adjuration solennelle, à publier pour ses abonnés, ainsi que le présent mémoire. Demander instamment que les documents préparés dans ce dernier but lui soient apportés, elle les remit entre les mains de Miss Robinson, avec l'injonction que le récit soit rendu public, ajoutant : « J'aurais dû le continuer jusqu'à présent. — mais peut-être vaut-il mieux que j'en sois empêché. Promets-moi que tu l'imprimeras ! La demande d'un parent mourant, ainsi formulée, et à un tel moment, ne pouvait être refusée. Elle est obéie. Grâce aux assurances solennelles de sa fille, que son dernier désir, si fortement pressé, serait satisfait, l'esprit de Mme Robinson devint calme et tranquille ; son intellect restait encore intact, bien que sa force corporelle se dégradât d'heure en heure.

Peu de temps avant sa mort, pendant un intervalle d'absence de sa fille dans sa chambre, elle appela un ami présent, dont le cœur bienveillant et la bonté incessante rencontreront, on l'espère, leur récompense par la suite, et la supplièrent d'observer son dernier » demande-t-il en ajoutant avec une tendresse mélancolique : « Je ne peux pas parler à ma pauvre fille de ces tristes sujets. Puis, avec une attitude sereine et une précision minutieuse, elle donna des ordres concernant son enterrement, qu'elle désirait pouvoir faire avec toute la simplicité possible. "Laissez-moi", dit-elle d'une voix impressionnante quoique presque inarticulée, "être enterrée dans le cimetière du vieux Windsor." Pour le choix de cet endroit, elle a donné une raison particulière. Elle parla aussi d'un entrepreneur de pompes funèbres, dont elle se souvenait avoir vu le nom sur sa porte, et qu'elle avait désigné de son voisinage vers le lieu probable de son décès. Quelques menus souvenirs, en hommage de son affection, étaient tout le bien qu'elle avait à léguer. Elle désirait aussi ardemment qu'une partie de ses cheveux soit envoyée à deux personnes en particulier.

Un soir, ses infirmières inquiètes, pour la distraire, lui parlèrent de quelques petits projets à entreprendre pour son rétablissement. Elle secoua la tête avec un mouvement émouvant et significatif. « Ne vous trompez pas, » dit-elle ; "Souvenez-vous, je vous le dis, je ne suis que très peu de temps pour ce monde." Puis, serrant contre son cœur sa fille, agenouillée près de son lit, elle tint pendant quelques minutes sa tête serrée contre son sein, qui palpitait, comme d'un conflit intérieur et angoissant . « Pauvre cœur, murmura-t-elle d'un ton profond et étouffé, que vas-tu devenir ? Elle s'arrêta quelques instants, et enfin, luttant pour reprendre plus de calme, désira d'une voix plus calme qu'on lui lisât. Pendant le reste de la soirée, elle resta placidement et même joyeusement attentive à la personne qui lisait, observant que, si elle se rétablissait, elle avait l'intention de commencer un long travail auquel elle consacrerait beaucoup de peine et de temps. « La plupart de ses écrits, ajoutait-elle, avaient été rédigés trop à la hâte ».

Son trouble approchait rapidement d'une période, l'accumulation d'eau sur sa poitrine menaçait à chaque instant l'étouffement. Pendant près de quinze nuits et jours, elle fut obligée d'être soutenue sur des oreillers ou dans les bras de ses jeunes et affectueuses nourrices.[53] Son décès, pendant cette période, était attendu d'heure en heure. Le 24 décembre, elle a demandé à quel point le jour de Noël était proche ! On lui répondit : « D'ici quelques jours », « Pourtant, » dit-elle, « je ne le verrai jamais. Le reste de cette mélancolique journée se passa dans des tortures indescriptibles . Vers minuit, le malade s'écrie : « Ô Dieu, ô Dieu juste et miséricordieux, aide-moi à supporter cette agonie ! » Toute la journée qui suivit, elle continua à endurer une grande angoisse. Le soir, une sorte de stupeur léthargique survint. Miss Robinson, s'approchant de l'oreiller de sa mère expirante, la conjura sincèrement de parler, si elle le pouvait. "Ma chérie Mary!" » articula-t-elle faiblement et ne parla plus. Au bout d'une heure, elle devint insensible à la douleur de ceux qui l'entouraient, et rendit son dernier soupir à midi et quart le lendemain midi.

Le corps a été ouvert, à la demande expresse des docteurs Pope et Chandler. La cause immédiate de sa mort semblait avoir été une hydropisie à la poitrine ; mais les souffrances qu'elle a endurées avant son décès étaient probablement causées par six gros calculs biliaires trouvés dans la vésicule biliaire.

Toutes ses demandes ont été strictement respectées. Ses restes ont été déposés, selon ses instructions, dans le cimetière du vieux Windsor ; l'endroit avait été balisé par une amie à qui elle avait fait part de ses vœux. Les funérailles n'ont réuni que deux amis littéraires.

En respectant les circonstances du récit précédent, chaque lecteur doit être laissé à sa propre réflexion. Pour l'esprit humain, les erreurs du malheureux sujet de ce mémoire sembleront avoir été plus qu'expiées par ses souffrances. Les honnêtes gens n'oublieront pas non plus les désavantages particuliers qui ont accompagné son introduction dans la vie, désavantages qui, en transformant en piège les bontés que la nature lui avait prodiguées, se sont révélés non moins fatals à son bonheur qu'à sa conduite. Il est inutile de commenter son mariage malheureux et ses conséquences encore plus malheureuses. Dans ces circonstances, son génie, sa sensibilité et sa beauté concourirent à sa destruction, tandis que, par sa situation exposée, son inexpérience de la vie, sa tendre jeunesse, avec l'ampleur des tentations qui l'assaillaient, elle ne pouvait guère manquer d'être trahie. .

"Dis, vous les plus sévères...

... qu'aurais-tu fait?"

La maladie qui l'a saisie dans l'épanouissement de la jeunesse et qui l'a poursuivie avec une sévérité incorrigible à travers toutes les étapes de la vie, jusqu'à ce que, dans la prunelle de ses pouvoirs, l'ait mise dans une tombe prématurée, montre, dans l'histoire de ses progrès, un série de souffrances qui pouvaient désarmer les plus sévères, adoucir les plus rigides et éveiller la pitié dans le cœur le plus dur. Ses efforts mentaux à travers cette maladie déprimante, l'élasticité de son esprit et la persévérance de ses efforts au milieu d'innombrables sources de vexation et de détresse, ne peuvent manquer, tout en éveillant la sympathie, d'extorquer l'admiration. Si cette belle plante, maintenant flétrie et faible dans la poussière, avait été transplantée au début de sa croissance dans un sol plus heureux, à l'abri des souffles aigus de l'adversité et du mildiou de la détraction, elle aurait pu étendre ses racines, déployer ses fleurs, diffuser sa douceur, répandait ses parfums et s'épanouissait toujours, belle à l'œil et reconnaissante aux sens.

Représenter le caractère de l'individu dans les circonstances de la vie, sa conduite dans ces circonstances et les conséquences qu'elles produisent finalement, est le domaine particulier de la biographie. Il reste donc peu de choses à ajouter. Le caractère bienveillant, la piété filiale et la tendresse maternelle de Mme Robinson sont illustrés dans les pages précédentes, alors que son génie, ses talents, la fertilité de son imagination et la puissance de son esprit se manifestent dans ses productions, la popularité de ce qui donne au moins une présomption de leur mérite. Ses manières étaient polies et conciliantes, sa capacité de conversation riche et variée. L'éclat de son esprit et les saillies de son imagination étaient toujours tempérés par la bonté et châtiés par la délicatesse. Quoique habituée à la société des grands, et payant au rang le tribut que les institutions civiles lui ont rendu dû, elle réservait son estime et sa déférence à ceux-là seulement dont les talents ou les mérites réclamaient l'hommage de l'esprit.

sympathisait sincèrement avec les malheureux adeptes des lettres , et on la voit souvent partager les bénéfices de son génie avec les disciples moins prospères ou moins favorisés de la muse.

Les productions de Mme Robinson, tant en prose qu'en vers, sont nombreuses et de divers degrés de mérite ; mais vers la poésie, l'impulsion native de son génie semble avoir été dirigée plus particulièrement. De l'éclat et du faux goût exposés dans la correspondance de Della Crusca [54], elle devint très tôt sensible ; plusieurs de ses poèmes respirent un esprit de juste sentiment et d'élégance simple.

JANE, DUCHESSE DE GORDON

UNE ÉLÉGIE PASTORALE SUR LA MORT DE MME.
ROBINSON

PAR PETER PINDAR

Adieu à la nymphe de mon cœur !

Adieu chaumière et vigne !

D'eux, avec une larme, je pars,

Où le plaisir était si souvent le mien.

Le souvenir s'attardera sur son sourire,

Et m'attarder sur son luth et son chant ;

C'est doucement mes heures pour séduire,

Les vallées faisaient souvent écho.

Une fois de plus, la belle scène me laisse voir,

La grotte, le ruisseau et le bosquet.

Chères vallées, pour toujours adieu !

Adieu à la fille de l'Amour !

JANE, DUTCHESSE DE GORDON

« Peu de femmes, dit Sir Nathaniel Wraxall , ont joué un rôle plus remarquable ou occupé une place plus élevée sur le théâtre public de la mode, de la politique et de la dissipation que la duchesse de Gordon. »

Jane, plus tard duchesse de Gordon, rivale en beauté et en talent de Georgiana, duchesse de Devonshire, est née dans le Wigtonshire , en Écosse. Son père, Sir William Maxwell de Monreith (anciennement Mureith), représentait l'une des nombreuses familles issues de la souche originale : Herbert de Caerlaverock, premier Lord Maxwell, l'ancêtre du célèbre comte de Nithsdale, dont la comtesse, Winifred, jouait un rôle si noble lorsque son mari était en prison pendant l'insurrection jacobite. De cette honorable maison descendit, de nos jours, le vaillant sir Murray Maxwell, dont la fille, Mme Carew, devint l'épouse du trop célèbre colonel Waugh ; les événements qui suivirent sont encore frais dans l'esprit du public. Jusqu'à ce que cette tache, la loyauté, l'honneur et la prospérité fassent des Maxwell de Monreith « les leurs ». En 1681, William Maxwell fut créé baronnet de la Nouvelle-Écosse. Divers mariages et mariages mixtes avec des familles anciennes et nobles maintenaient le sang pur, circonstance aussi prisée par les Écossais que par les Germains. Sir William, le père de la duchesse de Gordon, épousa Magdalene, fille de William Blair, de Blair, et eut de ses six enfants, trois fils et trois filles, dont la plus jeune avant une était Jane, sujet de ce mémoire.

Cette femme célèbre était une véritable Écossaise, fidèle à ses principes, fière de sa naissance, énergique et déterminée. Son énergie aurait pu s'éteindre comme un feu de paille sans sa détermination. Elle a mené à bien tout ce qu'elle a tenté ; et de grands charmes personnels accéléraient son influence dans cet état de société où, comme dans la capitale française, les femmes avaient, à cette époque, un degré d'ascendant étonnant quoique passager.

Les attraits de Jane Maxwell semblaient s'être développés très tôt, car avant qu'elle n'entre dans le monde gay, une chanson, "Jenny of Monreith ", fut composée en son honneur , que son fils, le duc de Gordon, chantait longtemps. après que les charmes ainsi célébrés eurent disparu. Ses traits étaient réguliers ; le contour de son visage était vraiment noble ; ses cheveux étaient foncés, ainsi que ses yeux et ses sourcils ; son visage long et joliment ovale ; le menton un peu trop long ; la lèvre supérieure était courte, et la bouche, malgré une certaine expression de détermination, douce et bien définie. Rien ne peut être plus approprié aux traits de ce timbre, qui demandent à être adoucis, que la manière de coiffer les cheveux alors générale. Sir Joshua Reynolds a peint la duchesse de Gordon avec ses cheveux noirs tirés en arrière, devant, sur un coussin ou sur un support qui leur donnait de l'ondulation ; autour de la tête, entre chaque riche masse, se trouvaient deux rangées de grosses perles, jusqu'à ce qu'au sommet elles se perdent dans les plis d'un ruban ; un double rang de perles autour du beau cou ; une collerette s'ouvrant bas sur le devant, un corsage serré et des manches pleines à l'extrême en haut, plus serrées vers les poignets, semblent indiquer que la robe de l'époque de Charles Ier avait même été choisie pour ce plus beau portrait. La tête est tournée de côté – avec beaucoup de jugement – probablement pour atténuer l'expression décidée du visage lorsqu'il est vu de face.

Cependant, à mesure qu'elle grandissait, on constata que la jeune femme manquait d'une grâce particulière : elle n'était pas féminine ; sa personne, son esprit, ses manières, tout, sous ce rapport, se correspondait. "Elle aurait pu", dit quelqu'un qui la connaissait, "avoir représenté avec justesse la Junon d'Homère." Toujours animé, avec des traits constamment en jeu, il lui manquait un grand charme : celui de la sensibilité. Parfois, son beau visage était assombri par la colère ; le plus souvent, il était irradié de sourires. Sa conversation anéantit également une grande partie de l'impression produite par sa beauté imposante. Elle méprisait les usages du monde, et, se croyant exemptée d'eux par son rang, après être devenue duchesse, elle s'en dispensa, et sacrifia à son ambition vénale quelques-unes des qualités les plus aimables de son sexe. Un de ses discours, alors que les honneurs devenaient, comme elle le pensait, trop courants à la cour, trahit son orgueil et sa grossièreté. « Ma parole, disait-elle, on ne peut pas regarder par la fenêtre de son carrosse sans cracher sur un chevalier. Quels que fussent ses défauts, sa beauté captivait l'imagination d'Alexandre, quatrième duc de Gordon, jeune homme de vingt-quatre ans, qu'elle épousa le 28 octobre 1767. La famille dans laquelle elle entra, ainsi que les La famille dont elle était issue, étaient des adeptes dévoués des Stuarts exilés et portaient, dans une large mesure, le torysme héréditaire de leur lignée exaltée. L'arrière-grand- mère du duc était cette singulière duchesse de Gordon qui envoya une médaille à la Faculté des avocats d'Edimbourg, avec la tête de James Stuart le Chevalier d'un côté, et de l'autre les îles britanniques, avec le mot « Reddite ». " inscrit en dessous. La Faculté a été très reconnaissante de ce cadeau. Après débat, ils acceptèrent la médaille, et envoyèrent deux de leurs corps remercier la duchesse, et lui dire qu'ils espéraient qu'elle serait bientôt en mesure de favoriser la société par une seconde médaille sur la Restauration. Le duc Alexandre, époux de Jane Maxwell, ne montrait, dans son caractère calme et inerte, aucune descendance de ce courageux partisan. C'était un homme sans énergie, sauf dans son amour des activités champêtres, et il laissait entièrement la promotion des intérêts familiaux à sa femme pleine d'entrain et ambitieuse. Ils se sont mariés seulement six ans après que George III ait accédé au trône. Jamais cour n'a été plus dépourvue de divertissements que celle du jeune souverain d'Angleterre de l'époque. Jusqu'à ses derniers jours, George II. il avait apprécié les festivités, quoique d'un caractère allemand lent et formel ; mais son petit-fils se borna, dès l'âge de vingt-deux ans, à ses devoirs publics et privés. Il ne fréquentait pas les mascarades ni ne participait aux jeux. Les splendeurs d'une cour étaient réservées aux anniversaires, et à ceux-là seuls ; le roi ne s'asseyait pas non plus habituellement à table avec la noblesse ou avec ses courtisans. Jamais il ne se rendit coupable du moindre excès à table, et ses repas étaient simples, sinon frugaux. A une levée, sur la terrasse de Windsor, ou dans le cercle de Hyde Park, on pouvait voir ce modèle de digne gentleman anglais, soit avec sa reine aux traits simples au bras, soit conduit dans son carrosse bien connu avec ses vieux et célèbres chevaux couleur crème. Junius se moquait de la cour, « où, dit-il, les prières sont la morale et s'agenouiller est la religion ». Mais bien que manquant d'animation, il était bien moins répréhensible que celui qui le précédait ou celui qui le suivit. La duchesse de Gordon, d'une conduite irréprochable et de hauts principes conservateurs, convenait bien à une cour sur laquelle Lord Bute exerçait une forte influence. Elle avait naturellement un esprit calculateur. La renommée, l'admiration, la mode étaient des bagatelles agréables, mais la richesse et le rang étaient les buts solides vers lesquels tous les efforts étaient dirigés. Contrairement à sa future rivale, la duchesse de Devonshire, qui s'appauvrit dans ses charités sans limites, la duchesse de

Gordon garda en vue la principale chance et résolut dès sa prime jeunesse d' agrandir la famille dans laquelle elle était entrée.

Son empire spirituel était incontesté, car la duchesse de Devonshire n'était alors qu'une simple fille, sur les genoux de sa mère ; mais cette beauté fut contestée par Mary, duchesse de Rutland, dont on se souvient si bien de nos jours, qu'elle survécut jusqu'en 1831.

Ce spécimen exquis de beauté anglaise, comparé par certains à Musidora , tel que décrit par Thomson, était la plus belle femme de rang du royaume. Chaque tour de ses traits, chaque forme de ses membres était parfaite, et la grâce accompagnait chaque mouvement. Elle était grande, de taille juste ; mince, mais pas mince ; ses traits étaient délicats et nobles ; et ses ancêtres, les Plantagenêt, étaient représentés en elle par un échantillon irréprochable d'attributs personnels. Elle était la fille d'une race qui a donné au monde plusieurs héros, un philosophe et plusieurs beautés célèbres : celle de Somerset ; et, en tant que descendant des défenseurs du château de Raglan, on pourrait s'attendre à ce qu'il combine diverses qualités nobles avec des dons personnels. Mais elle était froide, quoique coquette. Chez la duchesse de Devonshire, c'était le *besoin d'aimer* , la nature cordiale reculait sur elle-même devant un juron qui la trahissait en un encouragement de ce qui lui offrait un semblant d'affection, en la tentation d'être aimée. Pour la duchesse de Gordon, ses conquêtes étaient enrichies par le souvenir de ce qu'elles pouvaient apporter ; mais la duchesse de Rutland considérait ses admirateurs comme des hommages à une déesse. Elle était dépourvue des sourires, de l'intelligence et de la douceur de la duchesse de Devonshire ; et consciente des charmes, reçut l'adoration comme elle lui était due. « En vérité, écrit Sir Nathanial Wraxall , qui la connaissait bien, je ne l'ai jamais contemplée que comme une statue enchanteresse, formée pour exciter l'admiration plutôt que pour éveiller l'amour, cette superbe production de la nature n'étant pas éclairée par les attractions mentales correspondantes. ".

Cette dame était unie à l'un des hommes les plus attirants et les plus populaires, mais l'un des plus imprudents et des plus conviviaux. Fils de ce célèbre marquis de Granby que Junius attaquait, le jeune duc de Rutland était un fervent partisan de Pitt, qu'il fit entrer le premier à la Chambre des Communes, et sur la volonté duquel il accepta le gouvernement de l'Irlande en 1784. Jamais il n'y eut autant de splendeur à la cour vice-royale qu'à son époque. Des navires chargés de produits de luxe coûteux en provenance d'Angleterre ont été aperçus à de courts intervalles dans la baie de Dublin ; les banquets donnés étaient des plus coûteux ; les soirées au château étaient partagées entre jouer et boire ; et pourtant, les matins, le jeune duc déjeunait de six ou sept œufs de dinde. Puis, lorsqu'il était en route, il parcourait quarante ou cinquante milles, revenait dîner à sept heures et restait assis jusqu'à une heure tardive, souper avant de se retirer pour se reposer.

La duchesse avait peu de place dans son cœur, et la sirène, Mme Billington, le tenait temporairement en esclavage ; mais la constance était impossible à un homme d'un tel calibre . Néanmoins, lorsque le duc vit sa femme entourée d'admirateurs, que sa légèreté encourageait, il devint jaloux, et ils se séparèrent, pour la dernière fois comme cela s'avéra, en mauvais termes. Un soir, le voyant jouer, la duchesse s'approcha de la fenêtre de la chambre où il était assis et frappa dessus. Il était très irrité par cette interférence avec ses divertissements. Elle retourna en Angleterre, invalide, pour consulter le docteur Warren, le père du défunt médecin de ce nom. Alors qu'elle résidait avec sa mère à Berkeley Square, elle apprit que le duc était atteint de fièvre. Elle envoya le docteur Warren le voir et s'apprêtait à le suivre lorsque le médecin revint. A Holyhead, il avait entendu dire que le duc n'était plus. Il mourut à l'âge de trente-trois ans, son sang ayant été enflammé par son intempérance, qui cependant n'affecta jamais sa raison, et fut donc d'autant plus destructrice pour sa santé. Sa veuve, malgré leur aliénation, a pleuré longtemps et profondément. Jamais elle ne parut plus belle que lorsqu'en 1788 elle reparut après sa réclusion. Comme Diane de Poictiers , elle conserva sa merveilleuse beauté jusqu'à un âge avancé. Dernièrement, elle couvrait ses rides d'émail, et, lorsqu'elle paraissait en public, elle sortait toujours d'une chambre dont les fenêtres, qui pouvaient laisser passer l'humidité, étaient ouvertes. Elle ne se remaria jamais, malgré les différents prétendants qui désiraient obtenir sa main.

Pendant longtemps , la duchesse de Gordon a continué à régner sur le parti conservateur presque sans rival. Quand enfin la duchesse de Devonshire se présenta comme la championne des Foxites , Pitt et Dundas, plus tard lord

Melville, lui opposèrent la duchesse de Gordon. À cette époque, elle vivait dans le splendide manoir du marquis de Buckingham à Pall Mall. Chaque soir, de nombreuses assemblées de personnes attachées à l'administration se réunissaient dans ces salons majestueux, construits sur ou à proximité de la terrasse sur laquelle Nell Gwyn causait avec Charles II sur l'herbe en contrebas, tandis qu'il allait nourrir ses oiseaux dans ses jardins. S'appuyant sur son rang, son influence, sa beauté, la duchesse de Gordon agissait de la manière la plus déterminée en tant que porte-parole du gouvernement. Lorsqu'un membre sur lequel elle comptait manquait, elle n'hésitait pas à le faire appeler, à lui faire des remontrances, à le persuader, à le fixer par mille arts. La scène devait être étrange, plus étrange qu'attrayante. Tout était oublié, sauf le grand objet de la soirée, le thème de tous les discours : le prochain débat et ses partisans. Au cours de l'année 1780 se produisirent des événements qui, pendant un certain temps, parurent susceptibles d'ébranler la prospérité de la famille Gordon, presque jusqu'à sa chute.

Le duc avait deux frères, dont l'aîné, Lord William, était le Ranger de Windsor Park et survécut jusqu'à un âge avancé. Le plus jeune, Lord George, occupe une place très remarquable, mais peu honorable, dans les annales de son pays. Aucun événement de notre histoire n'a d'analogie avec ce qu'on appelle les « émeutes de Gordon », à l'exception de l'incendie de Londres sous le règne de Charles II ; et même cette calamité n'offrit pas le triste spectacle qui accompagna les incendies de 1780. Dans le premier cas, les misérables souffrants n'avaient à lutter qu'avec un élément dévorant ; dans ce dernier cas, ils durent chercher la protection, et la chercher en vain, auprès d'une population de la description la plus basse et des desseins les plus ignobles, qui emportait avec elle la destruction partout où elle allait. Même pendant la Révolution française, aussi révoltante et dégradante qu'elle soit, le tison n'était pas employé à l'œuvre de destruction ; les bâtiments publics et privés de Paris furent épargnés.

L'auteur de toutes ces calamités, Lord George Gordon, était un jeune homme aux manières douces et agréables, et à l'apparence délicate et noble. Ses traits étaient réguliers et agréables ; il était maigre et pâle, mais avec une expression rusée et sinistre sur son visage qui indiquait une mauvaise idée. Il dépendait de son frère aîné, le duc, pour son entretien, six cents livres par an lui étant accordées par Sa Grâce. Tel était l'extérieur, telle était la situation d'un incendiaire qui a été classé avec Wat Tyler et Jack Cade, ou avec Kett, le délinquant du temps d'Édouard VI.

C'est sous l'administration de Lord North qu'eurent lieu les émeutes de Cordon, excitées par les harangues et les discours de Lord George. Le 2 juin, il harangua le peuple ; le 7, ces troubles mémorables éclatèrent ; Bloomsbury Square fut le premier point d'attaque. À l'époque de Pope, cette place aujourd'hui négligée était à la mode :

« Dans Palace Yard, à neuf heures, vous me trouverez là-bas ;

À dix heures, bien sûr, monsieur, à Bloomsbury Square. »

Baxter, le non-conformiste, et Sir Hans Sloane habitaient autrefois ce qu'on appelait, à leur époque, Southampton Square, depuis Southampton House, qui occupait tout un côté de Bloomsbury Square, et fut longtemps la demeure de Lady Rachel Russell, après l'exécution de son exécution. seigneur. Comme toute autre partie de ce qu'on peut appeler le « vieux Londres », elle est presque sanctifiée par les souvenirs des lettrés et des malheureux. Mais la gloire de Bloomsbury Square était, à cette époque, la maison de Lord Mansfield, à l'extrémité nord du côté est ; dans lequel ce juge avait rassemblé de nombreux objets de valeur, parmi lesquels sa bibliothèque était la plus chère à son cœur ; c'était la plus belle bibliothèque juridique de son temps. Dès que la longue journée d'été fut terminée et que l'obscurité permit de reconnaître pleinement les actes de violence , Hart Street et Great Russell Street furent éclairées par de grands incendies, composés de meubles pris dans les maisons de certains magistrats. En entrant dans Bloomsbury, l'observateur étonné des horreurs de cette nuit a vu, avec consternation, la porte du hall de la maison de Lord Mansfield ouverte ; et aussitôt tout le contenu des différents appartements fut jeté sur la place et incendié. En vain un petit corps de fantassins tenta d'intimider les émeutiers. La maison entière fut consumée, et la vengeance se serait abattue sur Lord Mansfield et sa dame s'ils ne s'étaient pas échappés par une porte dérobée quelques minutes avant que la salle ne soit cambriolée ; tel fut cet acte de destruction mémorable, si prompt, si complet. Suivons la foule, en imagination, et quittons le bûcher à Bloomsbury Square, suivons les pas de la foule jusqu'à Holborn. Nous nous souvenons, à mesure que nous progressons, avec un sentiment amer, que Holborn était la route réservée aux criminels de Newgate à Tyburn . C'est maintenant un éclat de lumière ; dans le creux près de Fleet Market, la maison et les entrepôts de M. Langdale, un catholique – un chrétien comme nous, bien qu'il ne fasse pas partie de notre propre église bénie et réformée – flambent ; un sommet de flamme, comme un volcan, est envoyé dans les airs. L'église Saint-André est presque brûlée par la chaleur ; tandis que les chiffres de l'horloge, cet annaliste qui compte, en l'état, les heures de culpabilité, sont clairs comme à midi. Les gouttières en dessous, captant çà et là les lueurs du ciel enflammé, ruissellent des liqueurs spiritueuses des distilleries pillées ; la nuit est calme, comme si aucune persécution n'en ternissait la beauté ; parfois, elle est obscurcie par des volumes de fumée, mais ceux-ci disparaissent et les spectateurs consternés de la rue en contrebas sont clairement visibles. Ici se tient une mère avec un bébé dans ses bras qui regarde ; là, un père, conduisant son garçon au point d'observation le plus sûr. Nous nous étonnons de leur audace ; mais c'est le signe le plus terrible de l'effroi – dans leurs maisons, ils ne sont pas en sécurité – partout, n'importe où, la main impitoyable et invisible peut jeter le tison, et tous peuvent périr. À cette heure matinale, il ne semblait y avoir aucun meneur, aucun pillage ; il paraissait difficile de concevoir qui pouvait être le misérable qui avait incité, qui avait dirigé cette effroyable émeute ; mais, aux fenêtres, on voyait des hommes arracher tranquillement des tableaux des murs ; meubles, livres, assiettes, de leur place, et les jeter dans les flammes. A l'approche de minuit, les passions féroces de la multitude furent exacerbées par des esprits ardents ; pas un soldat, ni à cheval ni à pied, n'est visible. "Pendant que nous nous trouvions", raconte un témoin oculaire, "près du mur du cimetière Saint-André, un gardien, sa lanterne à la main, passait, sonnant l'heure comme à une époque de profonde sécurité."

Pendant ce temps, la prison de King's Bench était enveloppée par les flammes ; le Mansion House et la Banque ont été attaqués. Mais les troupes tuaient et dispersaient les émeutiers sur le pont de Blackfriars ; un conflit désespéré entre le cheval et la foule se déroulait près de la banque. Quelle nuit! La ville entière semblait abandonnée au pillage, à la destruction. Les cris, les hurlements, les hurlements des femmes, les crépitements des maisons en feu, les tirs de pelotons vers St. George's Fields, se combinent pour montrer qu'aucune horreur, aucun ennemi n'est égal à ceux de la trahison domestique, de la persécution domestique, de la fureur domestique et engouement.

Les catholiques romains ne furent pas les seuls à être menacés. La maison de Sir George Savile à Leicester Square – autrefois la localité paisible dans laquelle Dorothy Sydney, la « Sacharissa » de Waller, a fleuri – a été pillée et incendiée. Alors la duchesse de Devonshire prit peur et n'osa pas rester à Devonshire House plusieurs nuits après le crépuscule, mais se réfugia chez Lord Clermont à Berkeley Square, dormant sur un canapé dans le salon. À Downing Street, Lord North dînait avec son frère, le colonel North, M. Eden, puis Lord Auckland, l' honorable John St. John, le général Fraser et le comte Malzen , le ministre prussien. La petite place qui entourait alors Downing Street était remplie de foule. "Qui commande l'étage supérieur ?" » dit Lord North. "Oui", répondit le colonel North; " et j'ai vingt ou trente grenadiers bien armés , prêts à tirer au premier avis. "

"Si vos grenadiers tirent", dit calmement M. Eden, "ils tireront probablement sur ma maison juste en face."

La foule était maintenant menaçante ; à chaque instant le péril augmentait. M. St. John tenait un pistolet à la main ; et Lord North, qui ne pouvait jamais s'empêcher de plaisanter, dit : « Je n'ai pas autant peur de la foule que du pistolet de Jack St. John. Peu à peu, cependant, la foule, voyant que la maison était bien gardée, se dispersa, et les messieurs se remirent tranquillement à leur vin jusque tard dans la soirée, lorsqu'ils montèrent tous au sommet de la maison et virent la capitale flamboyante. . C'est ici que fut lancée la première suggestion d'une coalition entre Lord North et Fox, pour sauver le pays et eux-mêmes, et se perfectionna ensuite dans les coulisses de l'Opéra de Haymarket. Au cours de cette nuit mémorable, George III se comporta avec le courage qui, quels que soient ses défauts, a toujours distingué la famille hanovrienne. Grâce aux mesures vigoureuses, tardives certes, mais pas trop tard, auxquelles il adhéra au Conseil, Londres fut sauvée. Mais la fureur populaire s'était étendue à d'autres villes. Bath était en tumulte ; une nouvelle chapelle catholique romaine y a été incendiée. Mme Thrale, apprenant que sa maison de Streatham avait été menacée, la fit vider de ses meubles. La maison de Mme Thrale a été attaquée à trois reprises ; ses objets de valeur et ses meubles en furent également enlevés ;

et elle jugea prudent de quitter Bath, dans laquelle des autocars, marqués de « Pas de papisme », roulaient toutes les heures. Le sang-froid avec lequel les émeutiers accomplissaient leur travail semblait rendre la scène plus effrayante, car ils accomplissaient ces actes de violence comme s'ils accomplissaient un devoir religieux plutôt que des actes de haine exécrable.

Ce n'est que deux ou trois jours après que la tranquillité fut rétablie que Lord George Gordon fut appréhendé. On reprochait à juste titre aux ministres de ne pas l'avoir envoyé à la Tour le 2 juin, alors qu'il avait rassemblé et excité la foule pour extorquer à la Chambre des Communes l'acquiescement de leurs vœux. Une telle démarche, alors que la Chambre était entourée de multitudes, et qu'à chaque instant on s'attendait à ce que la porte soit forcée, eût été hasardeuse ; si cela s'était produit, Lord George aurait subi une mort instantanée. Le général Murray, plus tard duc d' Atholl , tenait son épée prête à la passer à travers le corps de Lord George au moment où la foule se précipitait. Le comte de Carnarvon, le grand-père du comte actuel, le suivit de près avec la même intention.

L'indignation des Communes insultées était extrême, et la détresse et le mécontentement de la propre famille de Lord George étaient sans doute excessifs. La Chambre des communes n'avait jamais été ainsi insultée auparavant. Il est difficile de déterminer quels ont pu être les motifs de Lord George pour la conduite qui a conduit à ces terribles résultats, pendant lesquels il a conservé un sang-froid qui confinait à l'insensibilité ; il était parfaitement maître de lui-même pendant que la ville était en flammes. On peut en attribuer beaucoup au fanatisme et au dérangement mental qu'il a produit ou manifesté. Trop tard, il essaya en vain d'apaiser la fureur qu'il avait excitée, et proposa de se tenir aux côtés de Lord Rodney[55] lorsque la banque serait attaquée, pour aider cet officier, qui commandait les gardes, dans sa défense .

Lord George vivait alors dans la rue Weibeck, Cavendish Square, et la tradition attribue comme maison celle maintenant occupée par M. Newby, l'éditeur, le n° 30, et pendant de nombreuses années la maison du comte Woronzoff , l'ambassadeur de Russie, qui y mourut. Lord George y prépara sa défense , qui fut confiée au grand Erskine, alors dans la fleur de l'âge, ou, comme on l'appelait dans les caricatures dont les magasins étaient remplis, à cause de son extrême vanité, *le conseiller Ego* . En février 1781, le procès eut lieu et Lord George fut acquitté. Il se retira à Birmingham, devint juif et vécut dans cette foi, ou dans l'illusion qu'il le faisait. Les centaines de personnes qui périrent à cause de sa folie ou de sa folie furent vengées lors de son emprisonnement ultérieur à Newgate pour diffamation contre Marie-Antoinette, dont il fut reconnu coupable. Il mourut quelques années après les émeutes de 1780, à Newgate , généralement condamné et peu compatissant.

Il ressort des lettres adressées par le docteur Beanie à la duchesse de Gordon qu'elle n'était pas à Londres pendant les émeutes de juin 1780. Le poète lui avait été présenté par Sir William Forbes et visitait fréquemment le château de Gordon. Nous le trouvons, alors que Londres était en feu, envoyant un colis de *Mirrors* , le journal à la mode « Count Fathom », « The Tale of a Tub », et la romance fantaisiste et oubliée de l'évêque Berkeley, « Gaudentio di Lucca », à amuser sa solitude. « Gaudentio , écrit-il, vous amusera, même s'il contient des passages fastidieux. Toute la description du passage des déserts d'Afrique est particulièrement excellente. Il est singulier que ce rêve de Mgr Berkeley d'un pays fertile et délicieux au centre de l'Afrique ait été presque réalisé de nos jours par les découvertes du docteur Livingstone.

A son cadeau de livres, le docteur Beattie ajouta un flacon de whisky, qu'il scella de son sceau habituel : « Les trois grâces, que je considère comme les plus proches parents de Votre Grâce, car elles ont l' honneur , non seulement de porter l'un de vos titres, mais aussi pour vous ressembler extrêmement dans la forme, les traits et les manières si vous aviez vécu il y a trois mille ans, ce que je suis très heureux que vous n'ayez pas fait, il y en aurait eu quatre, et vous le premier. assistez à Votre Grâce!"

Ce gracieux morceau d'adulation fut suivi d'un tendre souci pour la santé de « Sa Grâce ». Une bénédiction sportive fut offerte pendant que la duchesse se trouvait à Glenfiddick , un terrain de chasse au cœur des Grampian Hills, un endroit sauvage et isolé que le docteur Beattie aimait particulièrement.

"Je me réjouis du beau temps, croyant qu'il s'étend jusqu'à Glenfiddick , où je prie pour que Votre Grâce puisse jouir de toute la santé et du bonheur que procurent le bon air, le petit-lait de chèvre, la solitude romantique et la société des plus beaux enfants du monde." que le monde puisse vous offrir. Que vos journées soient un clair soleil ; et qu'une douce pluie donne du baume à vos nuits, que les fleurs et les bouleaux vous saluent le matin de tout leur parfum ! Que les enfants s'amusent et jouent des tours devant vous ! une vivacité inhabituelle ; et que le chant des oiseaux, le bourdonnement des abeilles et la cascade lointaine, avec de temps en temps le cor du berger résonnant dans les montagnes, vous divertissent avec un chœur complet de musique des Highlands. Mon imagination avait divisé la charmante petite ! pénétrez dans mille petits paradis dans l'espoir d'y être et de voir chaque jour dans cette solitude ce qui est

"Plus juste que ce qui était célèbre autrefois, ou légendaire depuis,

Des demoiselles féeriques, rencontrées dans les vastes forêts

Par des chevaliers errants.

Mais les informations que vous avez reçues à Cluny ont mis un frein à mon imagination et ont été en réalité une grande déception pour Mme Beattie et moi ; non pas à cause du petit-lait des chèvres, mais parce qu'il nous tient si longtemps à une telle distance de Votre Grâce.

Lorsqu'elle était au château de Gordon, la duchesse s'occupait d'activités qui s'amélioraient tout en lui rafraîchissant l'esprit. Elle promit au docteur Beattie de lui envoyer l'histoire d'une journée. Sa journée semble avoir été en partie consacrée à l'instruction de ses cinq filles, ainsi qu'à une correspondance et à des lectures actives. Il est difficile d'imaginer cette femme occupée et flattée lisant les sermons de Blair – alors récemment publiés – à sa famille le dimanche ; ou le duc, que le docteur Beattie décrit comme « plus astronomique que jamais », occupé du matin au soir à faire des calculs avec M. Copland, professeur d'astronomie au Marischal College d'Aberdeen. Les lettres de Beattie à la duchesse, bien que trop flatteuses, étaient celles d'un homme qui respecte la compréhension de la femme à qui il écrit. Les anecdotes suivantes, l'une relative à Hume, l'autre à Haendel, se trouvent dans ses lettres à la duchesse de Gordon, et on ne peut les lire sans intérêt.

"M. Hume se vantait auprès du docteur (Grégoire) d'avoir eu l' honneur de compter parmi ses disciples de nombreuses personnes du beau sexe. 'Maintenant, dites-moi, ' dit le docteur, 'si vous aviez une femme ou une fille, vous souhaiteriez qu'ils soient vos disciples ? Réfléchissez bien avant de me répondre ; car je vous assure que quelle que soit votre réponse, je ne la cacherai pas. M. Hume, avec un sourire et une certaine hésitation, répondit : « Non, je crois que le scepticisme est peut-être une vertu trop forte pour une femme. Miss Gregory se souviendra certainement qu'elle a entendu son père raconter cette histoire. »

Encore une fois, à propos de Haendel :

« J'ai récemment entendu deux anecdotes qui méritent d'être écrites et que vous serez heureux d'entendre. Lorsque le « Messie » de Haendel fut joué pour la première fois, le public fut extrêmement frappé et affecté par la musique en général ; mais lorsque le chœur " Car le Seigneur Dieu Tout-Puissant règne ", ils furent si transportés qu'ils tous, avec le roi (qui se trouvait être présent), se levèrent et restèrent debout jusqu'à la fin du chœur et c'est ainsi que c'est devenu la mode en 1940 ; Angleterre pour que le public se lève pendant que cette partie de la musique est jouée. Quelques jours après la première représentation du même oratorio divin, M. Haendel est venu rendre hommage à Lord Kinnoul , qu'il connaissait particulièrement Sa Seigneurie. était naturel, lui fit quelques compliments sur le noble divertissement qu'il avait récemment donné à la ville. « Monseigneur, dit Haendel, je serais désolé si je ne faisais que les divertir – je souhaite les rendre meilleurs.

On dit que les heures les plus heureuses de Beattie se passèrent à Gordon Castle, avec ceux dont il contribua à former les goûts, à certains égards différents des siens ; tandis qu'il était charmé de la beauté, de l'esprit, de l'esprit cultivé de la duchesse, et qu'il appréciait justement ses talents et ses vertus. Tout au long d'une amitié de plusieurs années, sa gentillesse était inchangée ;

"Je ne suis jamais ébranlé par ces cataractes et ces fractures

Ce que fait trop souvent l'humour interposé."

La duchesse éprouvait sincèrement les chagrins domestiques du pauvre Beattie ; pour les particularités de sa femme, qu'il désignait comme « nerveuse » ; pour la mort prématurée de son fils, en qui toutes les affections du poète étaient liées et vers le bien-être duquel toutes ses pensées étaient dirigées.

On préférerait s'inspirer de Beattie pour s'inspirer du personnage de la duchesse de Gordon plutôt que de la plume d'écrivains politiques qui ne la connaissaient que comme partisane. La duchesse, selon Beattie, était sensible à chaque belle impulsion ; elle-même démonstrative, détestant la froideur des autres ; la vie de chaque parti ; l'ami consolateur de chaque scène de chagrin ; un composé de sensibilité et de vivacité, de force et de douceur. Ce n'est pas l'opinion que le monde a eu de son personnage. Beattie quittait toujours Gordon Castle « avec des soupirs et des larmes ». C'est beaucoup d'avoir ajouté aux lueurs passagères de bonheur dont jouit un homme si bon et si affligé. « Je ne peux pas penser », écrivit-il, sous la pression d'une calamité redoutée : celle de voir sa femme folle ; « Je suis trop agité et *distrait* (comme dirait Lord Chesterfield) pour lire quoi que ce soit qui ne soit pas très décousu ; je ne peux pas jouer aux cartes ; je ne pourrai jamais apprendre à fumer ; et mes jours de musique sont terminés. Ma première excursion, si jamais J'en fais, ça doit être à Gordon Castle."

Il y trouva ce qui est indispensable à un tel homme : la convivialité. L'amusement n'était pas ce dont il avait besoin ; c'était apaisant. C'est en présence de la duchesse qu'il écrivit les « Lignes à la plume » suivantes :

"Allez et laissez-vous guider par les yeux les plus brillants,

Et à la main la plus douce ton aide accorde ;

Pour retracer les idées justes au fur et à mesure qu'elles surgissent,

Chaleureux du cœur le plus pur, le plus doux et le plus noble ; "

des lignes dans lesquelles l'éloge vaut plus que la poésie. La duchesse lui envoya une copie par Smith de son portrait par Sir Joshua Reynolds, tableau auquel il a déjà été fait référence.

En 1782, la duchesse pleura la mort de Lord Kaimes , pour qui elle avait une sincère amitié, bien que les opinions religieuses de cet homme célèbre différaient grandement de celles de Beattie. Lord Kaimes fut auteur pendant cinquante-six ans, en compagnie de l'excentrique Lord Monboddo , l'auteur de la théorie selon laquelle les hommes auraient eu une queue. Lord Kaimes passa quelques jours au château de Gordon peu avant sa mort. Monboddo et lui se détestaient et se chamaillaient sans cesse. Lord Kaimes ne comprenait pas le grec ; et Monboddo , qui était aussi fou et aussi ennuyeux du grec et d'Aristote, et aussi absurde et bizarre sur ce point que Don Quichotte l'était de la chevalerie, lui dit que sans comprendre le grec, il ne pouvait pas écrire une page de bon anglais. Leurs arguments devaient être très divertissants. Lord Kaimes , sur son lit de mort, laissa un souvenir à la duchesse de Gordon, qui l'avait justement apprécié, et le défendit de l'accusation de scepticisme. Lord Monboddo compara la duchesse à Hélène de Troie, dont il affirmait qu'elle mesurait sept pieds de hauteur ; mais ni par sa stature, ni par sa beauté, ni par les circonstances de sa vie, cela n'apparaît pas.

Le bonheur de la duchesse était parachevé par les bénédictions qui lui étaient accordées dans sa famille. En 1770 eut lieu la naissance de son fils aîné George, longtemps aimé en Écosse alors qu'il était marquis de Huntley. Le docteur Beattie le décrit comme « le meilleur et le plus beau garçon qui soit jamais né ». Il s'avère être l'un des plus populaires de la jeune noblesse de cette époque. Le docteur Beattie conseilla fortement à la duchesse d'engager pour lui un précepteur anglais, un ecclésiastique, recommandé soit par l'archevêque d'York, soit par le prévôt d'Eton. Lorsqu'il fut question par la suite de savoir si le jeune héritier devait aller à Oxford ou à Cambridge, le docteur, qui semble avoir été une autorité universelle, reconnut que Cambridge était le meilleur pour un homme d'études, tandis qu'Oxford avait plus d'audace et d'esprit dans son esprit. il : si peu de choses ont changé depuis lors.

Quinze ans semblent s'être écoulés avant la naissance d'un deuxième fils, Alexandre. Ces deux descendants de cette maison ducale sont devenus des militaires : le jeune marquis était colonel des Scots Fusileer Guards, et a servi dans la guerre péninsulaire, et a finalement été gouverneur du château d'Édimbourg. Beaucoup de frères officiers, de nombreux vieux soldats se souviennent longtemps de lui comme d'un homme vaillant, courtois et au cœur gai ; avec quelques-uns des défauts et toutes les vertus du caractère militaire. Il épousa tard dans sa vie Elizabeth, fille d'Alexander Brodie, Esq., d' Arnhall , Nouveau-Brunswick, qui lui survécut. Lord Alexander Cordon est mort célibataire; mais cinq filles ajoutèrent à l'éclat de la famille par des alliances nobles et riches.

Wraxall remarque « que les devoirs conjugaux de la duchesse de Gordon pesaient sur son cœur avec moins de force que ses sollicitudes maternelles ». Pour leur élévation, elle pensait en effet qu'aucun sacrifice n'était trop grand, ni aucun effort trop laborieux. Dans le succès de ses spéculations matrimoniales , elle a été comparée à Sarah, duchesse de Marlborough, qui comptait parmi ses gendres deux ducs et trois comtes. Mais les filles de la fière Sarah étaient, a-t-on observé, les enfants de John Churchill, et sur elles furent installés successivement Blenheim et le duché. Les dames Gordon étaient sans portions et bien moins belles que leur mère. C'est à son habile diplomatie que l'on doit seule ces brillantes fortunes.

Lady Charlotte, l'aînée, avait dix-huit ans lorsque sa mère entreprit pour elle des projets matrimoniaux et choisit pour leur objet non moins un personnage que Pitt, alors premier ministre. Ses projets auraient pu réussir si Pitt n'avait pas eu cet obstacle certain à la gestion maternelle : un ami. Cet ami était le subtil Henry Dundas, plus tard lord Melville ; un de ces hommes qui, sous l'apparence de manières non gardées et d'une allure libre et ouverte, cachent les plus profonds desseins d' agrandissement personnel . Gouvernant l'Inde, gouvernant l'Écosse, vice-gérant à Édimbourg pour les places et les pensions, Dundas attendait avec impatience une pairie et gardait un œil constant sur Pitt, qu'il guidait dans de nombreuses questions, adaptant sa conduite et sa conversation au ton particulier de la l'esprit du ministre. Il n'utilisait jamais de flatterie – une dictée qu'il évitait soigneusement ; les deux auraient nui à son influence auprès de l'homme d'État réservé.

Pitt n'était en aucun cas fait pour gagner l'affection d'une jeune fille épanouie de dix-huit ans qui, quoi qu'en ait pensé Wraxall , vécut pour être l'une des femmes les plus belles et les plus gracieuses de son temps. Il y a de nombreuses années, du vivant de Sir Thomas Lawrence, son portrait de la duchesse de Richmond, anciennement Lady Charlotte Cordon, était exposé à Somerset House. Les charmes féminins de ce beau visage étaient si exquis, les formes qu'il avait représentées si élégantes, que tous se pressaient pour regarder cette silhouette d'une femme qui n'était plus jeune ; tandis que les beautés épanouies de la jeunesse étaient laissées de côté alors qu'elles étaient accrochées aux murs dans toutes les couleurs éclatantes de l'enfance.

Dans les termes les plus intimes avec la duchesse, Pitt semble avoir été touché par les attraits de Lady Charlotte et lui avoir prêté quelques attentions. C'était l'un des hommes les plus raides et les plus timides, d'une silhouette fine, mais d'un visage clair ; le dernier homme à être fasciné, le dernier à fasciner. Se rend à la maison de Dundas à Wimbledon quand Pitt était là ; des soirées à la maison, en conversation facile avec ces deux hommes politiques ; les dîners, au cours desquels le premier ministre finissait toujours sa bouteille, ainsi que l'Écossais plus robuste, ne parvinrent pas à faire venir le réservé William Pitt. Le fait était que Dundas ne pouvait permettre à personne, et encore moins à la duchesse de Gordon, d'avoir sur le premier ministre l'ascendant que donnerait une relation si étroite. Il tremblait de sa propre influence. Veuf à cette époque, — sa femme, une Miss Rennie de Melville, qui avait divorcé de lui, étant morte, — il affecta de déposer sa propre personne et sa fortune aux pieds de Lady Charlotte. Pitt se retira aussitôt, et le sacrifice lui coûta peu ; et l'objet de Dundas ayant été répondu, ses prétentions tombèrent également à l'eau. Deux ans après, Lady Charlotte devint l'épouse du colonel Lennox, plus tard duc de Richmond, et au fil des années, mère de quatorze enfants ; dont l'un, Henry Adam, aspirant, tomba par-dessus bord du *Blake* en 1812 et se noya. Selon Wraxall , le duc de Richmond dut payer la peine de ce qu'il appelle « ce mariage imprudent, sinon malheureux », en étant banni sur les rives enneigées du Saint-Laurent sous le nom de gouverneur.

Dans les temps modernes, notre jeune noblesse prometteuse a appris la vérité importante, habilement appliquée par Thomas Carlyle, que le travail n'est pas seulement le lot désigné de l'homme, mais aussi sa plus haute bénédiction et sa sauvegarde. Les membres émergents de diverses familles nobles ont pris cet axiome à cœur ; et, lorsqu'ils ne sont pas engagés dans les affaires publiques, ils se sont manifestés avec grandeur pour protéger les malheureux, pourvoir aux besoins des jeunes, pour consoler les vieux. Le nom de Shaftesbury porte en lui gratitude et réconfort dans sa sonorité ; tandis que celui de celui qui figurait autrefois dans la cabale, le Shaftesbury du temps de Charles II, n'est en effet pas oublié, mais rappelé avec détestation. Des écoles en lambeaux ; écoles de prévoyance; des asiles pour les gouvernantes âgées ; des maisons dans lesquelles les phtisiques peuvent reposer leur tête en paix et mourir ; des asiles pour les pénitents ; des asiles pour les idiots ; des maisons où les sans-abri peuvent se reposer, ce sont les monuments de notre Shaftesbury, de nos plus jeunes fils. Le simple ascendant politique, la jarretière ou la couronne, sont des distinctions qui pâlissent devant elles, comme le fait la lune lorsque l'aube a touché les sommets des montagnes de ses flots de lumière. En tant que conférenciers au milieu de leur propre peuple, en tant que meilleurs amis et conseillers des indigents, en tant qu'hommes liés à l'homme par une communauté d'intérêts, nos nobles se tiennent souvent devant nous, zélés catholiques et protestants.

"Jock of Norfolk" est représenté par un descendant d'impulsions nobles. Elgin, Carlisle, Stanley – les Bruce, les Howard, les Stanley d'autrefois – sont nos véritables héros de la société, des hommes aux grands objectifs et aux grands pouvoirs.

La duchesse de Gordon était infatigable dans son ambition, mais elle ne parvenait pas toujours à emmêler les ducs. Sa deuxième fille, Madelina, fut d'abord mariée à Sir Robert Sinclair ; et deuxièmement, à Charles Fyshe Palmer, Esq., de Luckley Hall, Berkshire. Lady Madelina n'était pas belle, mais extrêmement agréable, animée et intellectuelle. Parmi ses autres conquêtes se trouvait le célèbre Samuel Parr, de Hatton, qui se plaisait à faire ses louanges et à enregistrer ses perfections avec une grande partie de cette éloquence qui disparaît maintenant rapidement du souvenir, mais qui faisait partie *de* cette célèbre Grecque. Susan, la troisième fille du duc et de la duchesse, épousa William, duc de Manchester, se liant ainsi à un descendant de John, duc de Marlborough.

Louisa, la quatrième fille, épousa Charles, deuxième marquis Cornwallis, et fils du justement célèbre gouverneur de l'Inde ; et Georgiana, la cinquième et la plus jeune, devint l'épouse de John, feu duc de Bedford.

De telles alliances auraient pu satisfaire l'ambition de la plupart des mères ; mais pour sa plus jeune et plus belle fille, la duchesse de Bedford, la duchesse de Cordon avait même eu des vues qu'elle croyait plus élevées. En 1802, tandis que Bonaparte était premier consul et espérait une couronne impériale, la duchesse de Gordon visita Paris et y reçut de telles distinctions de Napoléon Bonaparte, alors premier consul, qu'elles excitèrent dans son esprit l'espoir d'une alliance avec cet homme qui, mais quelques années auparavant, elle l'aurait probablement qualifié d'aventurier !

Paris était alors, pendant la courte paix, occupé de fêtes, de revues et d'amusements dramatiques, dont le récit fait presque se croire dans l'année 1852, celle du *coup d'État* , au lieu de la période de 1802. Les tourbillons La révolution semblait alors, comme aujourd'hui, avoir tout laissé inchangé ; le caractère du peuple, toujours dévoué au plaisir et optimiste, était, en surface, plus gai et joyeux que jamais. Bonaparte tenant ses levées aux Tuileries, avec toute la splendeur de la majesté, rappelle à son neveu effectuant des cérémonies similaires à l'Élysée, avant de prendre la pourpre. Toute la simplicité républicaine a été abandonnée et le goût le plus riche a été affiché lors des occasions publiques des deux époques.

Imaginons-nous donc le vieux et pittoresque palais des Tuileries un jour de réception ; et l'impression faite sur les sens servira au drame moderne ; qu'il s'agisse de comédie ou de tragédie, qui doit se jouer dans ces salles majestueuses où tant d'acteurs sont passés et repassés vers leur perte.

Il est midi, et le premier consul reçoit une foule d'ambassadeurs au sein de l'appartement consulaire, répondant probablement à la « *Salle des Maréchaux* » de Napoléon III. Les envoyés de tous les États européens tentent de comprendre, ce que personne ne pourra jamais comprendre, l'esprit du consul. Ne nous mêlons pas de leur conférence, mais regardons autour de nous et voyons la galerie dans laquelle nous attendons que celui qui était hier si petit et qui est aujourd'hui si grand apparaisse parmi nous.

Qu'elle est belle la vieille galerie, avec ses nombreuses fenêtres, sa riche toiture et ses panneaux dorés ! Les valets de pied du premier consul, en livrées splendides, apportent des chaises pour les dames qui attendent l'approche du fils de ce maître d'école ; ils attendent que la lourde conférence intérieure soit terminée. Des officiers de la paix, superbement habillés, se promènent de long en large pour retenir les dames à leur place et les messieurs dans les rangs, de manière à former un passage pour le passage du premier consul. Des pages de l'escalier de service, vêtues de noir et portant des chaînes d'or autour du cou, se tiennent près de la porte pour la garder, ou pour l'ouvrir lorsque sortira celui sur qui toutes les pensées sont fixées.

Mais ce qui est par-dessus tout frappant, c'est la panoplie des aides de camp de Bonaparte, de braves gens usés par la guerre, des hommes comme lui, et lui seul, choisirait ; et leurs uniformes sont si magnifiques, si radieux, que tout le reste semble comme dans l'ombre en comparaison.

Les jardins des Tuileries se remplissent cependant de troupes que le premier consul va passer en revue. Il y a maintenant des Zouaves là-bas ; mais ce sont des hommes que haïssent les soleils des tropiques ; de petits gars, en grand nombre, de toutes tailles, tels que nous pourrions faire des batteurs dans nos rangs vaillants ; mais voyez comme ils sont musclés, actifs, pleins de feu ; féroces comme des faucons, implacables comme des tigres. Voyez les cavaliers sur leurs chevaux décharnés ; observez leurs évolutions, et vous admettrez, avec un jeune garde qui contemplait, cinquante ans après, les troupes qui suivirent Napoléon III à Paris, qu'« elles valent la peine d'être regardées ».

La longue heure est passée ; les pages en noir sont évidemment aux aguets ; la double porte qui mène à la *salle des Maréchaux* s'ouvre de l'intérieur ; une ligne plus stricte est aussitôt respectée par les officiers dans la galerie. Les visages blonds, parmi lesquels de nombreux Anglais, sont rouges. Bientôt il paraît, tandis qu'un officier à la porte, une main levée au-dessus de la tête et l'autre étendue, s'écrie : « *Le Premier Consul* ».

Il s'en va, une forme ferme, courte et impassible, avec des épaules tombantes sous sa robe serrée d'un bleu profond. Son pas est plus lourd que majestueux, celui d'un homme qui a un but en marchant, pas seulement pour se montrer en parade. Sa tête est grande et formée avec une perfection que nous appelons classique ; ses traits sont nobles, modelés par cette main de la nature qui a façonné cet homme « de manière effrayante », voire « merveilleusement ». Rien n'a jamais été plus beau que sa bouche, rien de plus décevant que son œil ; c'est lourd, presque triste. Son visage est pâle, presque jaunâtre, tandis que — laissons parler celui qui l'a vu — « non seulement dans les yeux, mais dans chaque trait, le soin, la pensée, la mélancolie et la méditation sont fortement marqués, avec tant de caractère, voire de génie ». , et un sérieux si pénétrant, ou plutôt une tristesse, si puissant qu'il pénètre dans l'esprit d'un observateur.

C'est le visage d'un étudiant, pas celui d'un guerrier ; de quelqu'un plongé dans une méditation peu pratique, non de quelqu'un dont chacun de ses actes et de ses plans n'était alors qu'un tissu de succès. C'est le visage d'un homme attaché à une profonde réflexion, non celui du héros du champ de bataille, du dirigeant des assemblées ; et, comme pour parfaire le contraste, alors que tout autour est magnifique et flamboyant, il passe sans une seule décoration sur sa robe unie, pas même une étoile pour marquer le premier consul. C'est bien; il ne peut y avoir qu'un seul Napoléon dans le monde, et il ne veut aucune distinction.

Il est suivi par les diplomates de toutes les puissances européennes, vassaux, tous plus ou moins sauf l'Angleterre ; et c'est à l'Angleterre, à ses fils et à ses filles, que sont adressées les courtoisies les plus chères. Cela ne rappelle-t-il pas la politique actuelle ?

A ses côtés marche un beau jeune homme qu'il vient de présenter au ministre de Bavière, cet envoyé d'un pays étrange et sauvage, peu connu sinon par la valeur obstinée de ses montagnards. Le souverain de ce pays, jusqu'ici électeur, a été salué roi par Napoléon le puissant.

Sur la jeunesse, qui l'appelle *mon mais* , un léger regard est autorisé même de ces yeux baissés que personne ne peut jamais regarder trop complètement. Eugène Beauharnais, son beau-fils, le fils de sa bien-aimée Joséphine, a sa place dans ce cœur impitoyable. "Tous ne sont pas mauvais." Est-ce une idée de l'amour parental, est-ce l'ambition qui fait que le premier consul est toujours accompagné de ce beau garçon, fascinant comme sa mère, libertin comme son beau-père, mais dépourvu à la fois des sensibilités de l'ancienne et de l'autre ? intelligence puissante de ce dernier ?

C'est sur lui — sur Eugène Beauharnais — que reposent les espoirs de la fière duchesse de Gordon. Heureusement pour celle qu'elle lui aurait volontiers donnée pour épouse, son projet échoua. Un tel sacrifice était incomplet.

Regardez maintenant depuis les fenêtres de cette galerie ; laissez votre regard se poser sur le cortège en bas, rue de Rivoli, que traverse Bonaparte à la tête de son état-major pour se rendre à la revue. Il a monté un beau cheval blanc ; ses aides de camp sont à ses côtés, suivis de ses généraux. Il monte avec une telle insouciance qu'un juge ordinaire le qualifierait de cavalier indifférent. Il tient sa bride d'abord dans une main, puis dans l'autre, mais il contrôle parfaitement l'animal ; il peut le maîtriser d'un seul mouvement. Au fur et à mesure qu'il présente quelques épées d' honneur , toute l'allure et l'aspect de l'homme changent. Il n'est plus l'étudiant mélancolique ; en étendant le bras, l'air sévère et scolastique prend instantanément un air militaire et autoritaire.

Puis la fanfare consulaire se met en marche, et les troupes se succèdent en grand nombre vers les Champs Élysées. Les foules dans la galerie disparaissent ; Je regarde autour de moi : les haies d'êtres humains qui s'étaient reculés pour laisser passer le héros, sont brisées, et tous s'enfuient en toute hâte. Les pages se prélassent ; les aides de camp sont partis ; le silence s'installe déjà sur cette vaste galerie de vieux souvenirs historiques. Nos cœurs ne coulent-ils pas ? Ici, dans cette vitrine centrale , Marie-Antoinette a montré son petit fils à la foule furieuse en contrebas. Elle se tenait devant des yeux impitoyables. Cela aurait été plus heureux pour lui et pour elle s'ils étaient morts à ce moment-là. Pensions-nous que ces scènes se reproduiront un jour ? Ils l'ont – ils l'ont ! heureusement atténué, il est vrai ; pourtant des mains impitoyables ont arraché de ces murs leurs riches tentures. C'est par là que s'est échappé le fils d'Égalité. Deux fois ce vénérable bûcher a été profané. Même en 152, quand la foule se pressait au premier bal donné par Napoléon III, les traces de la dernière révolution étaient montrées aux danseurs. Ils ont assombri les sols ; tout est, il est vrai, non-seulement rénové, mais embelli, de manière à constituer le plus beau des palais modernes ; mais pour combien de temps ?

C'est en effet dans la miséricorde que nombre de nos vœux nous sont refusés. Eugène Beauharnais était déjà, destiné à une épouse qu'il n'avait jamais vue, la fille aînée de cet électeur de Bavière à qui Bonaparte avait donné la royauté ; et la sœur de Ludwig, l'ex-roi de Bavière, était la belle destinée. Ils étaient mariés; et elle, en tout cas, était affectueuse, fidèle, voire même dévouée. Il fut créé duc de Leuchtenberg, et Marie de Leuchtenberg était belle, majestueuse, pieuse, gracieuse ; mais elle ne pouvait pas garder son cœur. Elle était si belle, avec ces doux yeux bleus, cette peau de perle, cette forme fine, faite pour mettre en valeur les *parures* de bijoux que la pauvre Joséphine lui avait léguées, si belle était-elle, que lorsque Bonaparte la vit avant ses noces, il prononça ces quelques mots : « Si j'avais su, je l'aurais épousée moi-même. Pourtant elle n'était que la deuxième, peut-être la troisième, peut-être la quatrième (c'est une façon de faire en France) dans ses affections ; néanmoins, quand il mourut, — et c'était dans sa jeunesse, et Thorwaldsen a exécuté un noble monument de lui dans la Dom Kirche de Munich, — quand survint cette dernière séparation, précédée de nombreuses autres séparations volontaires de sa part, sa veuve pleura, et aucune seconde noce ne la tenta jamais d'effacer le souvenir d'Eugène Beauharnais.

Pour Lady Georgiana Gordon, un sort plus heureux était réservé. Elle épousa, en 1803, John, sixième duc de Bedford, un noble dont le caractère eût paru sous un jour plus resplendissant s'il n'avait succédé à un frère singulièrement doté, et dont la mort était considérée comme une calamité publique. À propos de François, duc de Bedford, qui fut rappelé dans sa trente-septième année, Fox dit : « Dans ses amitiés, non seulement il était désintéressé et sincère, mais en lui se trouvaient unies toutes les excellences caractéristiques qui ont jamais distingué les hommes les plus réputés pour cette vertu. Les uns sont chaleureux, mais volatiles et inconstants ; lui aussi était chaleureux, mais constant et immuable, là où son attachement était placé, là il restait, ou plutôt là il grandissait... S'il vous aimait. au début de l'année, et vous ne faisiez rien pour perdre son estime, il vous aimerait davantage à la fin ; tel était l'état uniformément progressif de ses affections, non moins que de sa vertu et de son amitié.

John, duc de Bedford, était veuf depuis trente-sept ans lorsqu'il épousa Georgiana, dont on se souvient comme de la femme la plus gracieuse, la plus accomplie et la plus charmante. Le duc avait alors cinq fils, dont le plus jeune était Lord John Russell, et l'aîné François, l'actuel duc. Par sa seconde duchesse, Georgiana, le duc avait également une nombreuse famille. Elle survécut jusqu'en 1853. Les desseins formés par la duchesse de marier Lady Georgiana à Pitt d'abord, puis à Eugène Beauharnais, reposent sur l'autorité de Wraxall , qui connut personnellement la famille du duc de Gordon ; mais il ne les déclare pas comme provenant de sa propre connaissance. « J'ai de bonnes raisons, dit-il, de croire qu'elles sont fondées sur la vérité. Elles émanent d'une très haute autorité.

Malgré la préférence manifestée par le prince de Galles pour la duchesse de Devonshire, il était alors en relations très intimes avec sa rivale dans le domaine de la mode, et passait une partie de ses soirées presque toutes les soirées en compagnie de la duchesse de Gordon. Elle le traitait avec la plus grande familiarité, et même sur les points les plus délicats, elle s'exprimait très librement. L'attention du public était depuis quelque temps tournée vers les difficultés compliquées de la situation du prince de Galles. Ses dettes étaient désormais devenues un fardeau intolérable ; et toutes les demandes adressées à son royal père étant inutiles, ses amis décidèrent de confier Son Altesse Royale à la générosité de la Chambre des Communes. A la tête de ceux qui espéraient soulager le prince de ses embarras se trouvaient lord Loughborough, Fox et Sheridan. Le parti ministériel était sous la direction de Pitt, qui a avoué sa détermination à laisser l'affaire faire l'objet d'une enquête stricte.

Cette enquête portait principalement sur le mariage du prince avec Mme Fitzherbert, qui, étant catholique romaine, était particulièrement odieuse tant à la cour qu'au pays, malgré ses vertus, son influence salutaire sur le prince et ses blessures.

Dans cette conjoncture, la duchesse de Gordon fit office de médiatrice entre les deux parties en conflit, conseillant, consolant et même réprimandant tour à tour le prince, qui s'en remettait à sa bonté. Rien ne serait plus désespéré que les affaires du prince si l'on faisait une enquête sur la source de ses difficultés ; rien ne pouvait être moins désiré par ses parents royaux qu'une exposition publique de sa vie et de ses habitudes. Le monde en savait déjà assez et trop, et était convaincu qu'il était réellement marié à Mme Fitzherbert. Lors de cette crise, le mensonge ignoble qui niait cette union fut autorisé par le prince, complice de Sheridan, qui le révéla en partie à la Chambre, et consommé par Fox. Une scène mémorable et mélancolique s'est déroulée à la Chambre des Communes le 8 avril 1787, jour que les admirateurs des dirigeants whigs effaceraient volontiers des annales du pays. Rolle, puis Lord Rolle, ayant fait référence au mariage, Fox fit référence à son allusion, déclarant qu'il s'agissait d'une calomnie basse et malveillante. Rolle, en réponse, admettait l'impossibilité légale du mariage, mais soutenait « qu'il y avait des modes dans lesquels il aurait pu avoir lieu ». Fox répondit qu'il le niait en fait comme en droit, la chose n'ayant jamais été faite en aucune façon. Rolle a alors demandé s'il parlait avec autorité. Fox répondit par l'affirmative, et ici le dialogue prit fin, un profond silence régnant dans la Chambre et dans les tribunes, bondées à l'excès. Ce groupe de gentlemen anglais exprima son mépris plus pleinement par ce silence menaçant, si inhabituel dans cette assemblée, que n'importe quelle éloquence n'aurait pu le faire. Pitt se tenait à l'écart ; digne, méprisant et silencieux. Sheridan défia Rolle de se montrer satisfait de cette information ; mais Rolle répondit simplement qu'il avait bien reçu une réponse, mais que la Chambre devait se faire sa propre opinion à ce sujet. Dans les discussions qui suivirent, une voie s'ouvrit néanmoins pour des concessions mutuelles, qui aboutirent finalement au soulagement du prince d'embarras pécuniaires, dont une partie était attribuée au fait que le roi s'était approprié à son propre usage les revenus du duché de Cornouailles. et refusant d'en rendre compte sur la majorité du prince. Ce fut la médiation de la duchesse de Gordon qui amena rapidement l'affaire à une conclusion, et grâce à ses représentations, Dundas fut envoyé à Canton House pour s'assurer auprès du prince de l'étendue de ses dettes ; une assurance fut donnée que des mesures immédiates seraient prises pour relever Son Altesse Royale. L'entretien fut égayé par une quantité considérable de vin ; et après un assez long flot de bol généreux, les promesses de Dundas furent énergiquement ratifiées. Jamais il n'y a eu d'homme plus « malléable », pour reprendre l'expression de Wraxall, qu'Harry Dundas. Pitt eut peu après une audience tout aussi amicale avec le prince.

De cette période jusqu'après la mort de Pitt, en 1806, l'influence de la duchesse de Cordon resta ascendante. Les dernières années de celui qu'elle avait destiné à son gendre et qui avait toujours entretenu avec elle la plus grande intimité étaient assombries. Pitt a eu le malheur non seulement d'être un homme public, car dire cela, c'est impliquer un sacrifice de bonheur, mais d'être uniquement un homme public. Il ne se tournerait ni vers le mariage, ni vers les livres, ni vers l'agriculture, ni même vers l'amitié, pour le repos d'un esprit qui ne pouvait, par ambition insatiable, trouver le repos. Il est mort endetté – dans la terreur et le chagrin pour son pays. On dit qu'il n'a jamais été amoureux. A vingt-quatre ans, il avait la sagacité, la prudence, la réserve d'un homme de cinquante ans. Son excès de vin portait atteinte à sa constitution, mais faisait l'objet de peu de commentaires lorsque ses compagnons buvaient plus librement que les hommes en fonction n'avaient jamais pu le faire depuis l'époque de Charles II. Mal-aimé, il a vécu ; et seul, sans soins, sans larmes, il mourut. Qu'il soit noblement indifférent à l'argent, qu'il méprise tout ce qui est mesquin, vénal ou faux, n'était pas, à cette époque, un mérite ordinaire.

Pendant le tourbillon de gaieté, de politique et de rencontres, la duchesse de Gordon continuait à lire et à correspondre avec Beattie sur des sujets d'un intérêt moins périssable que les factions du moment. Beattie lui envoya son « Essai sur la beauté » pour qu'elle le lise sous forme manuscrite ; il lui écrivait sur Pétrarque, sur les ouvrages de Lord Monboddo et sur le livre de Burke sur la Révolution française, ouvrages que la duchesse trouvait le temps de lire et souhaitait analyser . Leur amitié, qui lui était si honorée , se poursuivit jusqu'à sa mort en 1803.

Les années de vie qui restèrent à la duchesse de Gordon durent être réjouies par la naissance de ses petits-enfants et par la promesse de ses fils George, plus tard duc de Gordon, et Alexander. La maladie de George III, les procès d'Hastings et de Lord Melville, la guerre générale, furent les événements qui variérent le plus le monde politique auquel elle prit toujours un vif intérêt. Elle mourut en 1812 et le duc épousa peu après Mme Christie, dont il n'eut pas d'enfants.

Le duché de Gordon s'éteignit à sa mort ; et le représentant actuel de cette grande famille est le marquis de Huntley.

GEORGIANA, DUCHESSE DE DEVONSHIRE

Georgiana, duchesse de Devonshire d'après le tableau de Gainsborough

Malgré la pureté des mœurs exigée par la cour de George III, la première période de son règne offre un tableau de mœurs dissolues ainsi que d'un esprit de parti furieux. Les plus en vogue de nos dames de rang étaient plongées dans le jeu ou se livraient à la politique ; le même esprit les portait dans les deux. Le sabbat était méprisé, souvent passé aux cartes ou profané par les réunions des partisans des deux factions ; les devoirs moraux étaient négligés et le décorum outragé.

Le fait est qu'une cour mineure était devenue le centre de toutes les mauvaises passions et des poursuites répréhensibles à la mode. Carlton House, à Pall Mall, dont même les plus âgés d'entre nous se souviennent à peine, avec son élégant paravent ouvert avec des piliers devant, son extérieur bas, ses nombreuses petites pièces, le goût vulgaire de ses décorations et, pour couronner le tout, le tout, les associations d'une fête corruptrice avec l'ensemble de la place, - Canton House était, du temps du bon roi George, un scandale presque aussi grand pour le pays que Whitehall au temps de l'impropre roi Charles II.

L'influence que l'exemple d'un jeune prince, aux mœurs éminemment populaires, produisit sur la jeune noblesse du royaume, doit être prise en compte dans le récit de cette vie si brillante et si mal dépensée ; si bénie au début, si morne à la fin : la vie de Georgiana, duchesse de Devonshire. Descendante au troisième degré de Sarah, duchesse de Marlborough, Georgiana Spencer aurait ressemblé à sa célèbre aïeule par le style de sa beauté. Elle est née en 1757. Son père, John, créé comte de Spencer en 1765, était le fils du réprouvé « Jack Spencer », comme on l'appelait, à la fois misérable et chéri de sa grand-mère, Sarah, qui l' idolâtrait . Torrismond , comme elle l'appelait, et lui laissa une partie considérable de ses biens. Même si la beauté de Sarah est héritée de Georgiana Spencer, elle a certainement hérité en partie du talent, de l'esprit téméraire et de l'imprudence de son grand-père, « Jack » ; une éducation soignée ne pourrait pas non plus éradiquer ces caractéristiques héréditaires.

Sa mère était la fille d'un roturier, le très honorable Stephen Poyntz, de Midgham , dans le Berkshire. Cette dame a longtemps été rappelée avec vénération par ses amis et ses voisins . Elle était sensée et intelligente, polie, agréable et d'une charité sans bornes ; mais Miss Burney, qui l'a connue, la dépeint comme ostentatoire dans ses efforts, quelque peu pharisaïque et vaniteuse. Elle était cependant fervente aimée de sa fille, qui fit par la suite plusieurs sacrifices pécuniaires pour assurer le confort de sa mère. Les premières années de Lady Georgiana (telle qu'elle devint après que son père fut créé comte) se passèrent dans la grande maison de Holywell, près de St. Albans, construite par le célèbre duc de Marlborough sur le domaine patrimonial de son épouse. Des personnes âgées, il y a une quinzaine d'années, notamment un certain ecclésiastique voisin , se souvenaient d'être allées jouer aux cartes dans cette maison ; et les qualités de bon voisinage de Lady Spencer, tout autant que sa bienveillance envers les pauvres, la rendaient très appréciée de la noblesse environnante. Elle exerçait non seulement les devoirs de charité, mais aussi les devoirs à peine mineurs d'hospitalité et de courtoisie envers ses voisins . Avant l'ouverture des chemins de fer, de tels devoirs étaient surtout nécessaires pour maintenir ensemble les membres dispersés de la société rurale. De bons sentiments étaient engendrés, les bonnes manières encouragées, et l'attachement alors ressenti pour les vieilles familles avait un fondement plus profond que la servilité ou même la coutume. En grandissant, Lady Georgiana a montré une nature chaleureuse et impressionnable, une passion pour tout ce qu'il y avait de beau dans l'art, de fortes affections et une disposition précoce à la coquetterie. Son caractère s'exprimait sur son visage, qui était le plus éloquent de tous les visages ; pourtant, ce n'était en aucun cas beau si nous regardons la beauté d'un œil critique. Certaines personnes disaient que son visage aurait été ordinaire sans la beauté transcendante de son expression. Contrairement aux belles Gunnings , elle n'avait ni des traits réguliers ni une forme irréprochable, pourtant leur beauté était d'un bébé comparée à la sienne. Certes, ses cheveux penchaient vers le roux, sa bouche était large, mais son teint était exquis ; et les lèvres, toujours riantes, étaient entrouvertes sur une splendide dentition, attribut rare à cette époque où les dents étaient souvent cariées dans la jeunesse. Elle avait aussi un charme naturel dans ses manières et un caractère enjoué dans la conversation qui, issus d'un esprit cultivé, rendaient sa société des plus fascinantes. "Son cœur aussi", écrit Wraxall , son contemporain, "pourrait être considéré comme le siège de ces émotions qui adoucissent la vie humaine, ornent notre nature et diffusent un charme sans nom sur l'existence."

Une sœur cadette, Henrietta Frances, plus tard Lady Duncannon, et finalement comtesse de Besborough , fut également l'objet de la chaleureuse affection de Lady Georgiana ; et, bien que lady Duncannon lui fût très inférieure en élégance d'esprit et en attraits personnels, elle l' égalait en amour fraternel.

Au milieu du siècle dernier, la littérature était de nouveau à la mode parmi les classes supérieures. Le docteur Johnson et les Thrales , Miss Gurney, Hannah More, toujours regroupés à Streatham ; beaucoup de nos hommes politiques étaient, sinon des poètes, du moins des poètes. Il est vrai que si l'on excepte les poèmes touchants de Cowper, les Muses se taisaient. Les vers qui faisaient les délices des salons polis étaient de peu de valeur et ont été balayés de nos souvenirs d'aujourd'hui comme du vieux papier ; mais le goût du raffinement était donc prédominant et affectait ainsi favorablement la génération alors montante .

Lady Georgiana Spencer lui avait cependant réservé très peu d'années pour s'améliorer ou pour jouir de sa jeunesse, car à l'âge de dix-sept ans elle se maria.

Guillaume, cinquième duc de Devonshire, au moment où il fut uni à lady Georgiana, avait vingt-sept ans. C'était l'un des hommes les plus apathiques. Grand, mais pas même majestueux, calme jusqu'à l'excès, il avait hérité de la famille Cavendish une probité de caractère sévère, qui a toujours une certaine influence dans la société. Il ne voulait pas de poids , car un homme plus lourd n'a jamais conduit à l'autel une épouse pleine d'élans généreux et de sensibilité. Il était totalement incapable d'émotions fortes et ne pouvait être tiré d'une sorte de léthargie morale que par le whist ou le faro. Il était néanmoins doté d'un savoir qui faisait de lui une sorte d'oracle chez Brookes lorsque des disputes surgissaient au sujet de passages de poètes ou d'historiens romains. Avec toutes ces qualités, il était capable d'être, dans un certain sens, amoureux, mais pas toujours de sa charmante et attachante première épouse.

Miss Burney raconte un trait caractéristique de ce noble ; cela lui a été raconté par Miss Monckton. Le duc se tenait près d'un très beau lustre de verre , dans le coin d'une pièce de la maison de gens qui n'avaient pas de moyens suffisants pour considérer la dépense comme sans importance ; en se laissant tomber négligemment, il rejeta le lustre , et il se brisa. Il n'a cependant pas été dérangé le moins du monde par l'accident, mais a dit froidement : "Je me demande comment j'ai fait ça !" Il se dirigea ensuite vers le coin opposé, et pour montrer, supposait-on, qu'il avait oublié ce qu'il avait fait, pencha la tête de la même manière, et le deuxième lustre descendit . Il l'examina avec un calme philosophique, dit simplement : « C'est assez singulier », et se dirigea vers une autre partie de la pièce sans aucune détresse ni excuse. C'est à cet automate que fut consignée la jeune Lady Georgiana ; et le mariage était, aux yeux de la société, une alliance splendide.

Son esprit animal était excessif et lui permettait de faire face au malheur d'être liée à un noble juron. Sa bonne humeur était incessante et son visage était aussi ouvert que son cœur. Douée comme elle l'était des dispositions les plus douces pour la vie domestique, on ne peut guère s'étonner qu'elle se plonge dans les excitations de la politique alors qu'à la maison il n'y avait aucune sympathie. De là sont nés ses malheurs les plus amers ; mais on ne peut, malgré toutes ses indiscrétions, souffrir entre elle et la duchesse de Longueville la comparaison qu'a instituée Wraxall . La duchesse de Devonshire ne mérite guère la censure secrète ; sauf en termes de beauté et de talents, il n'y avait aucune similitude.

Pleine de santé et de bonheur, la jeune duchesse a été introduite tout naturellement dans les plus hautes sphères de Londres . Son mari représentait l'une des familles les plus influentes de l'aristocratie whig, et son nom et sa fortune le rendaient important.

Trois palais du West End, comme on pourrait bien les appeler, Canton House, Devonshire House et Burlington House, étaient ouverts à tous les parlementaires adhérents à la célèbre coalition, l'alliance entre Lord North et Charles James Fox. Devonshire House, située en face du Green Park et placée sur une éminence, semblait dominer la Queen's House, comme on appelait alors le palais de Buckingham. Piccadilly alors, bien qu'elle ne soit plus infestée de voleurs de grands chemins comme à l'époque de la reine Anne, était presque à l'extrémité du West End.

Du côté de sa descendance, du côté de sa mère, issu de la famille Boyle, le duc de Devonshire était également propriétaire de Burlington House, située près de Devonshire House, et habitée par son beau-frère, le duc de Portland.

Ainsi, une colonie whig complète existait dans cette partie de Londres, le chef et la tête de leur parti n'étant autre que George, prince de Galles. Il était à cette époque au sommet de sa santé et de sa jeunesse éphémères, et de sa popularité encore plus éphémère ; un homme qui possédait toutes les qualités extérieures qui manquaient à son père, la grâce aussi bien que la bonhomie, attribut de George III, un certain degré de culture ainsi que du talent naturel, un homme grand et beau, avec un visage moins allemand que ceux de ses frères, une certaine générosité de caractère — en témoignent ses bontés envers le prince Charles Stuart et son frère, qu'il pensionnait —, une apparence, en tout cas, d'un très bon cœur et d'une grande capacité d'esprit. jouissances sociales.

Le docteur Burney déclare qu'il fut surpris, lors de sa rencontre avec le prince chez Lord Melbourne, de le trouver, au milieu de la dissipation constante de sa vie, possédant « beaucoup de savoir, d'esprit, une connaissance des livres en général, une distinction de caractère et un humour original . " Il s'est entretenu avec le Dr Charles Burney, un érudit distingué, citant Homère en grec avec aisance ; c'était un critique musical de premier ordre et un imitateur capital. "Si nous avions été dans le noir", a déclaré le docteur Burney, "j'aurais juré que le docteur Parr et Kemble étaient dans la pièce." C'est pourquoi le même juge pensait « qu'on pouvait dire qu'il avait autant d'esprit que Charles II, avec beaucoup plus de savoir, car Sa joyeuse Majesté ne savait pas mieux épeler que le *gentilhomme bourgeois* ». Telle était la description partielle du prince par un contemporain flatté et reconnaissant, qui écrivit en 1805. Vingt ans plus tard, Sir Walter Scott, après avoir dîné avec le prince régent de l'époque, rendit toute justice aux manières ; mais il déclara que son esprit n'était pas d'un ordre élevé et que son goût, en ce qui concerne l'esprit, était condamné.

Le prince était cependant l'homme idéal pour être le centre d'une opposition animée. Dans son cœur, il était conservateur ; mais les Whigs étaient ses partisans contre un père qui désapprouvait fortement, et peut-être pas trop sévèrement, son mode de vie et sa politique.

Le cercle autour de lui était aussi remarquable par ses talents et, à certains égards, aussi infâme par ses vices, que n'importe quel lord Rochester, ou Sedley, ou Etherege du temps du second Charles. A cette époque, un duc protestant de Norfolk prenait une part active aux affaires politiques et formait l'un des principaux partisans des Whigs. Carlton House, Devonshire House, recevaient souvent dans leurs appartements d'apparat « Jock of Norfolk », comme on l'appelait, dont la grande personne musclée, ressemblant davantage à celle d'un éleveur ou d'un boucher, y était saluée avec délice, car Sa Grâce commandait de nombreux arrondissements. . Il était l'un des partisans les plus ardents de Fox et avait déployé à la Chambre des Lords une sorte d'éloquence grossière, caractéristique de son esprit et de son corps. Rien, cependant, sinon son rang, sa richesse, ses influences, ses opinions whigs, n'auraient pu rendre supportable cet homme débauché et révoltant. L'ivresse aurait été inhérente à sa constitution et héritée des Plantagenêts. On l'a connu dans sa jeunesse pour avoir été trouvé endormi dans la rue, ivre, sur un bloc de bois ; pourtant on dit qu'il était si capable de résister aux effets du vin, qu'après avoir couché son père, un ivrogne comme lui, sous la table de la maison au toit de chaume de St. James's, il se serait rendu chez une autre personne. , là pour finir les rites conviviaux. Il était souvent sous l'influence du vin lorsque, sous le nom de Lord Surrey, il siégeait à la Chambre des communes ; mais il était assez sage, en de telles occasions, pour se taire. Il était si sale dans sa personne, que ses domestiques profitaient de ses accès d'ivresse pour le laver ; quand ils le déshabillèrent comme ils l'auraient fait pour un cadavre, et firent des ablutions quelque peu nécessaires, car il n'utilisait jamais d'eau. Il était également opposé au changement de linge. Un jour, se plaignant à Dudley North qu'il était en proie à des rhumatismes : « Je vous en prie, s'écria North, votre Grâce a-t-elle déjà essayé une chemise propre ?

Cette forme malpropre constituait une grande caractéristique des assemblées whigs. A cette époque, tout le monde portait une queue, tout le monde avait les cheveux poudrés ; pourtant «Jack» renonça à la poudre, qu'il ne portait jamais qu'à la cour, et se coupa les cheveux courts. Son apparence devait donc contraster étrangement avec celle du prince de Galles, bouclé et poudré, avec des volants impeccables et une ample cravate blanche comme neige, sans parler de l'habit qui semblait cousu sur son vêtement. dos. C'est au duc de Norfolk qu'a été attribuée la suggestion d'imposer une taxe sur la poudre capillaire. Sa vie n'était qu'une série de débauches. Pourtant, tel était le jugement pervers de l'époque, que cet indigne descendant des Plantagenêt était aussi populaire que n'importe quel pair de son temps. Lorsqu'il était sobre, il était accessible, conversable et dénué de fierté. Lorsqu'il était ivre, il en utilisait la moitié pour avouer qu'il était toujours catholique dans l'âme. Sa conversion à la foi réformée ne fut pas jugée très sincère ; et son perpétuel manteau bleu d'une teinte particulière, — un vêtement qu'il ne variait jamais — était, disait-on, une pénitence que lui imposait son confesseur. Il ne faisait honneur à aucune église chrétienne ; et l'Église de Rome est la bienvenue à sa mémoire.

Richard Brinsley Sheridan, à cette époque de sa trente-troisième année, n'était pas alors entièrement dégradé par la boisson, les dettes et, en ce qui concerne l'argent, la malhonnêteté. Sa physionomie, à cet âge, était pleine d'intelligence, d'humour et de gaieté : tous ces caractères jouaient autour de sa bouche et contribuaient à l'effet de son discours à l'oreille. Sa voix était singulièrement mélodieuse et une sorte de fascination accompagnait tout ce qu'il faisait et disait . Son visage, comme Milton le dit à propos de la forme de l' ange déchu, :

"N'avait pas encore perdu

Toute sa luminosité originelle."

Pourtant, il vécut jusqu'à être connu sous le nom de « Bardolph », et à avoir toutes ses belles expressions perdues dans les traces de l'ivresse. Personne n'aurait pu apercevoir, plus tard, l'esprit autrefois joyeux de Sheridan dans un visage couvert d'éruptions et ne rayonnant plus d'intelligence. Il ressemblait, dit Wraxall , à soixante ans, à un des compagnons d'Ulysse, qui, ayant goûté à la « coupe charmée » de Circé :

"... a perdu sa forme droite,

Et il tomba dans un pourceau rampant . »

Cet homme extraordinaire était l'époux d'une des plus belles femmes, et, en tant qu'épouse, d'une des plus malheureuses. Miss Linley, fille d'un célèbre compositeur de musique et surnommée, pour sa beauté, la « Demoiselle de Bath », a eu la calamité d'être courtisée et gagnée par Sheridan. Jamais histoire n'a été plus touchante et plus instructive que la sienne. Sa beauté était rare, même parmi les belles d'une époque riche en femmes attirantes. Des masses de cheveux sombres, tirées en arrière sur son front, tombaient en boucles sur un cou d'albâtre. Ses traits étaient délicats et réguliers ; l'expression de ses yeux était délicieusement douce et pensive. Ses charmes ont été transmis à ses descendantes, Mme Norton, la duchesse de Somerset et Lady Dufferin, tandis qu'elles ont également hérité de ses talents musicaux, ainsi que de l'esprit et des capacités de leur grand-père. Mme Sheridan, après une vie alternée de splendeur et de privation, mourut à Clifton, de consomption, avant l'âge mûr. Sa mort fut attristée, sinon précipitée, par sa voiture, alors qu'elle s'apprêtait à partir vers les Downs, saisie pour les dettes de son mari. Bien qu'uni à cette jeune et charmante épouse, Sheridan était l'une des étoiles les plus brillantes de la sphère dissolue de Carlton House ; mais pour la vie domestique, il n'avait ni le temps ni l'intention. Sa renommée était à son paroxysme lorsque, lors du procès de Warren Hastings, il parla pendant des heures à Westminster Hall, avec une éloquence inoubliable ; puis, se rendant à la Chambre des communes, il y montra des pouvoirs oratoires sans égal. Pendant ce temps, les théâtres retentissaient d'applaudissements, et son nom allait de bouche en bouche tandis que la « Duenna » était jouée dans une salle, l'« École du scandale » dans une autre. Il était, en vérité, l'homme le plus doué de son temps ; et il mourut dans la crainte que les huissiers lui enlèvent son lit , — un ivrogne émerveillé, désespéré et méprisé !

Mais de tous les hommes du parti auxquels fut présentée la jeune duchesse de Devonshire, le plus capable et le plus dissolu était Fox. Le teint des amis politiques, qui cachait ses vices, ou plutôt qui leur donnait une fausse teinte, s'est depuis longtemps estompé. Nous connaissons désormais Fox tel qu'il était. Dans les derniers journaux d'Horace Walpole, son jeu invétéré, sa débauche ouverte, son manque total d' honneur , sont révélés par l'une de ses propres opinions. Corrompu avant même d'avoir quitté son foyer, alors qu'il était encore un garçon, il a cependant le réconfort de penser qu'il a survécu à ses vices. Fox, avec un tablier vert noué autour de la taille, taillant et clouant ses arbres fruitiers à St. Ann's Hill, ou s'amusant innocemment avec quelques amis, est un objet agréable à retenir, même si ses débuts de carrière reviennent avec force au esprit.

Malheureusement, il formait l'un des plus intimes de ceux que Georgiana, duchesse de Devonshire, admis chez elle. Il fut bientôt captivé par ses adeptes, mais il n'était en aucun cas un objet agréable à regarder à mesure qu'il avançait dans la vie. Il avait des traits sombres et saturniens, que certains pensaient ressembler à ceux de Charles II, dont il descendait dans la lignée féminine ; quand ils se détendaient en souriant, ils étaient, dit-on, irrésistibles. Des sourcils noirs et hirsutes cachaient le fonctionnement de son esprit, mais donnaient une immense expression à son visage. Sa taille était large, et n'était gracieuse que lorsque sa merveilleuse intelligence y jetait même la puissance du génie, et produisait, dans les déclamations, les gestes les plus passionnés. Ayant été un fat dans sa jeunesse, Fox était maintenant en train de dégénérer et de devenir un négligé. La redingote bleue et le gilet chamois avec lesquels il apparaissait à la Chambre des communes étaient usés et en mauvais état. Comme la rose blanche qui distinguait les Stuarts, le bleu et le chamois étaient l'insigne des insurgés américains et de Washington, leur chef.

Ayant cessé d'être le chef des Maccaronis , comme on appelait alors le *beau monde* , Fox s'était consacré au jeu. Le whist, le quinze et les courses de chevaux étaient sa passion, et il jetait mille livres comme s'il s'agissait d'une guinée ; et il perdit toute sa fortune aux jeux de hasard. Avant trente ans, il était réduit à la détresse, même dans les affaires communes de la vie. Il ne pouvait pas payer les présidents qui le transportaient à la Chambre. Il était connu pour emprunter de l'argent aux serveurs de Brookes's , qui était le point de ralliement de l'opposition. Là, la nuit se passa en whists, faro, dîners et consultations politiques. Aussi dissolu qu'il fût, il y avait une bonté, une générosité de caractère qui rendait son influence sur l'homme ou la femme très périlleuse pour l'un et l'autre. Il fut alors un des étudiants les plus accomplis en histoire et en lettres générales ; et il pouvait même se consacrer à ses études après des pertes irrémédiables au jeu. Topham Beauclerk , après avoir passé toute la nuit avec Fox à Faro, le vit quitter le club en désespoir de cause. Il avait énormément perdu. Craignant les conséquences, Beauclerk le suivit jusqu'à son logement. Fox était dans le salon, occupé à s'occuper d'un « Hérodote » grec. Beauclerk a exprimé sa surprise. "Que voudriez-vous que je fasse ? J'ai perdu mon dernier shilling", fut la réponse. L'élasticité de son caractère était si grande que parfois, après avoir perdu tout l'argent qu'il pouvait emprunter, à Faro, il posait la tête sur la table et, au lieu de se moquer de la fortune, il s'endormait profondément. Pendant quelques années après le mariage de la duchesse de Devonshire, Fox avait continué à représenter Westminster. Tant qu'il conservait cette position, le triomphe de Pitt ne pouvait être considéré comme complet, ni le parti conservateur comme fermement établi dans l'administration. Trois candidats se présentèrent aux élections d'avril 1784 : Lord Hood, Sir Cecil Wray et Fox. Jusqu'au 26 du mois, Wray, qui avait siégé pendant un certain temps pour Westminster au Parlement, conservait un petit avantage numérique sur Fox. Le scrutin, qui commença le premier du mois, durait depuis plus de trois semaines : dix mille électeurs avaient voté ; et on s'attendait même à ce que, puisque les électeurs étaient épuisés, les livres seraient fermés et que Wray, qui était deuxième dans le scrutin, Lord Hood étant premier, l'emporterait.

Heureusement, nous n'avons actuellement aucune idée adéquate des terreurs d'une telle élection ; c'était une scène de gaieté et de méchanceté, d'esprit et de bassesse, tour à tour. Les Anglais ne semblaient guère être des hommes ; tandis qu'une heure ils fanfaronnaient, l'heure suivante ils acceptaient le pot-de-vin et étaient civils. Fox descendit à Westminster dans une voiture avec le colonel North, le fils de Lord North, derrière lui comme valet de pied, et le célèbre colonel Hanger, l'un des associés réprouvés de George IV. (quand il était prince régent), et on se souvient longtemps de lui sur un cheval blanc dans le parc, après avoir été abandonné par le prince et passé de mode - conduisant avec l'habit, le chapeau et la perruque d'un cocher. Lorsque la reine Charlotte entendit parler de cet exploit du colonel North, elle le démis de ses fonctions de contrôleur de sa maison, affirmant qu'elle ne convoitait pas le serviteur d'un autre homme.

Alors que le mois touchait à sa fin, chaque heure devenait précieuse et Fox gagna, à ce moment critique, deux nouveaux et puissants alliés. Vêtues de bleu jarretière et chamois, en hommage à Fox et à ses principes, la jeune duchesse de Devonshire et sa sœur, aujourd'hui Lady Duncannon, arrivèrent et sollicitèrent des votes pour leur candidate. La foule était satisfaite de l'aspect de tant de rang, d'une si grande beauté, et cherchait leur soutien. Jamais, disait-on, deux « portraits aussi charmants n'avaient paru auparavant sur une toile ».

En effet, il ne fallait pas un courage ordinaire pour entreprendre de recueillir des votes, car une forte disposition à l'émeute se manifestait alors. Néanmoins, munies des listes des électeurs éloignés, ces deux jeunes femmes se sont rendues à leur domicile. Dans leur entreprise, ils durent affronter des bouchers, des tailleurs, tous les métiers, petits ou grands, et traverser les quartiers les plus bas, les plus sales et les plus dégradés de Londres. Mais Fox était cent voix au-dessous de Wray, et ses belles amies étaient infatigables ; elles oubliaient leur dignité, leur féminité, et « fête » était leur mot d'ordre. Ils se heurtèrent à l'opposition de la marquise de Salisbury, que les conservateurs présentèrent. Elle était belle, mais hautaine ; et son âge, car elle avait trente-quatre ans, tandis que la duchesse de Devonshire n'en avait que vingt-six, se détériora sous l'effet de son apparence.

Oubliant son rang, dont Lady Salisbury se souvenait toujours, et jetant dans la balance tout son pouvoir de fascination, la jeune duchesse descendit au cours d'une de ses journées de démarchage chez un boucher. Le propriétaire, en tablier et en manches, refusa catégoriquement son vote, sauf à une condition : « Est-ce que Sa Grâce lui donnerait un baiser ? La demande a été accordée. Ce fut l'un des votes qui gonfla le nombre de deux cent trente-cinq au-dessus de Sir Cecil Wray, et Fox arriva en deuxième position dans le scrutin. Bien entendu, de nombreux poèmes stupides ont été écrits à cette occasion.

"Ne condamnez pas, prudes, le plan de Devon,

En donnant un baiser *à Steel*

Pour une telle cause, pour un tel homme,

Elle ne pouvait pas faire de mal. »

Le prince de Galles lui-même s'intéressa activement à cette élection mémorable ; et Georges III. serait également intervenu. Jamais la rancune politique n'a été si élevée, ni la conscience si basse qu'à cette époque. La campagne électorale ressemblait à celle de Newmarket. « Il y a fort à parier qu'il arrive deuxième », s'écria l'un d'eux ; "Cinq contre quatre lors du scrutin de ce jour", a crié un autre. Au milieu de tous ces cris, regardés par les plus bas de tous les êtres humains, les plus bas non seulement en rang mais aussi en sentiments, les électeurs ivres et payés, se tenaient la duchesse et une bande d'amis aux titres blonds soutenant Fox, que l'on appelait le "L'homme du peuple".

C'était le 17 mai que Fox, sur la tête duquel était suspendu un examen minutieux de la part de Sir Cecil Wray, et qu'on ne pensait même pas alors revenu comme membre, fut présidé. Ce cortège a eu lieu à la clôture du scrutin. Fox était transporté dans les rues sur une chaise décorée de laurier, les dames en bleu et chamois faisant partie du *cortège* . Devant lui était déployée la plume du prince : ces trois plumes d'autruche dont la vue pouvait nous rappeler le champ de Cressy, où elles furent conquises et désormais portées pendant quatre siècles successifs. Un drapeau, sur lequel était inscrit « Sacré au patriotisme féminin », a été brandi par un cavalier de la cavalcade triomphale. Les voitures du duc de Devonshire et du duc de Portland attiraient encore moins d'attention que celle de Fox, sur la loge de laquelle se trouvaient le colonel North et d'autres amis, partisans de lord North, qui se mêlaient désormais à leurs anciens adversaires. Alors que le cortège se dirigeait vers Pall Mall, on a observé que les portes de Carlton House étaient ouvertes ; il passa donc et salua en faisant demi-tour le prince de Galles, qui, avec un certain nombre de dames et de messieurs, se tenait devant la balustrade. Fox s'est alors adressé à la foule et a tenté de la disperser ; mais la nuit, la foule se déchaîna dans des actes de fureur, illumina et attaqua les maisons qui étaient dans une obscurité maussade.

Le lendemain, le prince invita tout le rang, la beauté et la mode du parti de la coalition à une fête sur sa pelouse. Il faisait beau ce 18 mai ; et sous l'ombre délicieuse des arbres, la jeunesse et la gaieté oubliaient peut-être, dans les enchantements du paysage, la politique et les élections. Lord North, vêtu de bleu et de chamois, — sa nouvelle livrée, — se pavanait au milieu de ceux qui, quinze mois auparavant seulement, l'avaient exécré et dénoncé, jusqu'à ce que, par la coalition avec Fox, il se soit fait leur idole. Tout le monde, en cette occasion, se pressait autour du ministre, dont l'esprit était aussi inépuisable que son *sang-froid* , et dont la conversation, par son enjouement, ressemblait à celle de notre grand premier ministre de 1859. Le bleu et le chamois envahissaient le jardin. Le colonel North (plus tard Lord Guildford) et George Byng, jusqu'alors ennemis acharnés, ont été vus, habillés de la même manière, marchant ensemble familièrement. Le prince était irrésistiblement fascinant, et rien de plus splendide que la fête donnée par une royauté accablée de dettes.

Alors que la fête s'amusait ainsi, par une étrange coïncidence, les célèbres chevaux crème de George III. ont été vus se déplaçant solennellement dans St. James's Park. Sa Majesté se rendait à Westminster pour ouvrir le Parlement. Seul un muret séparait les jardins de Canton du parc, de sorte que le roi ne pouvait s'empêcher de voir son ancien ministre, son fils et le candidat élu s'ébattre dans toute l'exaltation du succès.

Dans la soirée, Lower Grosvenor Street était encombrée de voitures, d'où messieurs et dames, tous vêtus de bleu et de chamois, descendaient rendre visite à la célèbre Mme Crewe, dont le mari, alors député de Chester, fut créé, en 1806, Lord Crewe. . Cette dame était aussi remarquable par ses accomplissements et sa valeur que par sa beauté ; néanmoins elle se laissa admirer par Fox, qui était au rang de ses admirateurs. Les lignes qu'il a écrites sur elle n'étaient pas exagérées. Ils commencèrent ainsi :

"Là où se joint la plus belle expression des traits,

crayon le plus délicat de la nature ;

Où rougit spontanément et sourit sans art,

Parlez de la douceur et du sentiment qui habitent le cœur ;

Où, dans des manières enchanteresses, nous ne traçons
aucun défaut,

Mais l'âme tient la promesse que nous avions du visage ;

Bien sûr, la philosophie, la raison et la froideur doivent
prouver

Des défenses inégales pour nous protéger de l'amour."

Près de huit ans après la fameuse élection de Westminster,
Mme Crewe était toujours dans la perfection, avec un fils de
vingt et un ans, qui ressemblait à son frère. La forme de son
visage était d'une beauté exquise, son teint radieux. "Je ne
connais aucune femme dans sa première jeunesse", écrit Miss
Burney, "qui pourrait supporter la comparaison. Elle enlaidit
tout le monde près d'elle."

Ce charmant partisan de Fox avait été actif pour sa cause ; et
son originalité de caractère, sa bonne humeur , son
insouciance des conséquences, en faisaient une solliciteuse
capitale.

La même compagnie qui s'était rassemblée le matin à Carlton
House se pressait désormais dans Grosvenor Street. Le bleu
et le chamois étaient à l'ordre du jour, le prince de Galles
portant ces couleurs . Après le dîner, il porta un toast : « True
Blue et Mme Crewe. » La salle a retenti d'applaudissements. L'
hôtesse se leva pour rendre grâce. "Vrai bleu, et vous tous",
fut son toast. Et les festivités ne se sont pas terminées là.
Canton House recevait quelques jours après tout le grand
monde, le « vrai blues » de Londres. La fête, des plus variées
et des plus magnifiques, commençait à midi, durait toute la
nuit, et ne se terminait que le lendemain. Rien ne pouvait
surpasser sa splendeur . Un banquet coûteux fut préparé pour
les dames, que Son Altesse Royale et les messieurs attendirent
pendant qu'ils étaient assis à table. Rien ne pouvait surpasser
la grâce, la courtoisie, le tact du prince dans ces occasions, où
il oubliait ses deux cent mille livres de dette et y ajoutait. Louis
XIV, dit un témoin oculaire, n'aurait pas pu l'éclipser. Ce fut
probablement l'époque la plus brillante de la vie de la duchesse
de Devonshire. Elle était la dame suprême des cercles
aristocratiques whigs, dans lesquels le rang et la littérature se
mêlaient aux personnages politiques. Slander associa bientôt
son nom à celui de Fox ; et ce nom, bien que jamais
complètement flétri, fut souillé. Miss Burney, la rencontrant à

Bath, quelques années plus tard, la décrit comme n'étant plus belle, mais avec des manières extrêmement polies et « avec une douce tranquillité » d' attitude . Pourtant, il y avait une expression de mélancolie. "Je pensais qu'elle avait l'air opprimée à l'intérieur", fut la remarque de Miss Burney. Une autre fois, elle la trouva plus vive , et par conséquent plus belle, la vivacité étant tellement son caractère que son style de beauté l'exigeait. " Elle était assez gaie, facile et charmante ; en effet, ce dernier mot aurait pu être inventé pour elle ; " et Miss Burney s'aperçut bientôt que c'était la douceur de son sourire, son visage ouvert et ingénu, qui lui avaient valu la célébrité qui avait accompagné sa carrière de mode.

Mais même alors, il y avait un chancre dans la félicité de la duchesse. Lady Elizabeth Foster, la fille du comte de Bristol, qui contrastait avec elle en personne, grande, brune et belle, avait attiré le duc, son mari, et le plus froid des hommes était devenu profondément amoureux de cette femme. , qu'il a finalement épousé. Gibbon a dit de Lady Elizabeth qu'elle était la plus séduisante des femmes. Chose étrange, une sorte d'amitié existait entre la duchesse et lady Elizabeth, qui était avec elle à Bath, lorsque miss Burney les vit ensemble. Même alors, un nuage planait sur ces deux dames de rang ; et Mme Ord, l'amie prudente de Miss Gurney, lui reprocha d'avoir fait leur connaissance.

Trois enfants d'une rare promesse furent donnés pour occuper les affections si peu réciproques du duc. L'aînée des trois, Georgiana Dorothy, mariée plus tard au comte de Carlisle et mère de l'actuelle duchesse de Sutherland, est décrite par Miss Gurney, à l'âge de huit ans, comme ayant un visage fin, doux et beau. et avec la forme et la figure d'une fille de douze ans. Elle, ainsi que sa sœur, étaient alors sous la garde de Miss Trimmer, la fille de Mme Trimmer, l'une des écrivains pour enfants les plus admirables qui aient jamais ravi notre enfance. Miss Trim est décrite comme une jeune femme « agréable, pas jolie », avec une grande sérénité dans ses manières.

Lady Henrietta Elizabeth, mariée au comte de Granville, si longtemps ambassadeur à Paris, n'était, à l'âge de six ans, « pas du tout belle, mais avait un visage ouvert et agréable, et un air des plus heureux » ; un hommage confirmé par les nombreuses vertus de cette admirable dame dans l'au-delà. Le marquis de Hartington, plus tard duc de Devonshire, alors âgé de quatorze mois seulement (c'était en 1791), avait déjà une maison et une voiture pour lui seul, presque dans le style de la royauté. Il vivait près de son père, tandis que la duchesse vivait avec sa mère, Lady Spencer. Pour les personnes ayant des notions domestiques, cela semble un arrangement singulier.

Cette fête de famille en apparence heureuse a cependant connu quelques épreuves pour obscurcir sa prétendue félicité. Le scandale désignait non seulement Lady Elizabeth Foster comme possédant une influence indue sur le duc, mais attaquait la duchesse dans les relations les plus sacrées de sa vie. Le petit marquis passait pour illégitime ; le rapport a pris plusieurs formes ; Bien sûr, des partisans politiques rancuniers ont souligné l'intimité avec Fox ; d'autres à l'intimité de Carlton House. Une autre histoire a également obtenu du crédit et n'a jamais disparu. C'est qu'au moment où la duchesse était en couches, lady Elizabeth accouchait d'un fils, la duchesse d'une fille, et que les enfants étaient changés ; que le défunt duc avait conclu un contrat avec son oncle, feu Lord George Cavendish, pour ne jamais se marier, afin que les enfants de sa seigneurie puissent avoir une succession incontestée à la mort de Sa Grâce.

Il y avait une autre source d'inquiétude pour Lady Spencer et la duchesse à ce moment-là, dans la profonde dépression de Lady Duncannon. Cette dame, la mère de lady Caroline Lamb, si remarquable par son excentricité à notre époque, semble avoir été affectueusement aimée par son frère, lord Spencer, le grand-père du comte actuel. "Il s'est rattrapé", dit Miss Burney, "avec toutes les marques d'affection compatissante, elle le recevant avec le plaisir le plus expressif, quoique presque silencieux." Cette femme affligée vécut néanmoins jusqu'à un âge avancé et survécut à sa sœur gaie et pleine d'entrain, la duchesse de Devonshire.

Lady Spencer appartenait à cette classe que nous appelons aujourd'hui évangélique ; une classe sérieuse dans ses sentiments, née d'un désir sincère de rénover la foi presque morte de l'époque ; donner l'exemple de piété et de décorum; et aussi « pour que leur lumière brille devant les hommes ». Miss Burney la décrit comme trop désireuse d'une réputation de charité et de dévouement. Néanmoins, Lady Spencer ne parvenait pas à détacher sa fille du monde gay.

La duchesse continua à prendre une part active à la politique, et à se mêler au tumulte des élections, du faro et des triomphes des partis, de l'amour, de la poésie et des beaux-arts. Son fils est né à l'aube de cette Révolution en France qui a ébranlé les fondements de toute vie sociale. A cette époque même, une grave calamité s'abattit sur leur pays lors du premier accès de folie qui attaqua George III. Jusqu'au moment même où la France était plongée dans l'agitation, Sa Majesté, apparemment en parfaite santé, avait tenu ses levées hebdomadaires à Saint-James jusqu'à la dernière semaine d'octobre 1788. Au début de novembre, les premiers paroxysmes de son intellect désordonné se produisirent à la Loge de la Reine, après le dîner, en présence de Sa Majesté et des princesses. Les portes de la Loge furent fermées cette nuit-là ; aucune réponse n'a été donnée aux personnes qui posaient des questions ; et le bruit courait que Sa Majesté était morte.

L'état d'esprit du public peut être facilement compris. La capitale présenta une scène de confusion et d'excitation surpassée seulement par celle qui se produisit quatre ans plus tard, lors de la décapitation de Louis XVI. a été annoncé à Londres.

Une régence fut proposée ; et six médecins furent appelés pour agir en consultation. Le docteur Warren était considéré comme occupant la première place dans cette savante junto. Le docteur Addington, le père de feu Lord Sidmouth , Sir Lucas Pepys et le docteur Willis étaient parmi les autres. Warren était enclin au whiggisme et pensait que le rétablissement du roi était douteux. Willis était conservateur et le déclarait possible, et même probable. Son dicton était cru à St. James et au Kew Palace ; Warren a été crédité à Carlton House et à Devonshire House. Si le premier était l'oracle de White, le second était celui de Brookes . La célèbre duchesse de Gordon, partisane de Pitt et Dundas, soutenait Willis et ses vues et était la fervente porte-parole du parti conservateur. La duchesse de Devonshire était la ferme et puissante partisane du prince dans ses prétentions à la régence. Les conservateurs étaient favorables au pouvoir non seulement sur la maison royale, mais aussi sur le conseil, confié à la reine Charlotte. Une caricature a circulé représentant le Lord Chancelier, Pitt et Dundas, comme les trois « sœurs étranges » regardant la pleine lune. Son orbe était à moitié éclairé, à moitié éclipsé. La partie obscure contenait le profil du roi ; de l'autre côté, une tête resplendissante de lumière qui regardait gracieusement les étranges sœurs ; c'était la reine. Cependant, en février de l'année suivante, à la grande joie de la nation, le roi montra des signes d'amendement. Un jour, M. Greville, frère du comte de Warwick, se tenait près du lit du roi et racontait au docteur Willis que lord North s'était renseigné sur la santé du roi. "A-t-il?" dit le roi. "Où les a-t-il fabriqués, à St. James's ou ici ?" Une réponse étant donnée, "Lord North", dit Sa Majesté, "est un homme bon, contrairement aux autres. C'est un homme bon." Les gens de Carlton House, parmi lesquels la duchesse de Devonshire doit toujours être classée, furent déçus de ce rétablissement opportun, tandis que les classes moyennes et inférieures d'Angleterre au cœur honnête se réjouissaient sincèrement ; mais il y avait trop de rancune de parti pour qu'un meilleur esprit puisse surgir et se manifester. Même dans la société, on a laissé le venin du parti s'immiscer. Lord Mountnorris , se trouvant un soir à un bal donné par l'ambassadeur de France, parcourut toute la salle pour trouver un partenaire, mais en vain. Il supplia Miss Vernon d'intervenir et de lui procurer un partenaire pour une danse country. Elle obéit et le présenta à une jeune dame très élégante, avec laquelle Sa Seigneurie dansa et conversa quelque temps. Peu de temps après, un monsieur lui dit : « Je vous prie, monseigneur, savez-vous avec qui vous avez dansé ? "Non", répondit-il; "Je vous prie, qui est-elle ?" « Les coalitions, » dit le gentleman, « ne finiront jamais ; eh bien, c'est Miss Fox, la nièce de Charles et la sœur de Lord Holland. Le noble seigneur fut abasourdi. Pitt l'avait-il vu ? Si tel était le cas, il était perdu. Il accourut pour faire des reproches à Miss Vernon. « C'est vrai », fut la réponse ; "C'est la nièce de Fox, mais comme elle a vingt mille livres de fortune, j'ai pensé que je n'avais pas mal agi en vous présentant."

Dans la célèbre querelle entre Burke et Fox, la duchesse de Devonshire assuma la fonction de médiatrice. Burke a ainsi attaqué Fox à la Chambre des communes.

« M. Fox, » dit-il, « m'a traité avec dureté et méchanceté. Après avoir harcelé avec ses troupes légères dans les escarmouches de « l'ordre », il a utilisé contre moi l'artillerie lourde de ses grandes capacités. " Il y a eu bien des divergences entre M. Fox et moi, mais il n'y a pas eu de perte d'amitié entre nous. Il y a quelque chose dans cette maudite constitution française qui envenime tout. "

Fox murmura : "Il n'y a aucune perte d'amitié entre nous."
Burke répondit : « Oui. Je connais le prix de ma conduite :
notre amitié est terminée.

Fox fut submergé de chagrin à ces mots. Il se leva pour
répondre, mais ses sentiments l'empêchèrent de s'exprimer.
Soulagé par un éclat de larmes, tandis qu'un profond silence
envahissait la maison, il parla enfin.

"Cependant, les événements", dit-il avec une profonde
émotion, "peuvent avoir modifié l'esprit de mon honorable
ami, car c'est ainsi que je dois encore l'appeler, je ne peux pas
consentir si facilement à abandonner et à dissoudre ce lien
intime qui subsiste depuis vingt-cinq ans entre nous. J'espère
que M. Burke pensera aux temps passés, et quelle que soit ma
conduite qui ait causé l'offense, il croira au moins que je n'avais
pas l'intention d'offenser. " Mais la querelle n'a jamais été
apaisée, malgré les bons offices de la duchesse. de Devonshire,
l'ami des deux partis.

Peu après le début du XVIIIe siècle, cet esprit de parti fut pour
ainsi dire réprimé, d'abord par la mort de Pitt, puis par celle de
Fox, qui resta longtemps en déclin. Lorsqu'il apprit que Pitt
était expiré, il dit : « Pitt est mort en janvier, peut-être que je
pourrais partir en juin. Je sens ma constitution se dissoudre.
Lorsqu'un ami lui a demandé, au mois d'août, d'organiser une
fête de Noël à la campagne, il a refusé.

"Ce sera une nouvelle scène", a déclaré son ami. "Je serai
effectivement dans une nouvelle scène d'ici Noël prochain", a
répondu M. Fox. A cette occasion, il exprima sa croyance en
l'immortalité de l'âme ; "mais comment", a-t-il ajouté, "il agit
comme séparé du corps, cela dépasse ma capacité de
jugement." M. Fox lui prit la main et pleura. « Je suis heureux,
ajouta-t-il, plein de confiance ; je peux dire de certitude.

L'un de ses plus grands désirs était d'être transféré à St. Ann's
Hill, près de Chertsey, théâtre de sa vie ultérieure, réformée et
plus heureuse. Ses médecins hésitaient et recommandèrent
qu'il soit transporté d'abord à la maison du duc de Devonshire
à Chiswick. Ici, pendant un certain temps, il parut recouvrer la
santé et le moral. Mme Fox, Lady Holland, sa nièce et Lady
Elizabeth Foster étaient autour de son lit de mort. Plusieurs
fois, il a pris congé de ceux qui lui étaient les plus chers ; bien
des fois la mort plana sur lui ; pourtant, nous ne trouvons
aucune trace indiquant que la duchesse de Devonshire faisait

partie de ceux qui reçurent son dernier soupir. Ses derniers mots adressés à Mme Fox et à Lord Holland furent : « Que Dieu vous bénisse, vous bénisse, ainsi que vous tous ! Je meurs heureux, je vous plains !

"Oh ! mon pays !" furent les derniers mots de Pitt ; ceux de Fox étaient également caractéristiques. Sa nature était tendre et sympathique, et s'il avait vécu à d'autres époques, il aurait probablement été aussi bon que grand.

Ses restes ont été transportés de Chiswick vers ses propres appartements à St. James's et transportés sous un splendide auvent à l'abbaye de Westminster. Alors que la magnifique procession passait devant Carlton House, un groupe de musique composé de trente personnes a joué la « Dead March in Saul ». Le prince de Galles avait voulu suivre son ami à pied jusqu'à la tombe, mais un tel hommage était interdit par l'étiquette.

Il est regrettable que les princes soient exemptés de tant de scènes de cette vie sublunaire propres à toucher le cœur, à châtier et à élever l'esprit. Alors que les funérailles entraient dans l'abbaye et que ces paroles solennelles : « Je suis la Résurrection et la Vie » étaient scandées, la plus profonde émotion toucha ceux qui l'avaient connu et aimé celui dont ils portaient le voile.

Entre autres hommages à la mémoire de Fox figuraient les lignes suivantes tirées de la plume de la duchesse de Devonshire. Le visiteur de l'abbaye de Woburn les trouvera sous le buste du grand homme d'État dans un temple dédié à la Liberté par feu le duc de Bedford.

"Ici, près des amis qu'il aimait , voici l'homme ,

En vérité inébranlable et en vertu hardie,

Dont le zèle patriotique et l'esprit intact

Osé affirmer la liberté de l'humanité ;

Et, tout en étendant au loin la désolation,

L'ambition propage les flammes haineuses de la guerre

Sans peur du blâme et éloquent pour sauver,

　　"C'était lui... c'était Fox", a donné l'avertissement,

Au milieu de conflits discordants, la marée de sang a été stoppée ,

Et pour le monde menacé, une marque marine se dressait !

Oh! si sa voix en faveur de la miséricorde avait prévalu,

Quels millions de personnes reconnaissantes l'homme d'État avait -il salué :

Dont la sagesse a fait cesser les troubles des nations,

Et a enseigné au monde l'humanité et la paix !

Mais, bien qu'il ait échoué , il a réussi des siècles ici

Les efforts vains mais pieux seront révérés ;

Vantez dans leurs annales son nom illustre,

Soutenez sa grandeur et confirmez sa renommée.

La duchesse n'a survécu qu'un an à Fox ; elle mourut en 1806, bien-aimée, charitable, pénitente. Sa maladie était un abcès du foie, qui fut découvert assez subitement et qui se révéla mortel quelques mois après qu'on l'eut soupçonné. Lorsque le prince de Galles apprit sa mort, il remarqua : « Alors la femme la plus naturelle et la mieux élevée d'Angleterre a disparu. » Ses restes ont été transportés au caveau familial de la famille Cavendish dans l'église All Saints, Derby ; et sur ce sépulcre un cœur affectueux, du moins, était affligé. Sa sœur, Lady Duncannon, bien que bien inférieure à la duchesse en élégance d'esprit et de personne, avait le même cœur chaleureux et la même forte affection pour sa famille. Au cours du mois de juillet 1811, peu de temps avant la mort du duc de Devonshire (époux de la duchesse), sir Nathaniel Wraxall visita le caveau de l'église de Tous les Saints. Alors qu'il admirait le cercueil dans lequel reposaient les restes de la belle Georgiana , la femme qui l'accompagnait lui montra les lambeaux d'un bouquet qui reposaient sur le cercueil. Comme l'enveloppe mortelle de ce cadre intérieur, le bouquet était maintenant réduit presque en poussière. « Ce bouquet, dit la femme, a été apporté ici par la comtesse de Besborough , qui avait eu l'intention de le placer elle-même sur le cercueil de sa sœur ; mais à mesure qu'elle approchait des marches du caveau, son agonie devint trop grande pour permettre Elle s'agenouilla sur les pierres de l'église, aussi près que je pouvais le dire de l'endroit où se trouvait le cercueil dans le caveau, et y déposa les fleurs, m'enjoignant d'accomplir un office auquel elle n'était pas égale. J'ai exaucé ses souhaits.

D'autres ne se souvenaient pas aussi fidèlement de la pauvre duchesse. Son amie Lady Elizabeth Foster était depuis longtemps devenue sa rivale, mais on croyait qu'un secret commun les empêchait d'une rupture. Il était entendu que tous deux avaient beaucoup à cacher. L'histoire de la naissance supposée du défunt duc de Devonshire a été évoquée : il est censé avoir été le fils du duc, mais pas de Georgiana, duchesse de Devonshire, mais de celle qui porta plus tard ce titre, Lady Elizabeth Foster. La détermination inflexible du défunt duc à rester célibataire, conformément, dit-on, à un accord entre lui et son oncle, alors Lord George Cavendish, semblait toujours impliquer, chez un homme aux goûts si purs et domestiques, une disposition si affectueuse. , et donc une fortune princière, un terrible obstacle.

En 1824, Lady Elizabeth Foster, alors deuxième duchesse de Devonshire, expira à Rome, où elle avait vécu de nombreuses années dans une splendeur presque royale . Parmi ses amis les plus intimes se trouvaient le cardinal Consalvi et Mme Récamier , qui étaient au courant du bruit, confirmé dans leur esprit par la conduite du défunt duc à sa mort. Lady Elizabeth, comme nous l'appellerons encore par distinction, était alors si émaciée qu'elle ressemblait à un spectre vivant ; mais les lignes d'une beauté rare et imposante subsistaient encore. Ses traits étaient réguliers et nobles, ses yeux magnifiques, et sa silhouette atténuée était droite et digne, avec le pas d'une impératrice. Son teint d'une pâleur de marbre complétait ce portrait. Ses beaux bras et ses mains étaient toujours aussi blancs que l'ivoire, même s'ils ressemblaient presque à ceux d'un squelette en raison de leur maigreur. Elle tentait en vain de dissimuler leur émaciation en portant des bracelets et des bagues. Bien qu'entourée de tous les objets d'art qui lui plaisaient, de la société des personnalités anglaises, italiennes et françaises qu'elle préférait, il y avait une nuance de tristesse sur le front de cette femme fascinante, comme si le souvenir lui interdisait ses habitudes habituelles. calme du déclin de la vie.

Son beau-fils (ainsi rapporté), le défunt duc, la traitait avec respect et même affection, mais il y avait une réserve évidente entre eux. A sa mort, il exclut soigneusement tous les amis à qui elle pouvait, dans ses derniers instants, confier ce qui pouvait peut-être, à cette heure, troubler sa conscience. Ses amis, Mme Récamier et le duc de Laval, ne furent admis pour lui faire leurs adieux que lorsqu'elle resta sans voix et quelques minutes avant de rendre son dernier soupir.

Cette circonstance leur frappa avec force comme confirmant le rapport auquel on faisait allusion ; mais il faut dire en toute franchise que les précautions du duc peuvent provenir d'une autre source. Sa belle-mère était disposée au romanisme, et il craignait peut-être que le zèle de ses amis catholiques ne les incite, si l'occasion se présentait, à lui parler au sujet de sa foi et à lui suggérer d'adopter des consolations telles que leur mes propres notions auraient été jugées indispensables à ce moment terrible. Il s'agit d'un point qui ne peut être réglé. On peut cependant remarquer que, par son caractère, sa grande bienveillance et ses manières courtoises, le défunt duc ressemblait beaucoup au sujet de ce mémoire, à savoir la belle, la douée, mais la mondaine Georgiana, duchesse de Devonshire.

LA FIN.

NOTES DE FIN

Note 1 : La « Pairie » de Collins donne le récit suivant de cette dame : « Peter, Lord King, épousa Anne, fille de Richard Seys, Esq., de Boverton , dans le Glamorganshire, avec qui il vécut jusqu'au jour de sa mort en parfait état. amour et bonheur, et laissée par ses quatre fils et ses deux filles.

Note 2 : Un portrait de ma grand-mère, lorsqu'elle était petite, a été vu par ma mère à Hawell , dans le Somersetshire, siège de Sir CK Tynt , plusieurs années après ma naissance.

Note 3 : Je peux avec vérité et sans vanité faire cette remarque. L'être estimable mentionné ici s'appelait Jean ; il mourut le 7 décembre 1790 à Livourne, en Toscane, où il était établi depuis de nombreuses années comme marchand de la première respectabilité.

Note 4 : Hannah More, avec ses sœurs, tenait à cette époque un internat pour jeunes filles. Plus tard, elle devint célèbre en tant qu'auteur de tragédies qui gagnèrent en popularité - Ed.

Note 5 : M. Powel.

Note 6 : Thomas Hull, directeur adjoint du Covent Gardent Theatre, a été le fondateur du Theatrical Fund pour le soulagement des comédiens en détresse. Il était acteur, auteur et traducteur de plusieurs pièces de théâtre, écrivain de poèmes et de nouvelles. — Ed .

Note 7 : David Garrick, le célèbre acteur et directeur du Drury Lane Theatre, fit sa dernière apparition sur scène le 10 juin 1776, alors qu'il était dans sa soixantième année . — Ed.

Note 8 : Arthur Murphy, un Irlandais, a commencé sa vie comme commis, puis est devenu journaliste, puis acteur, mais n'est resté sur scène que pendant quelques saisons, il est devenu dramaturge et a écrit un certain nombre de pièces de théâtre, dont certaines connu un grand succès. Deux ans après la mort de David Garrick, il écrivit la vie du célèbre joueur, qui avait été son ami intime .

Note 9 : Susannah Cibber, qui a acquis une renommée considérable en tant que chanteuse d'oratorio avant de devenir actrice. Son premier succès en tant que joueuse fut remporté à Covent Garden, mais en 1753 elle rejoignit la compagnie de Garrick à Drury Lane, dont elle resta membre jusqu'à sa mort en 1766. Garrick, qui admirait beaucoup son génie, en apprenant sa disparition, déclara , "Alors la tragédie est morte d'un côté." Elle repose enterrée à l'abbaye de Westminster.

Note 10 : Au moment où les bans de son mariage furent publiés, elle avoue être « en avance de quelques mois dans sa seizième année » ; et elle était mariée depuis quatre mois lorsque le voyage à Bristol fut effectué. — Ed.

Note 11 : Mme Sophia Baddeley, qui était une très belle femme et l'héroïne de nombreuses aventures amoureuses . — Ed.

Note 12 : Robert Henley, qui, en 1772, succéda à son père comme deuxième comte de Northington. Avant cette date, il avait obtenu un LL. D. de Cambridge, et avait occupé les postes de caissier de l'Échiquier et de maître du bureau Hamper à la chancellerie. L'année qui suivit sa succession, il fut nommé Chevalier du Chardon et, en 1783, nommé Lord Lieutenant d' Irlande .

Note 13 : Thomas, deuxième baron Lyttelton , connu sous le nom de « le méchant Lord Lyttelton », en distinction avec son père, qui de son vivant avait été surnommé « le bon Lord Lyttelton ». Thomas, baron Lyttelton , était un homme de métier et de mode ; un homme politique, un écrivain de vers, un artiste dont les peintures étaient censées contenir les excellences combinées de Salvator Rosa et de Claude, et en outre l'un des plus grands débauchés de l'époque. C'est Lord Lyttelton qui, dans sa trente-cinquième année, et alors qu'il était en parfaite santé, rêva qu'une femme lui apparaissait et lui annonçait qu'il n'avait plus trois jours à vivre. Il parla légèrement de son rêve et, le matin du troisième jour, il se sentit de si bonne humeur qu'il déclara qu'il devait « escroquer le fantôme ». Il mourut subitement cette nuit-là, lorsque son ami Miles Peter Andrews rêva que Lyttelton lui apparut et lui dit : « Tout est fini ».

George Edward Ayscough , capitaine dans les gardes, était le cousin du second Lord Lyttelton . Quelques années plus tard que la date de sa rencontre avec Mme Robinson, il produisit une version de « Sémiramis » de Voltaire, qui fut présentée au Drury Lane Theatre en 1776. Il est décrit comme « un parasite de Lord Lyttelton » et comme « un imbécile ». de la mode. » — Éd.

Note 14 : Anna Laetitia Aikin (1743-1825).— Éd.

Note 15 : George Robert Fitzgerald, communément appelé «
Fitzgerald combattant », en raison du nombre de duels
auxquels il prit part, était un homme de bonne famille, réputé
à la fois pour sa bravoure et son imprudence. Une bagarre
résultant de ses attentions désagréables envers Mme Hartley,
une actrice bien connue, l'avait rendu célèbre en 1773,
quelques années avant sa présentation à Mme Robinson. Sa
vie, qui fut une aventure singulière, se termina sur l'échafaud,
il étant exécuté pour meurtre en 1786. — Ed.

Note 16 : Mme Abington, une actrice distinguée qui, à l'âge de
dix-sept ans, avait fait sa première apparition au Haymarket
Theatre, environ six ans avant la naissance de l'auteur de ces
mémoires.

Note 17 : Plus tard, elle donna naissance à une fille, nommée
Sophia, qui ne vécut que six semaines. — Ed.

Note 18 : M. Robinson a fait ses études à Harrow et était un
contemporain de M. Sheridan.

Note 19 : Le nom de ce monsieur est Hanway, la personne
mentionnée dans la première partie de cet ouvrage comme le
premier ami de M. Robinson.

Note 20 : Écrivant à propos de cette époque, Mlle Hawkins
déclare que Mme Robinson était « éminemment méritoire :
elle devait s'occuper de son enfant, elle faisait tous les travaux
de leurs appartements, elle parcourait même les escaliers et
acceptait l'écriture et le salaire. ce qu'il avait refusé. "-Ed.

Note 21 : Georgiana, épouse du cinquième duc de
Devonshire. La duchesse était non seulement l'une des
femmes les plus belles, les plus vives et les plus fascinantes de
l'époque, mais elle était également une ardente politicienne.
Alors qu'elle faisait campagne pour l'élection de Fox, elle
acheta le vote d'un boucher pour un baiser, et reçut d'un
mécanicien irlandais l'assurance complémentaire qu'il pourrait
allumer sa pipe à ses yeux .

Note 22 : George Hobart, troisième comte de
Buckinghamshire, passionné par les divertissements
dramatiques, et devint pendant un temps directeur de l'opéra
de Londres . — Ed.

Note 23 : Richard Brinsley Sheridan était à cette époque dans
sa vingt-cinquième année et avait évoqué sa mauvaise gestion

du Drury Lane Theatre. Il avait déjà écrit « The Rivals », qui n'avait pas été un succès dès sa première parution ; « La Saint-Patrick ou le lieutenant intrigant », une farce ; « La Duenna », un opéra-comique ; mais il lui restait encore à écrire « A Trip to Scarborough » et « The School for Scandal ».

Note 24 : Dans son "Histoire de la scène", Genest nous raconte que Mme Robinson fit sa première apparition sur scène dans le rôle de Juliette, le 10 décembre 1776, mais nous laisse dans l'ignorance sur les acteurs qui prirent part à la tragédie. . Roméo était évidemment joué par William Brereton, qui avait répété avec elle les scènes principales dans la salle d'accueil devant Sheridan et Garrick. Genest ajoute : "Mme Robinson a été reçue avec de grands applaudissements. Elle avait un engagement avant sa première apparition et recevait ce qui était considéré comme un beau salaire. Elle était une très belle femme et une très belle silhouette."

Note 25 : Selon Genest, le deuxième personnage qu'elle tenta fut Statira , dans « Alexandre le Grand », joué le 17 février 1777 ; Amanda, dans "The Trip to Scarborough", produit sept nuits plus tard, étant son troisième personnage. - Ed.

Note 26 : Ernest Auguste, duc de Cumberland, puis roi de Hanovre, était le cinquième fils de George III, et peut-être le membre le plus débauché et le plus impopulaire de la famille royale . — Ed.

Note 27 : Horace Walpole, écrivant à son ami, le révérend William Mason, le 28 mai 1780, dit : « La comédie de Lady Craven, intitulée « Le tableau miniature », qu'elle a jouée elle-même avec un décor raffiné dans son propre décor. maison à la campagne, a été jouée à Drury Lane. La principale singularité était qu'elle y était allée elle-même, le deuxième soir, en forme, assise au milieu de la première rangée de la loge, très habillée, avec une profusion de costumes. clairons et plumes blanches, pour recevoir l'hommage public en raison de son sexe et de sa beauté... C'était étonnant de voir une si jeune femme se posséder entièrement, mais il y a une telle intégrité et une telle franchise dans sa conscience de sa propre beauté et de ses talents ; , qu'elle en parle avec *naïveté* comme si elle n'avait aucune propriété en eux, mais qu'elle les portait seulement comme cadeaux des dieux, au contraire, était très agité par son attachement pour elle et avec impatience du mal. la performance des acteurs, qui était vraiment misérable.

Pourtant, l'adresse de l'intrigue, qui est le principal mérite de la pièce, et quelques dessins vifs , l'ont très bien réussi, bien que Parsons ait assassiné le seigneur écossais et Mme Robinson (qui est censée être la préférée du prince de Galles) ne pensait qu'à ses propres charmes et à lui.

Forcé » de Molière et réalisée le 23 octobre 1772. — Ed.

Note 28 : Thomas Linley, considéré comme « l'un des meilleurs violonistes d'Europe », s'est noyé lors du renversement d'un bateau le 5 août 1778. Il était le beau-frère de Richard Brinsley Sheridan. Éd.

Note 29 : George Colman, dramaturge populaire et prolifique, qui devint en 1777 directeur du Haymarket Theatre, et continua à le faire jusqu'en 1785, introduisant entre-temps de nombreux nouveaux acteurs et quelques nouveautés dramatiques . — Ed.

Note 30 : Elizabeth Farren, née en 1759, fit sa première apparition devant un public londonien dans le rôle de Miss Hardcastle, dans « She Stoops to Conquer », le 9 juin 1777. Après des années passées à flâner à travers les provinces en compagnie de son père et de celle de d'autres managers, elle captive désormais la ville. Son beau visage, sa voix délicieusement modulée, sa silhouette élégante et sa grâce naturelle en faisaient une représentante idéale des belles dames de la comédie. Elle fut accueillie dans la société la plus distinguée de Londres et, tout en agissant comme directrice de théâtres privés dans la maison du duc de Richmond à Whitehall, elle rencontra Edward, douzième comte de Derby, dont la femme vivait alors. Cela ne l'empêcha pas de tomber amoureux de Miss Farren, qui, il était entendu, succéderait à sa première épouse en tant que comtesse, cette dernière étant décédée avant l'actrice. Lady Derby est décédée le 14 mars 1797 et le 8 du mois suivant, Miss Farren a pris congé de la scène dans le personnage de Lady Teazle et, le 1er mai, elle s'est mariée à Lord Derby, elle étant alors dans sa trente-huitième année. année. Même à cette époque scandaleuse et licencieuse, aucune imputation n'avait jamais été portée sur son honneur . Des trois enfants nés de cette union, un seul survécut, une fille qui épousa le comte de Wilton. La comtesse de Derby vécut jusqu'en 1829. — Éd.

Note 31 : Mme Robinson a joué Lady Macbeth à l'occasion de sa prestation, au cours de laquelle a également été interprétée une farce musicale qu'elle avait composée intitulée « A Lucky Escape ». - Ed.

Note 32 : Le célèbre homme politique Charles James Fox, ami du prince de Galles. — Ed.

Note 33 : Georges III. et la reine Charlotte, qui fréquentait fréquemment le théâtre. — Ed.

Note 34 : Cette représentation de « The Winter's Tale » a eu lieu le 3 décembre 1779, elle étant alors dans sa vingt-deuxième année, et le prince de Galles dans sa dix-huitième année . — Ed.

Note 35 : Smith avait fait ses études à Eton et au St. John's College de Cambridge, en vue de devenir membre du clergé, mais il monta finalement sur scène et se révéla un excellent acteur, dont la représentation de Charles Surface était considérée comme une performance terminée. Éd.

Note 36 : George Chapel Coningsby, vicomte Malden, ensuite cinquième comte d'Essex, né le 13 novembre 1757. Il s'est marié deux fois, sa seconde épouse étant Miss Stephens, la célèbre chanteuse . — Ed.

Note 37 : Ceux qui ont lu « Le Conte d'hiver » connaîtront la signification de ces noms adoptés.

Note 38 : L'auteur fait évidemment une erreur en fixant l'Oratorio pour la nuit suivante, comme le montre la note de la page suivante . — Ed.

Note 39 : Frédéric Auguste, duc d'York et d'Albany, deuxième fils de George III, qui, à l'âge de six mois, fut élu au précieux évêché d' Osnaburg . — Ed.

Note 40 : Une autre des « estampes diurnes », datée du 12 février 1780, n'est pas aussi élogieuse dans ses remarques, qui sont les suivantes : « Une circonstance plutôt embarrassante s'est produite à l'Oratorio d'hier soir. Mme R..., parée de tous ses atours, prit soin de se poster dans l'une des loges supérieures immédiatement en face de celle du prince , et par ses airs particuliers, parvint enfin à *basilic de telle sorte* qu'un certain héritier présomptif, que son attention fixe sur la belle L'objet fut généralement remarqué, et peu après étonna Leurs Majestés, qui, ne pouvant en découvrir la cause, parurent incapables de se rendre compte de l'effet extraordinaire, cependant, à peine furent-elles correctement informées qu'un messager fut immédiatement envoyé en l'air pour le désirer. l'actrice vendeuse de fléchettes de se retirer, ce à quoi elle s'est conformée, non sans exprimer le plus grand chagrin face à son éloignement mortifiant. "- Ed.

Note 41 : À cette époque, le prince de Galles et son frère Frederick Augustus, duc d'York, vivaient isolés à Boner Lodge, Kew, où leur éducation était dirigée par le docteur Hurd, évêque de Lichfield, M. Arnold et Lord Bruce. Une discipline stricte était alors exercée sur les princes. Ce n'est que le 1er janvier 1781 que le prince de Galles fut doté d'un établissement séparé, une partie de Buckingham House lui étant attribuée à cet effet .

Note 42 : Aujourd'hui margravine d'Anspach.

Note 43 : L'hommage le plus touchant que pouvait recevoir la mémoire d'un père vaillant était l'effusion pathétique et sincère suivante d'un devoir authentique et reconnaissant :

À LA MÉMOIRE DE MON PÈRE DÉLAMENTÉ,
MORT AU SERVICE DE L'impératrice de Russie, le 5
décembre 1786.

Oh, sire, vénéré ! adoré !

Était-ce la langue impitoyable de la MORT

Ce murmure à mon oreille pensive,

    J'ai prononcé le mot fatal

Cela a baigné ma joue de nombreuses larmes,

Et tu as arrêté pendant un moment mon souffle haletant ?

"Il ne vit plus !

Loin sur un rivage étranger,

Sa poussière honorée qu'une tombe laurée reçoit,

Pendant que son âme immortelle vit dans les royaumes célestes ! »

Oh! mon cher père, adieu !

Bien que nous soyons condamnés sur terre à ne plus nous rencontrer,

La mémoire vit encore, et je dois encore adorer !

Et longtemps ce cœur palpitant pleurera,

Même si tu ne reviendras jamais à ces tristes yeux !

Mais le souvenir demeurera

Sur toutes tes peines à travers la mer agitée de la vie,

Quand les tourbillons irrésistibles du destin se déchaînent

Des tempêtes innombrables autour de ta tête,

Les différents maux du destin humain !

Pourtant, avec une âme sublimement courageuse,

    As -tu enduré la vague fracassante ;

Toujours en train de secouer les vagues grossières,

Par tous les traits du malheur, intrépide, insoumis !

Grâce à une longue vie de soins intensifs,

    « C'était à toi de suivre un cap constant !

    "C'était à supporter les froncements de sourcils de ton malheur,

Et enrayez la force du torrent capricieux !

Et comme ton esprit persévérant

Le chemin pénible de la gloire poursuivi,

    "C'était à toi, au milieu de ses fleurs, de trouver

Le serpent rusé : Ingratitude !

Pourtant, en vain l' insidieux reptile s'est efforcé

Sur toi ses poisons sont terribles à jeter ;

Au-dessus de sa portée, ton laurier prospérera encore,

Inconscient de la piqûre perfide !

    "C'était à toi de travailler dur pendant de longues années,

Où la nuit basse absorbe les sphères !

Sur les mers glacées pour courber ton chemin,

Là où le Groenland gelé dresse la tête,

Où des vapeurs sombres enveloppent le jour,

Et les déchets de neige floconneuse se sont répandus dans l'océan stagnant,

     "C'était à toi, au milieu de la fumée de la guerre,

Pour voir la Mort, impassible et au front sombre ;

Où le destin, trônant dans un char sulfureux ,

Réduisit les pâles légions avec son haleine brûlante !

Tandis que tout autour d'elle, baigné de sang,

Les fils hautains d'Ibérie furent plongés sans vie au milieu du déluge.

Maintenant porté sur les ailes de la méditation,

Que le souvenir affectueux se transforme en deuil ;

Lentement et tristement, ses pignons balayent

Sur le sein rugueux des profondeurs bruyantes

Vers cette côte désastreuse et fatale

     Où , sur les flots écumants ,

Les marines impériales de Catherine chevauchaient ;

Et les bannières invitant à la guerre sont larges

     Ondulait hostile sur la marée scintillante ,

Qui brillait d'une conquête exultante !

Car là… oh, chagrin, vérifie la larme !…

Là, autour de la bière du courage disparu ,

Les gouttes sacrées de vertu apparentée[56] brillaient !

Fiers monuments de valeur ! dont la base

La renommée sera placée sur sa colline étoilée ;

Là pour endurer, admiré , sublime !

E'en quand l' aile du temps se moule

Je disperserai aux vents d'immenses pyramides de pierre !

Oh! âme vaillante ! adieu!

Bien que cet orbe éphémère soit condamné à partir,

Le cœur de ta fille, dont aucun mot ne peut dire le chagrin,

Doit, dans son centre palpitant , t'inviter à vivre !

Tandis que de sa source cramoisie coulera

La larme silencieuse d' un chagrin persistant ;

Le joyau sublime ! qui méprise le soulagement,

Ni la vantardise ne brille avec un malheur ostentatoire !

Même si tu as disparu de ces yeux,

Pourtant, de ta poussière sacrée s'élèvera

Une couronne qui se moque de la grâce polie

Du buste sculpté ou de l'éloge mélodieux ;

Pendant que la renommée pleurera, elle indiquera l'endroit

Où le fils intrépide de Valour se décompose !

Invisible pour chérir la source divine de la mémoire ,

    Oh, je suis le parent de ma vie, je serai toujours à moi !

Et tu devras, de ton état de bonheur,

Détourne un moment ton regard ravi ,

Posséder, au milieu de ce labyrinthe sauvage ,

La flamme de l'amour filial défie le souffle du destin !

Note 44 : Dumouriez .

Note 45 : Un attachement a eu lieu entre Mme Robinson et le Colonel Tarleton peu après le retour de ce dernier d'Amérique, qui a subsisté pendant seize ans. Il n'est ni nécessaire ni convenable de s'attarder sur les circonstances qui ont occasionné sa dissolution. Les efforts de Mme Robinson au service du colonel Tarleton, pressés par des embarras pécuniaires, conduisirent à ce malheureux voyage, dont les conséquences furent si fatales à sa santé. Le colonel l'accompagna sur le continent, et, par ses attentions affectueuses, chercha à soulager les souffrances dont il avait été l'occasion involontaire.

Note 46 : Fils du célèbre Edmund Burke.

Note 47 : Le très honorable Edmund Burke, à l'époque chef du *registre annuel* .

Note 48 : M. Merry avait été membre de la « Scuola della Crusca ", à Florence.

Note 49 : « Poèmes » de Mme Robinson, vol. ii. p. 27.

Note 50 : Date à laquelle les prisons de Paris furent forcées et douze cents prisonniers royalistes tués . — Ed.

Note 51 : Boaden, dans sa Vie de Kemble, dit : « Je me souviens de la chaleur avec laquelle Mme Robinson a chanté la gentillesse de Mme Jordan en acceptant le personnage principal : et je ne peux pas oublier la manière dont, lorsque la tempête a commencé, l'actrice, effrayée, « est morte et n'a fait aucun signe ».

Note 52 : Le Morning Post.

Note 53 : Miss Robinson et un ami.

Baviad » et « Maeviad » de Gifford comprendront cette allusion. — Ed.

Note 55 : Deuxième baron Rodney, fils de l'amiral, alors capitaine dans les gardes.

Note 56 : Le capitaine Darby commandait, au moment de sa mort, un navire de guerre au service russe, et fut enterré avec les honneurs militaires , universellement déplorés.